信 息 管 理 学 丛 书

BUSINESS COMMUNICATION

# 商务沟通

● 黄 劼 著

重慶出版集團 重慶出版社

图书在版编目(CIP)数据

商务沟通 / 黄劼著.—重庆: 重庆出版社，2001.10
(2014.12 重印)
(信息管理学丛书)
ISBN 7-5366-5202-X

Ⅰ.①商… Ⅱ.①黄… Ⅲ.商业经营—公共关系学
Ⅳ.F715

中国版本图书馆 CIP 数据核字(2001)第 061619 号

**商务沟通**

SHANGWU GOUTONG

**黄 劼 著**

出 版 人:罗小卫
责任编辑:彭 欣 曾 玉
封面设计:周 松
版式设计:刘忠凤

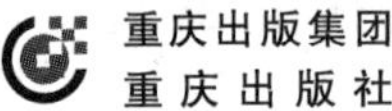


重庆长江二路 205 号 邮政编码:400016 http://www.cqph.com
重庆华林天美印务有限公司印刷
重庆出版集团图书发行有限公司发行
E-MAIL:fxchu@cqph.com 邮购电话:023-68809452
全国新华书店经销

开本:850mm×1 168 mm 1/32 印张:11.25 字数:261 千字
2001 年 10 月第 1 版 2014 年 12 月第 9 次印刷
ISBN 7-5366-5202-X
**定价:25.00 元**

如有印装质量问题,请向本集团图书发行有限公司调换:023-68706683

## 内 容 简 介

本书论述商务沟通的基本原理与实务，以信息传播学、经济学、管理学、语言学、社会学和心理学等学科的经典理论为依据，理论联系工商管理实际地论述商务沟通过程和模式，信息载体符号系统与媒介，以及工商管理活动中的自我沟通理论与实务、人际沟通理论与实务、组织内外沟通理论与实务、大众沟通理论与实务、跨文化沟通理论与实务，沟通效果理论与效果测评，并介绍商务沟通未来国际趋势。

本书系大学本科市场营销专业、企业管理专业和信息管理与管理信息系统专业必修课程商务沟通（商务传播或商务交流）的教材，也可作工商管理硕士（MBA）教材，也可供其他专业本科生、研究生和在职人员自学之用，同时可作各行各业员工培训教材。

# 目　录

# 第一章　商务沟通概述

## 第一节　商务沟通的意义

### 一、新时代呼唤有效沟通

人类从蛮荒走向文明后,越过了第一次浪潮的历时数千年的农业革命和第二次浪潮的历时三百多年的工业文明的兴起,迎来了第三次浪潮的信息经济的崛起。

就一个国家经济结构、技术结构、社会经济活动分工而言,今天的世界,许多先进发达国家早已走过了经济发展主要取决于劳力资源占有和配置的劳力经济阶段,也走过了取决于自然资源的占有和配置的自然资源经济阶段,人类正进入一个以智力资源的占有、配置,知识的生产、分配、传播、使用为重要因素的知识经济时代。

西方经济在20世纪50年代进入了信息社会知识经济时代,发展到20世纪90年代,西方发达国家已进入了它的中期。知识经济在我国只是初见端倪,现在我们已落后了半个多世纪。

中华民族是世界文明发达最早的国家之一,在唐朝时,已是世界政治、经济和文化的中心,以至至今世界各国还把华人在该国的聚居地称为“唐人街”。发展到清代,在史称“康乾盛世”的辉煌时期,中国经济已占世界第一位,中国人口占世界人口的

1/3(1794 年世界人口 9 亿,中国 3.13 亿),中国农作物总产量占世界第一位,粮食、布匹、棉花、丝绸、茶、盐、烟、酒、糖、木材等大量出口,对外贸易长期出超,以致英国迟迟不能扭转对华贸易的逆差,只得把大量鸦片运到中国,甚至发动鸦片战争对华侵略。

但是,英国挑战全球的工业文明的萌发,资产阶级革命的进行,冲决中世纪封建神学桎梏束缚的思想启蒙运动的发展,改变了中国在世界格局中的地位。英国 1640 年开始了资产阶级革命,美国 1775 年进行了独立战争,法国 1789 年爆发了大革命,意大利 1859 年资产阶级夺取政权,俄国 1861 年废除农奴制,日本 1868 年实行明治维新。他们不约而同地加速了封建统治的灭亡,为资本主义的发展扫清了道路。尤其 17 世纪后,科学席卷欧洲,大批科学家、技术家、实验家涌现,大量科技成果诞生,大批科学机构成立,新兴工业城市大量涌现。英美的棉毛纺织品、煤、铁等大量出口,而且,还在工业发展、商业繁荣的基础上,出现了信息经济,如欧洲的证券交易、信贷等都相当活跃。17 世纪,英国的城市人口已占全国人口的 1/2。尤其是西方国家为加快向世界的扩张而纷纷走出国门,建造大舰巨舶,组织大型商船队和贸易公司航海探险、贸易,掠夺金钱、土地和劳动力(贩运黑奴),疯狂地进行原始积累。

而清政府却长期安于现状,蔑视科技,限制工商业,加强封建集权的思想束缚。尤其严重的是长期闭关锁国,拒绝沟通,在对外关系政策上,采取了逆时代大潮的封闭国策。别国的船只越造越大,航海业飞速发展,清政府却规定“如有大造五百石以上违式船只出海者,无论官兵民人,俱发边卫充军”(《大清会典事例》)。

这种拒绝沟通的做法,完全堵塞了可能给中国经济和科学技术发展提供外部刺激的渠道。科学上,数学、物理、化学、天文学和生物学的先进科学知识,到 19 世纪下半叶才缓慢介绍到中国，我们落后了二百多年。思想文化上，清政府倡导儒家思想和程朱理学，沿袭传统的价值观念和体系，禁锢人的思想和创造性，拒绝接受现代价值观。

现在已进入21世纪，新时代世界经济的发展正呼唤着有效沟通。各国正在制定发展战略，尤其是大国，正在抢占信息产业的制高点。各国的经济越来越重视信息生产、信息传播和信息应用。把信息作为重要因素纳入生产函数。

在我国，知识创新工程已经启动，我国正投入大量的人力物力叩开知识经济大门，正在构建一个包括知识和技术的创新、传播和应用的完整的国家创新体系。我们应该以博大的胸怀面对世界，走向世界，与世界进行多层次、多角度的沟通。

现代社会，人类生产生活必不可少的三大资源是信息、能源和物质。这也是构成现实世界的三大要素。但并不是一切信息都是可利用的信息资源，只有经过开发后的信息，才是信息资源。知识经济社会开发信息资源的过程就是信息生产、信息传播、信息应用的过程。其间，信息传播起着承上启下的作用，是知识经济链条上的纽带。

21世纪，随着信息技术、计算机技术、网络技术的发展与广泛运用，世界全球经济一体化与网络化和运作的本土化促进着一种全球经济新秩序的出现，给人类的生活带来了巨大的冲击性的影响，对人们的生活方式、思维方法、生产经营、领导决策都产生着重大的影响。

而商务信息的生产与传播，正是对这一切产生着直接冲击性的影响的根本。尤其是管理活动与商务活动，正呈现出一种全新的局面。管理中的计划、决策、组织、领导、控制，无一不借助信息的流动。畅通的信息流程，就是良好的管理过程。商务活动中的实物营销正在走向无形的服务营销，分散营销正在走向网络平台，战术营销正在走向战略营销，企业营销正在走向社会营销。社会营销呼唤着商务信息的有效沟通。

社会营销的根本是什么呢？过去企业运作一直以促销为根本。传统营销理论立足于以制造商为主控核心的“4P”（产品、价格、通路、促销）所建成的营销世界。而21世纪，随着电子媒介的发展，电子商务的兴起，整个营销世界已转向经济学家劳特朋（Lauteborn）所概括的“4C”（消费者欲求和需要、消费者获取满足的成本、购买的方便性、商务沟通）。由于4C取代4P的严峻现实，当前各国的口号是“21世纪忘掉促销，记住商务沟通（Business Communication）”。

于是，商务沟通成为21世纪新兴前沿学科。随之而来的是全世界各大学将商务传播列入工商管理硕士研究生（MBA）必修课或选修课程，或将商务沟通列入信息管理、市场营销、企业管理等专业成为本科生必修课。有的学校将此课程命名为“商务传播”，“沟通”与“传播”均为同一单词“Communication”，只是翻译不同。由于新形势的需要，各行各业各类商务人员不得不放下传统的营销理论来学习商务传播——商务沟通。

## 二、商务沟通的含义

人类的管理活动和商务活动历史悠久，但对这一领域沟通现象的理论研究，如在信息传播过程中，如何才能使双方在事实、情感、情趣、哲理、道义、原则、信念、政治等价值观和人生观达到有效沟通？如何才能进行信息共享、信息反馈、信息互动，实现相互理解、统一行动，以达到共同目标？如何才能通过良性沟通建立协商一致、平等互利、等价有偿的合理的经济合作关系？对诸方面的研究，就人类文明进程而言，目前只是刚刚起步。

传播学起源于20世纪初期，是一门新兴学科，在世界范围内,其学术界研究地位不断提高,是在20世纪90年代。如今它能够引起轰动效应,是因为人类社会已进入信息社会,沟通活动及其研究能够推动人类文明的进程,而且,工商管理中的商务传播、管理沟通,均表征了管理学、营销学、传播学、语言学、信息学、心理学、政治学、人类学、新闻学等多学科的交融,同时又具有独特的理论体系和构建思想。

(一)我国古代的商务信息传播者

我国古代对商务的解释随时代的不同,界定各异。"商"在我国古代,是一原始部落名,始祖名契,势力达到今渤海一带,经十四代,传到汤,公元前16世纪,商汤灭了夏桀,建立了奴隶制国家周朝,后盘庚迁都殷,因此商也称殷商。它是当时世界上的文明大国,传11代,经31王,于公元前11世纪,为周武王所灭,建立了周。

我国最早的商务活动源于商代,在周代逐步得到发展。据《周易·系辞》记载,商务活动是指"日中为市,集天下之民,聚天下之货,交易而退,各得其所"。《诗经·氓》:"氓之蚩蚩,抱布贸丝","贸",指贸易,即商务活动。

春秋时代,据《国语·齐语》载,商务是"负任担荷,服牛轺马,以周四方,以其所有,易其所无,市贱鬻贵"。所谓"行曰商,处曰贾",即指这种"负任担荷,以周四方"者,为"商人";而"囤积居奇",坐店经营者,为"贾人"。据《周礼·天官·太宰》记载:"六曰商贾,阜通货贿",古代就已经把商贾者所经营的活动,称为"商务"。

现代对商务的界定,是指将具有使用价值和价值因素的劳动产品用于交换的商业活动。即是说,商务活动是指从事商品流通的活动。

古代,在商业活动中,大宗商品的交易通常需由中介者从中介绍,这种人在战国时期称为"驵",驵指骏马,主要指传递信息，说合牲畜交易的人，后来泛指“和会二家交易者也”。

孔子的弟子子贡，先在孔子门下求学，后辍学到卫国去做官，又在晋国和鲁国之间做生意，是孔子70个弟子中最富有者。“子贡结驷连骑，束帛币以聘享诸侯”，每到一国，那里的国君都会用宾主之礼来接待他。子贡与孔子的另一学生原宪形成鲜明对比。原宪不善于与人交往，不善于进行信息沟通，只能“不厌糟糠，匿于穷巷”。后人说孔子能够名扬天下，是因为子贡在人前人后支持他的缘故。而子贡在最初，也只是靠传播商务信息，沟通商务关系逐渐开始发家的。子贡和自己的几个学生，都是晋国有名的大驵。

“驵”在汉代称为“侩人”或“市侩”，唐代以后通常称之为“牙人”。牙人从事商业活动所开的店铺称为“牙行”。经政府批准的牙人，由有关部门发给营业执照，称为“官牙”，可以合法经营。北宋时代王安石实施市易法，吸收牙人参加。

牙人的生产资料即是他自己所掌握的买卖双方的商务信息，牙人凭借传递商务信息，沟通商务关系，促成商品流通，而从中获取佣金。

牙人即是政府与商人之间、商人与商人之间的商务活动的商务信息传播与商务关系沟通者。

（二）传播——沟通的概念

“传播”和“沟通”在英语里是同一个单词，都是“Communication”。因为我们的汉语较其他任何一种语言都更加丰富细腻，更加生动形象，更加具有表现力，更加博大精深。因此，“Communication”翻译到我国，视具体语境而定，可以有多种译法。有的译为“沟通”，有的译为“交通”，有的译为“传播”，译为“传播”的情况较为普遍。

如果我们进行更深入更细致的探讨，由沟通的过程入手看待这个单词，那么，“Communication”事实上包含了“传播——沟通”两层意思，即通过“传播信息达到沟通目的”或者是“为沟通目的而进行的信息传播活动，传播过程”。从这个意义上讲，“传播沟通”既可以理解为联合结构的短语，也可以理解为因果结构的短语。

关于传播的意义，我国古籍中，记载都很多。“传播”是联合式的合成词，“传”与“播”两个语素词性相同，词意相近。如唐李延寿《北史·突厥传》：“宜传播天下，咸使知闻。”《论语》：“传不习乎？”《礼记》：“有善而弗知，不明也，知而弗传，不仁也。”“传”是宣扬流布意；《孟子》：“德之流行，速于置邮而传命。”“传”是转达、递送、宣传意。

“播”在我国古代，是撒、分布、分散、传扬、传布等意，如《诗经·豳风·七月》中的“其始播百榖”，是撒和布种意。《左传》：“播于诸侯”，是传扬意。

在英文里，传播 Communication 与社区 Community 的拉丁语语源相同，都是 Commni。相同词根源于相联系的语意，因传播活动与社区及人类社会密切相关。

《哥伦比亚百科全书》对“传播”的解释“是思想及信息的传送，有别于货物和旅客的运输。传播的最基木形式是通过影像和声音进行交流”。

传播的概念为世界所瞩目，始于 1945 年 11 月 16 日在伦敦发表的联合国教科文（UNESCO）宪章：“为用一切 MASS Communication 手段进行各国之间的相互了解而协同努力”。这里的 Communication，是指两个或两个以上的人之间，甲的思想、信息传播给乙的、丙的、丁的等等。此后，几乎全世界都使用这个词。其意是指承担某一特定思想和信息内容的符号系统，通过媒介大量地传递给不定量的公众。

关于对传播——沟通的界定，语言学家重在对语意的剖析，而作为一门科学，从学术研究的角度看传播与沟通，更多是从学术研究的角度定义。传播的定义,众说纷纭,莫衷一是,每个学者都期望作一个自己认为准确的界定。其中,较集中、较有代表性的,影响较大的主要有如下几种解释:

1. 目的影响论

1949 年,美国学者 W. 韦弗说:“传播是一个心灵影响另一个心灵的全部程序。”1953 年美国实验心理学家卡尔·霍夫兰等认为,“传播是指‘某个人传递刺激以影响另一些人的过程’”,并认为“传者向受传者传递信息是为了改变受传者的行为”。

这种解释强调沟通主体传递信息的目的性和影响性,把受传者思想的改变作为传播者的目的,认为一切传播都是有目的地施加影响的。

事实上,政治、经济、文化的传播的确具有强烈的影响性和目的性,而有些不胫而走的信息的传递却并非由于某种企机。例如秋风扫落叶这一自然现象,传递的信息是秋天到了,冬天快来了。而这个信息的传递并不是传者有目的地进行的,更不是有目的地施加影响的。

2. 符号告知论

1954 年美国传播学者约翰·霍本说,用语言交流就是沟通。1964 年美国学者贝雷尔森和塞纳说,通过大众传播和人际沟通的主要媒介所进行的符号的传递,运用符号——词语、画片、数字、图表等传递信讯、思想、感情、技术,这种传递行为和过程叫传播。1977 年,威尔伯·施拉姆说,传播或沟通是一组告知性符号采取同一意向。

他们强调的是沟通的载体——符号,却忽视了沟通过程中信息传播者与受传者对符号的主动控制因素,以及信息流动过程中的其他相关因素。这种解释似显简单,何况,受传者接受的是信息而并不看重符号。

3. 双方共享论

1959 年,美国学者亚历山大·戈德认为,信息传播就是变独有而为共享的过程,就是使原为一个人或一群人所享有的信息成为两个人或大多数人所共同享用的过程。马丁·P. 安德森说,传播是使信息流动达到沟通的过程,是我们了解别人,并使别人了解我们的过程。

这种定义是有局限性的,因为信息传播者的思想、讯息并非全部能与受传者共享的。他们双方并不能完全统一在一种思想、一种信念、一个行动上。所谓"一万个人眼里有一万个哈姆雷特"就是这个道理。

4. 互动关系论

1963 年,美国实用哲学家 G. H. 米德说,互动,甚至是在生物的层次上,也是一种沟通过程中的信息传播,不然,共同行动就无法产生。1967 年 G. 格伯特说,传播可以概括为对信息进行的社会的相互作用。

这种从社会学的角度定义传播的方式,强调的是传播者与受传者之间相对单一的沟通与互动关系,强调对等的平衡的交换的定义也是有偏颇的。因为受传者所接受的信息量未必就是传播者所传的全部,何况受传者对信息的再认识与作创造未必会对等地平衡地返回给传播者。

5. 刺激反应论

美国学者 D. 伯洛说,一切信息传播行为的目的均在于从特定个人或人群引出特定反应。1966 年史蒂文森说,传播是一个有机体对某种刺激的各不相同的反应。

这种从心理学刺激反应的角度解释传播的理论,实际上同样是忽视了受传者所处的社会、自然环境以及他个人主观能动性对所接收到的信息的作用。

6. 传递过程论

1974 年希伯特说,沟通可看做一个过程,它不是一个被时空固定的恒定的实体,而是一个用以运送传递社会意义和价值的过程。1976 年以来,很多国家传播学者都认为沟通就是通过某种媒介向人传播信息的过程。

20 世纪 90 年代以来,我国传播界普遍认为,这种从传播过程的角度对传播解释的定义,标明了传递的轨迹,强调了过程的连续性和完整性。这实际上把沟通过程中信息传播者、传播媒介、传播模式、信息受传者等诸因素均包括其间,因此,这种理论为当代传播界多数学者所接受。

(三)商务传播与沟通的概念

通过前面我们对商务和传播与沟通的分析,不难看出,虽然每种解释都代表各自的认识角度与学科领域特点,每种解释都希望尽可能准确地描述出这个概念的外延与内涵,虽然各自都有一定道理,但都有其局限性。

我们认为,沟通,就是信息传递的过程。

商务传播与沟通就是借助媒介与符号使有关商业与管理活动的各种理论、技术及其应用的信息从时间或空间上的某一点向其他点移动的过程。对这种信息流动的过程及其规律的研究的科学就是商务传播或商务沟通。

工商管理沟通,就是管理活动中,借助符号和媒介,将有利于管理的各种信息由信息传播者向信息受传者传递,并获取理解,达到信息反馈、信息共享,以完成共同目标的过程。

## 三、商务沟通的学科体系

商务沟通研究工商管理过程中信息沟通的基本原理与实务。本书以信息传播学为主线,以前沿管理理论和管理实践,尤其以前瞻营销理论为依据，研究管理过程中，特别是商务活动中信息沟通的理论与实务，包括工商管理中的自我沟通、人际沟通、组织内外沟通、大众沟通和跨文化沟通的目标、过程、形式和沟通技巧。

总之，工商管理活动里管理信息和商务信息流动中所涉及到的各种因素和流动过程及其规律，正是商务和管理沟通所要研究的问题。

商务和管理沟通是跨学科研究的产物，它的研究将运用语言学、管理学、营销学、传播学、信息学、社会学、人类学、心理学、政治学和新闻学等许多学科的理论和研究方法。是社会科学与自然科学发展中所形成的边缘科学，与各门学科交叉融汇的同时，又具有独特而新颖的理论体系和可操作性。

## 第二节　沟通现象的产生和发展

要研究商务信息传播与管理沟通，首先应了解信息传播的渊源与发展轨迹。

### 一、人类文明与沟通现象同步发展

因信息传播而达到沟通的现象随人类的产生而产生，是一种古老的现象。人类的发展史便是人类文明的进步史，便是信息传播与沟通的发展史。人类历史长河中残存的支离破碎的痕迹与只言片语，展示着人类的生生不息和人类在与大自然抗争中所获取的种种信息以及人类所经历的历史轨迹。

今天，我们能把各种信息传送到任何遥远的地区和任何人的手中，让任何人都能感知到大致相近的意义。人们相互沟通的方式和能力，以及这些流动的信息对人类社会的强大影响已经不只是关系到我们的生活，而是与我们人类未来的命运密切相关。因此，回顾人类历史，回顾人类信息传播的几次重大转折，仍然是十分有价值的。

根据古人类学家的考古揭示，人类的进化过程要追溯到 7 000 万年前。生活在恐龙时代的原猿，这种形似小老鼠大小的生物就是人类遥远的祖先。这其貌不扬的生物后来进化为具有灵活手足的灵长类哺乳动物。以后又过了千百万年，这种动物进化而为猿猴样的动物。又经过了漫长的岁月，这种动物的大脑和躯干的比例开始大于同时代的动物，大脑的容积开始适应学习能力，这是人类进化的一个关键。逐步地，出现了现代灵长类动物即黑猩猩、大猩猩等所共有的祖先森林古猿。1 400 万年到 500 万年前，出现了类似猿猴的动物腊玛古猿，到大约 550 万年至 100 万年前，出现了南方古猿。

约 200 多万年前，人类的早期祖先之一的猿人终于出现了。他们的手臂下垂直立至膝，能像猴样在树间荡跃，他们在进化中发生了与其他动物的根本的区别，掌握了火，能制造工具了！用火与制造工具，是人类文明的蹒跚起步。

在这以后的进程里，人类实现了工具的添加与改进。进展虽艰难而缓慢，却终于产生了直立的猿人。他们虽不再容易地在树间荡跃了，但行走方便，是能干的猎手和采集者。

考古学家在我国云南发现的元谋人，距今 170 万年。居住在北京西南周口店龙骨山的山洞里的原始人类北京人，距今大约 50 万年。他们共同劳动、共同生活，能用简单的语言和手势进行信息传播，达到相互沟通与协作。大约 18 000 年前，生活在北京周口店龙骨山的山顶洞穴里的山顶洞人，不仅会取火采集打猎，而且还能捕鱼捞虾，用兽骨作针缝兽皮衣服。而 7 000 年前的我国浙江宁波的河姆渡人和陕西西安的半坡人竟能栽培水稻了。

从河姆渡出土的实物中,有一块刻在蝶形象牙板上的“双鸟异日”图,充满画面的两只巨鸟拱护着中间一个光焰熊熊的火球搏击升空,巨鸟利啄长尾,昂首奋飞,显示出无比的雄健与伟力。在破译史前文化的种种分析中,我们听到至今居住在河姆渡的目不识丁的老人们仍坚信太阳是双鸟从大海中背负而来的神话。我们以此“双鸟异日”画面和先民们留下的神话,去打开岁月尘封已久的大门,不难看出,神话和图画作为信息传播的载体,不止沟通了人与人之间的关系,而且向我们展示 7000 年前河姆渡先民向大海追寻探究的精神,以及对大海和太阳的崇敬心理。

对地球人种的早期经历,学者们把这分为旧石器时代、新石器时代、青铜时代、铁器时代。其间,工具制造、取火、采集、打猎等等信息的传播、储存、沟通的能力与技术的高低密切相关。信息传播能力使复杂技术向更高级发展。因此,与人类生存经历俱来的是人类信息传播方式发展过程的各个独特阶段。这些阶段可以归纳为符号和信号传播时代、语言传播时代、文字传播时代、印刷传播时代、电讯传播时代、电子传播时代。

人类由叽里咕噜、嘟嘟哝哝及手势组成的初级信息传播系统,发展而为全世界通过卫星观看超级球赛,同时振臂拍手,欢呼雀跃。信息传播能力的飞跃,便是人类文明的飞跃。

## 二、人类信息沟通发展的几个阶段

很难提出一份可以供人们长久使用的人类沟通活动中信息传播系统的精确年表,尤其是涉及早期人科动物的沟通现象,但我们可以理出一个大致综合的过渡期:

(一)符号和信号传播沟通时代

最早的人科动物,第一批工具制造者以前,为达到沟通目的,人类将彼此理解的声音和身体语言作为信息的信号或符号进行传播。

随脑重与体重比例的增长,学习能力得以增强,叽里咕噜、嘟嘟哝哝或嗥叫尖叫,加上手和手臂信号,以及大幅度动作和姿态,使这些早期人能够进行信息的传播。这种沟通方式犹如我们现在所看到的球赛裁判的“暂停”、“犯规”的信号为大家都理解一般,信号的约定俗成,使各方都明白要表达的意图和结论。由于他们的脑具有其他动物所没有的学习和传播能力,因此,他们能把一些好的办法传播给下一代或附近的群体。这体现出了最早的沟通效果。

但他们不能像现在的人那样说话。因为现在用电子计算机对其舌头长度,结合其软组织构形,进行模拟显示的结果,以及对其头盖骨进行精确测量的结果表明,他们的神经和解剖结构使他们发出的声音无法达到人语的声域。这对早期人类的思维能力、创新能力和传播能力的增强造成了极大的障碍。人类文明进展也就因此而相当缓慢。

(二)说话和语言传播时代

早期人用石器、骨器、象牙以及其他材料雕刻出了各种美丽的图画,有的刻在岩洞墙壁上,有的刻在居所附近的岩石上。这些绘画色彩鲜艳,形象真实,做工精细。他们捕猎鹿子、野牛、野猪及其他动物的场面,他们制作的皮衣及用火把黏土烧硬而为陶器的情况,均惟妙惟肖地展示在绘画里。这些壁画,是早期人传播和储存信息的方法,也是文字的基础。

估计在大约 4 万年前,人类开始有了说话能力。最近,据美国马里兰大学心理学教授普罗文说:“大部分科学家认为,人类能站立可让胸肌放松,自如地控制呼吸,这样人能发展语言能力。”他解释说:“所有四肢动物,包括猿猴、马匹、骆驼,每走一步,必须呼吸一次,原因是它们必须让肺部充气,令胸膛坚挺,承受前腿着地时的震动力。马或黑猩猩若不是每逢脚着地时忍着气,便可能即时栽倒在地。”呼吸弹性让人类得以适时调节呼吸,终而能够说话。

普罗文教授说:“人类是更有弹性地控制呼吸,将呼气分成许多段落,笑声中的‘哈、哈、哈’即是明证。”他还说,黑猩猩的笑声听来像喘气,是因为黑猩猩无法像人类那样能控制呼吸,这使他们只能每呼一次,就只笑一声。

他认为,语言是靠调节呼吸进行,倘若人类不能调节呼吸,那么,人类的笑声就会和黑猩猩差不多,人类也就不能说话了。

人类有了说话能力,人们能够用语言进行推理和交流,语言使人们能合作起来进行计划、决策、组织、控制,以更好的方式进行狩猎、保存食物、保暖、制造工具等,这使他们能在严酷的自然环境里克服种种生存障碍。

随着人与人接触的日益频繁,生活的逐步安定可靠,人口的增加和流动,人们的谈话方式和谈话内容的不断发展,代号、数字、单词和语言的逻辑规则,使人类开始对信息进行分类,并能进行抽象思维、分析、综合和推测,沟通形式得以发展,人们的生存方式也得以不断改变。这种巨大的变更,使人类由捕猎采集的生活方式过渡到人类的古典文明。这个转折虽然并非仅仅因为语言的沟通作用,但如果没有语言进行信息传播,以使人类对大自然认识的经验的传播与继承,就根本不可能发生这种转折。但这种信息传播形式只是“口耳相传”的对简单信息的所谓传说。后人通过传说知道前人的思想,一个地方的人依靠传说得知另外地方的情况。

利用传说来传递信息,主要是依靠人的记忆。而人的记忆是有限的,一件事经过若干人的口传后,传播出去的信息就不一定准确了。于是人们开始探索新的有效的沟通方式。

（三）文字传播沟通时代

人类社会产生文字的过程，先是结绳记事，即用绳子打成结来帮助记忆。后来就在竹、木、陶等材料上刻各种痕迹和记号，用以记事。在漫长的艰苦岁月里，人们借助早期的图形代号，逐渐创造了文字。

我国许多少数民族的文字至今仍保留着图画记事的痕迹。

汉字产生于5 000年前的黄帝时代。历史上有“仓颉造字”之说。有了文字，人们不只是靠世世代代的大脑进行记忆来传播储存文化了，对大自然的所有观察和解释，对所经历的所有事件，对所有思想和观念，都能进行积累并传播开去，以供后人代代相传。文字的出现是人类由野蛮时代进入文明时代的标志。文字作为信息传播的载体，是人类文明向前发展的根本标志，文字的传播使古代社会日趋成熟。

（四）印刷传播沟通时代

社会经济的发展，人口的增加，耕作技术的提高，文化的蓬勃发展，以及各种手工业的发展，对书写材料需求的迫切，孕育了新的书写材料——纸。

以沤麻的方法，我国在古代发明了用植物纤维造纸。

纸的产生为印刷传播创造了条件。以纸张书写文字，以文字为载体传播信息，因此图书开始形成和发展。出版物开始由用手抄而逐步改为印刷，这在传播史上具有划时代的意义。

印刷术是一种以直接和间接的方式对原稿进行复制的技术，它能大量经济地在各种承印物上复制，便于信息长久保存和广泛传播。

我国又是印刷术发明最早的国家。雕版印刷后，宋代的毕昇在宋庆历年间（1041～1048年）发明了活字印刷。

德国的金工约翰·古登堡根据我国的泥、木、铜等活字印刷术于1438～1450年研究发明和使用铅活字印刷。

近代报纸产生于欧洲。之后很快在世界上其他国家和地区普及。

印刷技术和报纸形成了第一种大众传播媒介。它们能传播范围宽广的信息，包括商业、政治、教育乃至一切。

（五）电子传播时代

1. 电讯传播

电讯的使用使人类可以在任何地方与任何人建立起瞬息可达的信息联络，电子传播实现了人类的愿望。

1844 年 5 月 25 日，塞缪尔·莫斯发明了有线电报。1875 年，贝尔发明了电话，扩大了人际信息沟通领域。1895 年意大利的马可尼用电波进行无线通讯的实验首次成功。几年后，美国无线电公司研制成功了收音机。

2. 图像传播

声音传播形成了新口语文化。

电影传播、电视图像传播形成了新的视觉文化。

电视发明后的几十年，各种传播媒体及信息技术不断涌现。

3. 太空传播

1957 年，前苏联发射了第一颗人造地球卫星。1962 年，美国电报电话公司发射了第一颗通讯卫星，使美国和欧洲能同时看到同一个电视节目。1965 年，美国发射了同步通讯卫星，只需三颗同步卫星，就能使全世界各个角落都能接收到信息。1984 年，我国发射了第一颗同步通讯卫星。1994 年，美国发射第一枚直播卫星，它可以同时向全世界发送 150 个频道的节目。

4. 网络传播

传播信息的电信网络、电子传媒网络、计算机网络都是信息传输赖以实现的通道。当前信息技术领域的数字化革命使这三网合一，让每个区域，每个国家，以至全球每个人都可以借助网络互通信息。“信息高速公路”是以现代计算机网络为基础，以光导纤维为骨干的双向大容量和高速度电子数据传输系统，是一个现代各种最新技术结合在一起的信息网络。网络传播使信息在全球范围内得到最快最广的传播。

1946 年，美国使用真空管技术建成了全世界第一台电子计算机。1971 年小马西安·豪夫发明了小型大功率计算机必需的微芯片，1975 年，个人计算机开始大规模销售。软件的发展速度使计算机更便利于用户。到了 20 世纪 80 年代，大约 15% 的美国家庭拥有微机。到了 90 年代，计算机得到了广泛的普及和使用，1995 年 40% 的美国家庭拥有微机，2001 年初，中国上网用户已达 2 000 多万户，网站数已达 2 000 个。而现在，家庭拥有的数量还在上升，有的家庭拥有的计算机不止一台。计算机的广泛普及和使用的发展趋势无疑还将继续。

电子出版物的广泛应用，几乎渗透到每个领域，成为信息传播的先进媒体。

20 世纪 80 年代到 21 世纪初，多媒体是计算机发展的主流。

总之，就物质基础而言，历史上每一种新媒介的诞生，都给社会带来极大的影响和强烈的冲击，使人类的信息沟通形式和传播技巧不断发展和完善。

## 第三节　信息传播理论研究渊源与轨迹

尽管人类在无数艰难生存岁月里，在各沟通阶段的不同信息传播形式中，积累了相当丰富的信息传播经验，而且，对信息传播现象的研究是相当久远的。例如我国周代的《易经》，就是借用甲骨卜辞传播希望的、设想的信息。至于我国春秋战国时期的《论语》，古希腊亚里士多德的《修辞学》等，展示出对信息传播现象与传播理论的探索。以后也不断有学者涉足信息传播研究的殿堂。

但是,真正有意识地对信息传播经验进行规律性的总结,使沟通活动中的信息传播作为一门学问,作为一门相对独立的学科进行研究,对其体系进行理论性的构建,是在20世纪初,现在更是方兴未艾。

而且,人们历来把传播学的研究固定在大众传播学的研究上,所谓的传播内容也往往被看做是社会信息,或者是政治、信念、志向、情趣、哲理、道义、原则之类的总和,认为无法把自然界、生物界、经济界的一切信息包括进来。

事实上,传播媒介并不只是各个时代统治者的耳目与喉舌,它所承载的内容和传播功能历来就不只是政治的和社会的思想,更包括了人类已感知和未感知的自然科学的信息,以及人类经感知后再创造的新理论、新技术、新应用范围和应用方式方法等,尤其在经济管理和商业活动的沟通过程中,传播的作用更为重要。

所以,传播学研究的理论,已经被深入到一切信息传递的本质属性中去思考,并以此建构传播学理论体系,例如商务传播与商务沟通学,就是经济管理的最好的耳目与喉舌。

## 一、信息传播理论的产生

20世纪初期,全世界尤其是美国经济、军事、政治对信息的需求增强,社会基础和物质基础为传播的研究创造了条件,传播学在美国产生。

(一)社会基础

1. 国际经济贸易对管理和商务的传播需求提高

20世纪前后,现代工业化大生产使资本主义的生产活动和生产条件以及生产范围不断延伸与扩展,各国国内市场开始走向国际市场,走向跨国经营。国际经济贸易活动对信息需求量不断提高。

这个时候,美国经济发展达到世界高峰,成为工业强国,美国生产方式和生产水平居世界之首。全世界 1/3 的工业品都是美国制造。美国农业生产也居世界之首,1902 年,美国的玉米总产量占全世界总产量的 77%,小麦占世界总产量的 20%,棉花占世界总产量的 60%,规模不断扩大。

商品经济规模的剧烈扩大和激烈竞争,使美国市场已不限于本土范围,这使工商界注意到了信息传播在生产、管理、营销中的巨大作用,因此,他们不惜出巨资支持商务信息传播理论研究,力图有效地利用传媒刺激生产、刺激消费、扩大市场。

2. 战争对信息传播需求提高

为了争夺和控制国际市场,各国通过政治和军事手段进行扩张。两次世界大战由于战争的动员、组织、宣传而对信息传播的需求增强,对传播学实践的研究和理论的总结使传播学理论逐渐形成。

1914 年夏,第一次世界大战在欧洲爆发,交战的双方一方是同盟国的德国、奥地利、意大利,另一方是协约国的英国、法国、俄国。战争规模不断扩大,超过欧洲范围。美国起初以中立国身份与交战双方做生意,如卖军火等,后于 1917 年向德国宣战,正式参战。1918 年 11 月,第一次世界大战以同盟国的失败而告结束。

前后共有 30 个国家 15 亿人口卷入了这场残酷的战争,直接战争经费达 3 000 多亿美元。在这次各国经济能力、科技能力、工业生产制造能力的殊死较量中,这些经费除了用于军火外,也用于战争动员、组织、宣传的信息传播。美国和其他各参战国都通过传媒把鼓励生产、鼓励参战、激发忠诚、挑动仇恨的各种思想、观念、数据、事件、图片等广而告之。

随宣传大战而引发的传播观念、传播经验、传播理论应运而生。例如战后的1927年,传播学奠基者之一的哈罗德·拉斯维尔的博士论文《世界大战期间的宣传技巧》等产生了深远的影响。1937年,美国成立了“宣传分析研究所”,作为传播理论研究的专门机构。

1939年,第二次世界大战全面爆发。德国、意大利、日本疯狂的法西斯暴行与各国的反法西斯斗争持续到1945年,先后有60多个国家和地区,20亿以上的人口卷入了这场战争。参战各国都大肆进行传播活动。1942年,美国成立了军事情报局,同时,美国陆军部新闻与教育署委派了一大批学者负责对传播技巧和传播与态度改变等一系列课题进行理论与实践的研究,并负责研究宣传者和宣传内容对宣传效果的作用,以及对各种层面的军人进行信息传播的沟通效果调查等,均取得了丰硕的研究成果。由此造就了传播学另一个奠基者卡尔·霍夫兰那样的一大批传播学研究者。

3. 政治对信息传播需求的提高

由于美国竞选活动对信息传播的需求,由于美国社会各界人士参政议政积极性的不断高涨而对信息传播的需求,使美国有意识地研究并运用各种传播理论。

传播媒介连同传播理论成为各政党斗争的工具。为推销政治观念,塑造和推销政治家形象,争取选民,传播活动和传播研究在政治舞台上发挥了重要作用。竞选活动使政治家们争相使出各种谋略,在各种传播活动中表现出极为可爱、可敬、可信的形象,以赢得选票。政府或一些有经济实力的政治家也不惜重金聘用高级顾问研究传播理论。

1932年,美籍奥地利人,著名社会学家,传播学创始人之一拉扎斯菲尔德在维也纳运用实地调查法,从事传播媒介和传播社会影响的研究,如投票行为、投票动机、竞选传播活动、媒介传播效果等课题的研究,并推出了为世人瞩目的传播效果理论,发表了《传播研究》、《人民的选择》等著作。

1941年,美国在丹佛大学成立了全国舆论研究中心,这是第一个学术性的舆论研究机构。1946年,又在密执安大学成立了调查研究中心。

1945年,联合国教科文组织发布宪章,其中的第一条里首次使用了“大众传播”的概念。

1946年,哈罗德·拉斯维尔继《世界大战期间的宣传技巧》后,与人合编出版了《宣传·传播·舆论》一书,在传播理论界首次使用了“大众传播学”的学术概念。他又于1948年发表了《传播在社会中的结构与功能》,提出了“五W”模式,论述了沟通活动中传播的作用和传播学研究的方向,奠定了传播理论的研究基础。他被誉为传播学之父。

1949年,霍夫兰出版的《大众传播的实验》,被誉为当时传播理论中效果研究的顶峰。同年,大众传播学奠基者之一,传播学家威尔伯·施拉姆出版了《大众传播学》,提出传播学研究的理论体系。

美国的这些出色的传播学研究者所从事的研究项目被公认为现代态度改变研究的开端,而且是对沟通理论研究的若干重大贡献的渊源。随着美国同国内外政治、经济、文化、科技等各方面的交流与合作的加强,与不同文化背景、不同价值观的人如何建立合作关系的跨文化传播研究也不断深入。这些均扩大了传播学研究的范围和领域。

由此可见,是经济、军事和政治对信息传播的需要促使传播学产生,促进了人际间的沟通。

(二)物质基础

商务信息传播与沟通理论研究的产生,除了上述经济、军事和政治的原因,还因为当时信息媒介核心科技产生而形成的特定历史条件下的物质原因。

1. 新型传播媒介的产生促进商务沟通理论产生

如前所述，到 20 世纪前后，传播媒介发展有了进步，这促进了传播手段和传播理论的发展。

1896 年爱迪生在纽约为美国公众放映电影，这是人类历史上第一次电影，吸引了广大民众的兴趣。1914 年，美国每周有 4 000万人去看电影。电影成为当时最新的信息传播媒介。美国电影制造业的中心好莱坞正式形成。

1920 年，匹兹堡西屋电器公司广播电台作为第一家专门广播电台开始播音。之后，无线收音机销售量巨增，1926 年，美国全国广播公司成立，1927 年哥伦比亚广播公司成立。

1939 年美国全国广播公司开办第一家电视台。

这些新型的传播媒介的建立为信息传播事业的发展和传播学的研究奠定了物质基础。

另一方面，工商业集团为着促销需要而出巨资利用传播媒介进行信息传播。1922 年，美国几家电视台开始向广告商或工业生产企业出售广播时间，以获取固定的巨额收入支撑发展信息传播业。并且，为了进行更有效的传播活动，媒介、广告商和厂主都分别或联合组织传播实务研究或传播理论研究的班子，这也促进了信息传播理论的发展。

2. 现代科学研究新成果为传播学的产生创造了学术条件

20 世纪以来，自然科学和社会科学的发展使传播理论能在与各门科学的融会中发展。如前面我们提到的信息科学中的三论：信息论、控制论、系统论等，一系列最新研究成果中的概念、模式，系统工程、运筹学、电子计算机的出现等等，与传播学的相互渗透，开启了信息传播的研究方法和研究思路，为沟通中信息传播理论的研究提供了基石。

与此同时，为数不多的学者虽然尚未弄清楚大众传播对普通个人生活中的心理、道德、政治、经济、文学、艺术、科研等各方面所具有的影响力，但已开始注意其研究成果的积累和进一步的探索。社会科学成长为利用定量分析程序和科学逻辑的学科，也都发生在20世纪。更多的专家开始注意这个领域的研究。信息传播和沟通成为人类生活中最有意义和最重要的事实。

由于不同的政治结构、经济制度和历史文化环境使信息传播的结构形式不同，决定一个社会是自由经营的民主制度，还是彻底的专制制度，或是处于两者之间。总之，所有制和控制条件不同，研究的基础也不同，但传播学者们还是发现了媒介对受众的影响力，他们开始解释人类信息传播过程的规律及其性质，他们还希望提出准确的数据充分描述人类整个的沟通活动。

然而，信息传播的性质和影响，显然是涉及许多方面的问题。它不仅限于发现由印刷、电影或由传播媒介传递的信息内容影响其受众理念、态度和行为的方式，而且还包括系统性地探讨涉及媒介样式的因素，包括系统性地探讨人类信息传播在人际沟通的状态中的根本性质。学者们力求发现媒体是否以某种关键的方式改变了这一过程，同时，还包括以哪种方式重新调节社会的各种惯例和准则，以及人们相互间的对信息和传播作用的期待。总之，这一阶段对大众沟通的性质和影响研究和评价，主要集中在三个方面：

其一，大众沟通和人与人之间的直接的信息传播即人际沟通有何不同，其区别是信息传播原理的区别，还是沟通活动细节的区别？

其二，客观社会对大众传播媒介有无影响？若有影响，是政治条件，是经济条件，还是文化条件影响着当时的传播媒介的运作形式？

其三，大众传播媒介是怎样对人们产生作用的？

具体研究中，学者们比较关心的问题在第三个议题上。因此,这个时期的研究主要是由研究兴趣支配,受理论意义影响的成分并不多。

无论是由于社会因素还是物质因素,20 世纪初期,沟通的基础理论——信息传播学作为一门独立学科已经基本形成,并已基本确立了研究的范围、内容和研究方向。

## 二、信息传播研究在世界范围内的发展

信息传播学产生后,在世界范围内,大致经历了如下几个发展阶段:

早期传播学研究阶段,即 20 世纪 20～30 年代,重点是大众沟通效果的研究。由于受当时行为主义“刺激——反应”理论的影响,认为沟通效果是对特定刺激的特定反应,因此,认为信息传播媒介所发出的信息与受传者之间存在的密切联系具有一致性,由此产生最早的传播理论,即信息传播效果分析中的“枪弹论”。

到了 20 世纪 40～50 年代,传播学研究开始走向兴盛。西欧各国也受美国的影响,积极参与研究,日本在战后也开始研究。由于研究者众多,各自纷纷提出自己的传播模式。经大量研究,大家发现“枪弹论”所假设的刺激反应“无差别”并不存在。传播效果的不同,源于不同受传个体的性格与态度的千差万别。于是,“枪弹论”动摇了。出现了新的传播理论,即“有限效果理论”,认为传播媒介的传播效果是有条件有限度的。甚至有人认为,传播理论的研究与不研究关系不大。

同时,这也是传播理论研究的鼎盛时期,因为大家的研究实际上是在寻求传播理论统一的规律而使之发展。例如拉斯维尔的“五 W”模式、申农的信息传递模式、施拉姆的循环模式,都是对信息传播学的理论贡献。

20 世纪 60 ~ 70 年代,是传播学研究的深化时期,已由对传播过程的研究发展而为对传播过程中所涉及到的各个具体方面的研究。具体是传播媒介组织及其与社会和受传者的关系,受传者的反应及其社会的心理基础,特有传播形式的构成等等。前苏联也开始由 50 年代的不重视转而为积极研究传播学体系和传播模式。亚洲的印度、马来西亚、韩国、泰国,拉丁美洲的巴西、墨西哥等也逐步开始研究。

这个时期出现了不少传播学研究流派,主要集中为两大学派。其一是美国、加拿大、日本、澳大利亚、港台等环太平洋国家和地区的大多数学者的传统学派;其二是欧洲为主的批判学派。

传统学派在研究方法上,注重定量分析和实验室调查,研究内容上注重传播过程及其相关因素的研究,甚至包括传播体制、传播活动的运行模式等。其间又分为以美籍奥地利人著名社会学家、心理学家保尔 · 拉扎斯菲尔德(Pawl F. Lazarsfeld)为首的哥伦比亚学派,以美国实验心理学家、耶鲁大学心理学系主任卡尔 · 霍夫兰(Carl I. Hovland)为首的耶鲁大学学派,以在美国甚至世界享有盛名的传播学家威尔伯 · 施拉姆(Wilbur L. Schramm)为首的施拉姆学派。近些年,美国著名传播学家纽约锡拉丘兹大学教授梅尔文 · 德弗勒(Melvin L. Defleur)独树一帜,注重社会各因素,尤其是文化背景对传播影响的研究。

拉扎斯菲尔德为首的哥伦比亚学派注重以社会调查作研究方法;霍夫兰为首的耶鲁大学学派注重以控制实验的方法进行研究;施拉姆为首的施拉姆学派注重将新闻学、社会学、心理学、语言学、政治学等结合起来研究,在此基础上构建了传播学理论体系。

传统学派被称为经验学派。有人认为美国作为传播学的发源地,是老牌的,正宗的,其研究成果是不容忽视的。

传统学派的注重微观分析和效果分析,有较浓郁的实证主义和功利主义色彩。主要是由于自第二次世界大战开始,美国传播学研究就直接受聘于美国政府、军队或企业,目的是解决一些具体问题,以及如政府、军队或企业所关注的战争动员、竞选、广告等问题,以及推行美国思想和制度时遇到的问题等。因此,其理论研究注重实用性。

批判学派在研究方法上,主张采取多种研究方法,即既不排斥定量分析、实验研究,又重在定性分析,尤其是社会分析,主张突破现有传播秩序。研究内容上,主张用系统化的方法研究传播学,把社会环境如政治结构传播制度等因素联系在一起研究。其间又分为法兰克福学派、政治经济学派、社会文化学派、地中海马克思主义学派。

法兰克福学派研究重点是传播与社会、政治、经济的关系和作用;政治经济学派注重从经济结构出发,分析传播媒介的所有制与市场状况;社会文化学派主张将传播放置于人类文化的大环境去考察;地中海马克思主义学派又称垄断学派,注重从思想意识角度分析传播与现存制度的关系。

应当说,批判学派丰富了传统学派的成果,他们反对局限于纯技术方法的研究,主张将传播学放到广阔的社会结构中去考察,这是具有历史使命感和社会责任感的。

20 世纪 80 ~ 90 年代,传播学研究中,派别分流愈加明显,传统学派与批判学派相互对峙,各持己见,而各自都在自己的研究范围里取得了很大成就。批判学派力量较前更加强大。

尤其值得注意的是,发展中国家传播学研究正在步步深入。他们除了对传播学基础理论的研究,更加紧密地结合本土文化和本国国情以及社会发展的具体情况进行研究,明确提出建立“国际传播和信息新秩序”的主张,发出“朝向更加公正、更加有效的世界信息和交流的新秩序”的口号。

20 世纪 90 年代以来,席卷全球的经济一体化、信息化浪潮把人类推向信息经济和知识经济时代，沟通中的信息传播怎样进一步适应社会的进化，怎样进一步发展，成为全世界传播学研究者所共同关注的问题。

而且，随着科技的急速发展，大众沟通与其他信息处理方式和传递方式、传递系统的界限正在日益变得不那么分明，信息流可能随新的传播功能和期望的出现而改变，因此，传播学的范围也就会不那么分明了。

因此，传播学研究的领域在拓宽。信息传播学的分支研究如大众传播学、社会传播学、组织传播学、新闻传播学、科技传播学、网络传播学、营销传播学、整合传播学、传播心理学、传播美学等等应运而生，各具特色的理论正纷至沓来。对各种社会情报的生产、流通、储存、应用的综合研究，对人类社会的科学分析，对各种信息所展示的社会现象的研究及其传播技巧等诸多问题愈加为全球传播学者所关注。

尤其因为对各种文化间的差异的宽容性和各种文化间相互的依赖性不断增强，电子时代缩短了人类的距离，人们惊呼"世界真小"，希望共建美好"地球村"，希望向宇宙探寻"外星人"的情况下，正在寻求相互理解，相互沟通，希望在思想上、文化上、科学技术上，建立世界性的合作和交流，构建信息沟通的协调网络。这给新世纪的信息传播理论研究注入了无限生机与活力。

### 三、我国信息传播理论研究与趋势

我国信息传播学的研究始于 20 世纪 50 年代，发端在台湾。1953 年，台湾政治大学成立了新闻研究所，重在新闻学研究，兼及传播学研究。1956 年，上海的复旦大学新闻系主编的《新闻学译丛》将"传播"（Communication）译为"思想交通"而进行研究。1963 年，传播学奠基者之一施拉姆的学生朱谦博士到台湾政治大学新闻研究所任教，他主持了“电视与儿童”的研究、电视效果研究和传播与个人现代性的研究。同时，杨孝荣出版了《传播统计学》，这是对传播效果的量化研究。20 世纪 70 年代后，台湾传播学研究向纵深和多样化发展，涉及政治传播、教育传播、健康传播、受众研究等领域。出版的著作有徐佳士教授的《大众传播理论》，阎沁恒教授的《大众传播研究方法》等。

1978 年，复旦大学校刊载文介绍传播学理论，北京大学、人民大学等各文科大学纷纷涉足传播研究领域，对传播学的概念、范畴等进行研究。

1982 年，施拉姆来华访问，向中国大陆介绍他的传播学理论。他认为，在未来的 100 年，心理学、语言学、人类学、政治学等等这些分门别类的社会科学，都会成为综合后的一门科学，而传播学将成为综合后新的科学的基本学科。应该说，施拉姆的预测是大胆的，也是符合实际的，因为人类已经进入信息化社会，进入知识经济社会。

1982 年，中国社会科学院新闻研究所主持召开了第一次全国传播学研讨会，之后又多次召开了全国传播学研讨会，对传播学基本理论、实证分析、跨文化传播、传播学本土化等一系列问题进行了深入的研究。这支理论队伍对信息传播学的研究重在新闻传播学的研究。

20 世纪 90 年代以来，中国一部分理工科大学开始注重科技传播学研究。1995 年春，部分科技传播专家相聚中国科技大学，研究中国科技传播在新形势下的发展方向，筹划如何推动全国科技传播研讨顺利进行。之后也多次召开了全国科技传播研讨会。这支理论队伍对信息传播学的研究重在科技传播包括商务传播的理论与实务的研究，研究的主题是知识创新体系与科技传播的关系，科技信息产业化、科技传播产业化、信息网络和数字化技术对科技传播的影响，以及 21 世纪科技传播发展趋势及其对社会的影响等问题。

应该说,我国的这两大理论研究群体所共同关注的研究方法,都是力求物化与量化研究,研究项目都是重在信息传播实务及沟通方式,研究范围相当程度上借鉴西方传播学研究理论,基本上是属传统学派的。与其不同的是,我国的研究中注重联系本土文化和社会环境,尤其注重联系具有本国特色的政治、经济、科技现状及其发展方向。

# 第二章　沟通的符号系统

## 第一节　符号概述

信息产品的内容是抽象的,成为固化的实体,成为物化的精神财富,才能感知、识别、阅读,才能供保存、加工、传播、交流,从而被人类方便快捷地应用于沟通。而商务与管理信息和一切信息一样,不能直接附着于载体上,必须以一定的表达手段和形式记录在物质载体上,这种表达记录信息的形式,就是信息的符号。信息符号被赋予了特定的含义,附着于载体,才能将信息存储和传递。

信息符号是记录信息的形式。因此,管理信息和商务传播内容除了信息本身的内容外,还包括承载信息的符号。符号是沟通活动中信息传播的重要工具。

商务沟通中对信息符号的研究,对运作这些符号的规律的研究,以及对符号规则使用的研究,是研究的核心问题之一,因为没有符号系统的信息传播在物质世界里是根本不存在的。符号的性质和特点常常被人们从自己学科的角度进行界定,用简单的概念进行理解。

符号只是承载信息,并将信息附着于媒体,借以传播信息的一种记录形式,是信息传播过程中的工具。因此,沟通活动中对符号的理解,应当从传播学的角度进行研究。

## 一、符号的性质

(一)符号的概念

关于符号性质的研究,从古希腊至今已有几千年,从柏拉图、亚里士多德等,到中世纪的哲学家,乃至当今,对符号的研究越来越深刻。

瑞士语言学家索绪尔于 1894 年提出符号学概念研究。他认为语言是表达观念传播信息的符号系统。他的理论对现代符号学家影响最深。

美国哲学家皮士尔认为符号理论是关于意识与经验的研究理论。他认为解释是符号的意义,解释又往往是一个符号,而这个符号又有它新的解释,如此循环,以至无穷。德国哲学家卡西尔在他的著作《符号形式哲学》中试图建立一个符号哲学体系。他认为,人是符号的动物。人只能通过符号活动才能创造出使自身区别于其他动物的文化体系。人的符号行为如语言交流、科学认识、逻辑思维等,都是人区别于其他事物的根本。

20 世纪中期以来,许多国家都在进行符号学研究,现代符号学呈现出综合性和跨学科性的特征。各种符号学的研究为商务沟通研究奠定了基础,因为符号学在沟通的信息传播领域里显示出较其他学科更加重要的作用。

我们认为,符号的概念,从商务沟通的角度,从信息传播学的角度界定,符号是信息传播活动中,人创造出来的,用于表示或指代以记录某种信息的形式。

信息的内容是信息的本质,但没有符号承载信息,信息就无法传播给受传者。信息符号是记载信息的一种形式。

很长时间以来,信息符号的概念争论不休,常常被人们看做是影像、象征、信号、记号等,但探究几者本质,它们之间有联系,更有区别。

（二）符号的相关概念

1.符号与象征

在英语里，符号与象征是同一个词——Symbol，其含义复杂。自然科学译为“符号”，社会科学译为“象征”。

事实上，符号不是象征。

希腊语中，“象征”表示两个把相关的事物“联系起来，重新组合，产生新的更复杂更有价值的东西”。

象征是通过特定的形象以表现与之相近或相似的事物或思想感情的一种修辞手法。它由实而虚，化实而虚，显隐交织。它常通过表面的事物而暗示另一事物。

虽然象征将理念化为具体形象，象征要寻找与自己理念和情思相感应与契合的对应物，但它常常借助事物的变形变态，表示的形态虽然与原型形象特征有不同程度的关系，但更有不同程度的差异。它并不是像符号那样，作为事物存在的状态和运动方式的指代和真实的记载形式。

例如光未然的《黄河大合唱》和陈凯歌执导的《黄土地》，“黄河”与“黄土地”均象征中华民族，黄河的怨恨与怒吼，象征中华民族在危急时刻，发出的怨恨与怒吼，目的是掀起震撼心灵的情绪。黄土地的辽阔与厚重，是中华民族凝重深沉文化底蕴和坚韧顽强的民族精神。臧克家的《老马》象征旧中国过着牛马不如的生活的劳动者。“河”与民族，“马”与人，并非同一形象，并未成为社会约定俗成的统一的人为的有意识的指代符号。

毕达哥拉斯学派的哲学家波罗尼生活在基督时代，曾游历世界，到处传播智慧，创造奇迹。他游经印度和他的门徒对话时曾问：“天空中飘移的云是什么呢？半人半马的怪物、牡鹿、羚羊、狼群还有马群？它们也是模仿的作品吗？”他的门徒答曰：“不是。”为什么他的门徒要这样回答？因为这些云彩产生的形状本身没有意义，它们的产生纯粹出于偶然，是人的思维将它们与那些动物联系起来。那不是人创造出来的，那不是指代和记录特定信息的形式，那不是符号。

人们释读云彩形成的这些偶然性的形态，是以从它们中认知出的储存在人们大脑中的事物形象的能力为基础的。如同桌上的一片墨迹，人们可以解释成一只蝙蝠或一只蝴蝶一样，这是因为人们的大脑归档系统将它们归入了见到过的或梦到过的蝴蝶之类动物、事物的形象。其实，那种偶然性的形式则既非想象，亦非符号。

法国哲学家保罗·里科（Paul Ricoeur）说，象征是与宇宙万物的交流，这种交流将现实上升到象征的高度。他这里的交流，即沟通，亦即信息传播。而象征，可以视为传播中语言符号运用的法则之一。高明的研究者，能够像一个密码员一样破译一种系统，其间必有相当一部分与象征的传统重合。从这个意义上讲，象征与符号密切相联系。

电子媒介中的电影电视，是一种集体艺术，通常要通过集体创作才可完成，常称为集体象征。而文学作品如诗歌、小说等，与之相比，更具个体独创性，是个体创造，是个人象征。而个人创造的艺术同样也可以是集体象征，如金庸的武侠小说、琼瑶的言情小说，渗透中国传统文化精神，呈现出惩恶扬善或有情人终成眷属的程式，其间类型化的人物和类型化的程式，蕴藏着集体象征的意味。

如果说个体的象征与弗洛依德的个体无意识相类似，那么，集体象征就与荣格的集体无意识相类似。而符号，却是人类有意识的独创。再从这个意义上理解，象征是一种技巧，或曰一种手法，而不是符号。

美国导演科波拉说，电影是表现“集体意识”的艺术。从这个意义出发看待现实，信息传播媒介也许消解了个人化的感情经验,造成了文化中的个人、人格、能力的片面和贫弱。传播媒介培养的是公众的而不是私人的经验,造成的是集体的体验与体验的集体感。这样的艺术形象可能成为符号的图解。

科波拉的电影《现代启示录》以象征手法给人启示。讲的是美国上校特种部队军官库尔兹叛逃后进入柬埔寨,指挥着一支残忍而高效的由越南人和美国逃兵组成的队伍。美国上尉威拉德奉命从湄公河下游追溯到上游去杀死这个上校。这里,湄公河可以作人类历史长河的象征,暗示疯狂的战争使现代文明人回到史前,成为野蛮的原始人。但湄公河只是人类用来指代记录那条河的信息符号。

有人说中国导演张艺谋执导的电影,具浓郁的集体象征意味。他也常常说自己是从文化的大背景入手,对传统文化进行反思。看他拍的电影,其所谓反思,借助的手法仍然是象征。他的象征中,封闭的建筑颇多,如《红高粱》中的酿酒作坊,《菊豆》中的染房,《大红灯笼高高挂》中的庄园,《一个也不能少》中的学校。这里的象征,是技巧和手法,而作坊、染坊、庄园和学校如果作为符号,它就只是指代具体的场景的存在状态,与“反思”、“封建”之类不相干。当然,从文化的大背景入手构思,这的确是张艺谋的风格,他执导拍摄的中国申请主办2008年世界奥林匹克运动会的“申奥片”,也成功地体现了他的这一风格。

如果说符号的本体意义与象征属同一语义,那么,符号是源物质的本体意义,而象征则是本体意义的上升,它不是作为符号的语言和语义,而是作为艺术的境界,它是一种表达形式而不是表达源物质本身。从这个意义上讲,象征是不可言说的言说,而符号则是言说源物质本身,它忠实地记录并表现源物质的全部信息。

符号的存在不会改变事物的形象,而只能是通过准确地把握对象的实质加以反映。人们识别符号时,不会因自己的感情的变化而使符号改变。

2. 符号与信号

符号不是信号。

古希腊罗马基督教思想家奥古斯丁说:"符号是我们想到这种东西加之于感觉的印象以外的某种东西。"

显然,奥古斯丁把符号看做与源物质不相关的某种信号或某种征兆了。他偏离了本真的世界而赋予符号唯心的色彩。这种对符号的理解犹如我国古代的占卜术。人们对《易经》符号的阐释,亦多有偏离本真世界的意味,把它当做信号和征兆,不乏唯心主义色彩。

人类生活的客观世界,才是符号阐释的依据和符号的本源,即使以世界的科学图景来阐释符号,亦当有科学的依据,并且是以客观世界为先验基础的。除非人自身精神的异化,但那是属于人的而非符号的。符号给予的是具体源物质的形象即展示的意义而不是与源物质不相干的信号或征兆。

符号必定是有具体指代性的,不是泛指性的。例如对节日,人们在日常生活中以某种仪式来庆典。古希腊罗马是进行祭祀活动来庆祝。柏拉图在他晚期的主要对话录《律法》(*laws*)中曾谈及应有多少个应该庆贺的节日时,"雅典人"苏格拉底回答说:"一年不应少于 365 天",那么每天就要祭祀一位神明了。事实上,古希腊罗马每年的节日祭祀只有几次,并且只有城堡的达官贵人和少数的自由民才可参与。我们现在可以想一想,如果每天都像节日一般,还有节日吗?无异于取消了节日。那么我们又赋予"节日"这个语言符号以什么意义呢?怎样进行节日的命名呢?显然,节日有它具体所指代的源事物及其意义的,不可能偏离于这个节日之外的其他无论哪天或无论什么事物。

写作这本书的初稿时,我们正在电子计算机前紧张地敲打,外面却是"地球村"疯狂的"21 世纪跨世纪庆典"。庆典归庆典，争论仍不休，中国、美国、英国等一些大国的权威天文台是一再声明：“2000 年并未跨入 21 世纪。”但各国官方也罢，普通平民也罢，依然巨额耗资庆贺。庆典越隆重越壮观，涉及的范围越广，耗资越多，商家赢利越多。受益的是商家。当然，炒作得最积极的也是商家，其间不乏商业动机。早庆祝比晚庆祝好，早赚钱比晚赚钱好。为了赚钱，不管怎样庆贺都不过分。然而，不管人们怎样理解和怎样庆贺，“21 世纪”这个语言符号所指代的时间是具体的，不可以是感觉以外的东西，除非赋予它象征意义。

动物的信息沟通行为常常令人吃惊。据说蜜蜂告诉同伴天涯何处是芳草的方式是跳一种优美的舞蹈，萤火虫求欢挑逗异性的方式是在夏夜发出有节奏的欢快的闪光，狗和狮子划定疆界的方式是在自己的地盘周围撒尿。舞姿、闪光、尿液是符号吗？不，它们只是一种特殊信号。这种信号出自一种遗传基因，它们的行为并不是它们自身有意识创造的特定指代物，而是遗传信号以简单方式表示复杂现象。如果说使用和制造工具是人与动物的区别，那么，使用和创造符号也是人与动物的区别。

路标、汽笛长鸣等，都只是信号。虽然是人创造出来的，但那是表示某事、某物、某条件存在与否的信息，特点是以简单方式表示复杂现象。

俗话说，“有雨天边亮，无雨顶上光”，“出门看天色，进门看脸色”，云是雨的征兆，烟是火的征兆，天色是气象状况的征兆，脸色是人感情状况的征兆。征兆反映的是有科学依据的因果关系。征兆会改变事物原貌。而符号是源物质信息的呈现，并不是征兆。

德国哲学家恩思特·卡西尔说：“人是符号的动物，亦即能用符号去创造文化的动物。”即是说，符号是人的本质特性。人创造了符号，并能识别这个符号世界，又用符号指代并创造世界文明。人可以将自己的信息及其理念转化为符号，也可以借助符号破译自己的信息和理念。人借助符号传播信息，与同类沟通，而动物对信息传播则无法借助符号，更多的是凭借遗传基因所带给的遗传信息。

3. 符号与影像

古希腊哲学家柏拉图在他的《理想国》中对信息的符号作过形象生动的描述：人们拥挤在一个洞穴里，面对洞壁，他们的身后是燃烧着的熊熊篝火。这些人的动态不时地在火光前移动，他们的影子投射到洞壁上。观察者从后面看不见这些人的面容，只能借助被火光照射出来的印在洞壁上的影子来辨认他们的形象。柏拉图认为，人类若没有永恒的理念的关照，就永远如在洞中观看被火光照出的影子一般。即是说，柏拉图所说的影子，实际上是如同电影中的影像般表示人的形象和行为动作的信息符号。

萨特在《影像论》中认为“影像并不是一个物”，而是它的形态、颜色、位置等所做出的“显现”。现在看来，用语言文字“显现”的印刷品、用影像显现的电影电视等的直观形象，虽并不是事物本体的存在，却也是事物本体存在的一种显现形式。换言之，那是事物本体存在的一种符号，并且可以借助这个符号显现这个事物本体的信息。

信息传播中的符号的意义，是信息符号对受传者大脑刺激后产生的表象、印象，乃至于冲动和激情。这时，这种直观影像不只是作为源物质的存在而存在，同时，又能展示源物质的某种意义意识，乃至作为另一种形式，另一种样子去记载源物质，摆脱源物质而具有再生性和扩展性。

看电影、电视、报刊，我们可以看到许多东西，其实什么也没看到，我们所看到的是一个物象或一个现实的片段。只是这些按特殊规则组织起来的语言或者图像，作为符号进入我们的大脑，与我们大脑中原有的信息相沟通，而唤起我们的想象。我们凭借意识去理解其间的含义和真谛。这是符号在沟通活动中的作用,这是符号的意义,也是符号对客观事物的表象。

4. 符号与编码译码

人类常用符号系统如语言文字、图画等形式传播与储存信息,有时也用编码和译码处理信息,编码和译码就是符号。

编码指将信息传播给受传者的代码。

译码指接收到的符号(代码)还原为传播者所传达的那种意义的过程。

编码位于传播者一端。译码位于受传者一端,是编码的反转换。编码——译码的沟通过程实际上是信息传播的过程。

日本池上嘉彦在《符号学入门》中说:编码和译码两者都是把自己大脑里存在的抽象的有广义的思考内容的原本,在对方头脑里也制造一份内容相同的副本的行为。

信息沟通活动中,符号是传播文本的最小单位。符号的有机组合,形成表达,诸多表述有机组合形成文本。信息受传者通过对文本的认读和辨别,对符号表述的信息的理解和领会,对文本的揭示和评价而感知信息内容。符号——表述——文本(内容、形式),信息受传者把握住了内容与形式,信息传播目的也就达到了。这时,编码的姿态消失了,这个符号呈现的已不再是符号形式而是符号所表述和指代的内容。

大众沟通和组织沟通对编码要求严格,必须用标准的编码,要考虑信息传播媒介和信息受传者状况。例如,演讲者的语言符号必须为听众所倾听和理解。又如,普通话是华人的"标准编码",标准文字是印刷品的"标准编码"。

人际沟通的编码则是随意的,如张三与李四私下里说王麻子的"黑话",电报的"密电码",计算机的"存密",个人笔记本中的秘密符号,特工人员的特殊接头暗号等等。

科技传播中的科技符号要求更严格。每个领域每个学科都有自己专用的符号。如“ + 、- ”是数学里的加、减符号。生物学中的“♂”是雄性符号,“♀”是雌性符号。而到了天文学里,“♂”成了代表火星的符号,“♀”又成了代表金星的符号。至于地图上或工程技术的图纸上的各种符号更是不胜枚举。科技符号用字母表示的也极常见,如化学中,“C”是碳元素的符号,“O”是氧气的符号。

据说有意识地使用科学符号的人是16世纪法国数学家韦达。他用字母、数字、图形符号表达了数学原理,即他的韦达定理:$a^3+3a^2b+3ab^2+b^3=(a+b)^3$

在法兰西与西班牙的战争中,韦达凭借其聪明才智,破译了西班牙密电码,使法国破坏了西班牙在法国的秘密通讯。

译码是把受传者信息符号译成他们所表达的意义的符号。受传者实质上使之完全或基本上还原物质信息。

这里,编码译码要有共同的语言才能相互沟通。这个过程可以简化为:源物质信息—编码—信号—译码—受传者。要使编码和译码处于一种对等一致的状态才能使信息传播状态畅通,必须达到以下几点要求:

(1)沟通线路畅通,无干扰;(2)双方必须熟知符号系统(代码本);(3)符号形式与内容必须一一对应;(4)双方信息传播的内容必须有明确界定;(5)双方必须遵从普遍公认的规则,如语法、逻辑等。

总之,符号必须负载传播信息,不含信息的自然标志,如前面我们讲到的动物行为及其踪迹、自然现象等,均不是符号。符号必须物化在媒介上才能进入沟通过程。信息传播过程的整体结构系统中,符号及其他每一个传播要素,都是传播和沟通活动所必须研究的对象。

## 二、符号的特征和类型

### (一)符号的特征

综合前面的论述,我们已经明确了符号作为人类独有的区别于其他相近概念的特征。下面我们可以在此基础上归纳出符号的本质特征:

1. 表意性

符号必须是能够表达意义的。符号的意义等于该符号所指代的事物的存在状态及其发展变化的总和。其意义与人类的活动密切相关。

人类创造符号的目的,就是为了借助符号指代人类在认识世界、征服世界、改造世界的过程中的一切信息,符号记录的正是信息的本质意义。同时,人类又借助符号所给予的意义,不断地探索获取新的现象,然后再把它们编入自己的世界。虽然任何一套符号都不可能把世界的或一个人的全部信息表达出来,但它毕竟是对某一特定问题的状态的记载和显示。

2. 社会性

每一种符号都是在社会上经过历史的积累而创造发展丰富的,因此,符号具有社会性,属社会成员共有的。符号的创造可能属于个人或集体的,但一经创造和完成,经社会认同约定,它就与社会相联系了。它所具有的意义就成为约定俗成的社会习惯了,具有恒定的不变性,任何人都必须遵守,任何人都不得随意改变。任何人或任何集团对符号的擅自改变,社会将不予认可。即使符号在历史上的渐变或量变,也是在漫长的历史长河中得到社会认同的改变。因此社会所有成员,都可以利用符号系统进行信息沟通,并以此来协调行为,建立关系,相互合作。社会成员对符号的感知也是相同的,其指代目标也是共同认可的。例如,文字这种符号,任何辞书,任何传媒,都必须照固有的符号书写。谁要是擅自改变,就会被认为是写了错别字。又如梵高的绘画,它的名称和画面是梵高确定地完成的,社会上任何人对画名或画面作了改变后,再说是梵高的,拿出来拍卖,就会被社会指控为赝品,社会将不予认可。

但对符号意义的理解,社会成员也可以有差异的。一句话,一个动作,一声叹息,一幅画,不同的人有不同的理解。当然其理解上有共同之处,否则就无法沟通。例如画面上有人在走路,不会有人说他在睡觉。至于由走路这个行为联想到其他的意义,可能是有差异的。就是说符号引起的人的反应也许不同,但认知是一样的。

3. 任意性

每个符号所指代记录的信息,包括内容与形式,其形式常被称为"符号具",其内容常被称为"符号意",或叫"能指"与"所指"。符号具与符号意,能指与所指之间关系是意义上相联系的,他们的结合与联系是由符号制造者的主观规定和社会成员的共同约定和认同。

由于它们之间不存在必然联系,因此,相同的事物往往可以用不同的符号来表达,而同样的符号有时又表达不同的符号意。例如语言文字的同义词和多义词,就是因为这个原因。

4. 组合性

符号是独立的,但也是灵活的,可以任意组合的。例如文字和字母,都是作为语言符号,它们的数量是有限的。但作为传播者,只要掌握了这些符号,并按一定的科学规则将其组合在一起,就会成为无数的词语和句子,表达无穷无尽的意义。

符号并不是孤立的,它是灵活的,它们之间相互联系相互制约。它们依靠各种科学规则如语法规则、逻辑规律、化学物理方程等,组合在一起表达各种信息时,就成了对立统一的不可分割的整体。这时，它们的独立性显示出适应性和灵活性。

5. 传承性

由于信息的传递性特点，才使人类创造了和创造着各种符号并一代又一代传承下去。后代对符号的识别、理解及使用的本领，并不是与生俱来的，那是经过后天的学习获取的。前辈给予后辈的遗传基因最多也只是识别能力的强弱，而对符号以及符号系统的组织法则的认知、不同符号系统的沟通与互译，都是后天日积月累的学习的结果。人是学而知之，而非生而知之。

人类继承了对符号的认知和使用法则，即获得了自己对这一符号系统的使用权，其他任何人都无法剥夺，掌握了符号，就继承了人类创造的财富，继承了人类的文明。人类不断创造符号，也在不断淘汰符号，即使在漫长的历史长河里保留下来的符号，也可能在新的时代被赋予新的意义，因为人类文明在不断发展，不会永远停留在一个水平上。符号在历史的社会的发展和维持中，在形成个人的理念中，在个人精神与社会沟通过程中，起着重要作用。

其社会性还在于符号所导引的人类的各种公关活动，使人类遵循预定法则，稳定地相互合作沟通理解，符号成为连接人类的纽带。同时，人们对他人、对社会和对自身的理解与信念也因符号而发展沟通。

6. 超越性

由于信息的无限性特征，使承载信息的符号可以超越时间的限制和空间的限制，达到对信息自由传播的目的。上下数千年，纵横数万里，符号将信息储存、传播，使之亘古不变。人类借助符号生活，使信息超越时空，传至永恒。

（二）符号的类型

人类信息传播中的符号化行为使符号现象数不胜数，导致符号类型的难以界定。

符号学语言学大师索绪尔是最早对符号进行分类的学者。他认为语言是符号系统中最重要的因素,但语言学仅仅是符号科学中的一部分。索绪尔将语言学划归符号学的下位概念不是没有道理的,因为除了被传统的语言学家认定的语言符号系统的那一部分以外,人类的社会生活中,尚有大量承担信息沟通功能的符号群体,例如绘画、服饰、礼仪等等表达特定文化语义的符号。它们能够表述语言符号所不能表述的丰富的文化内涵。鉴于这个原因,索绪尔将符号系统分为语言符号和非语言符号。

日本学者池上嘉彦指出:“符号没有记号约定俗成的固定性,在有关现代符号学的争议中,经常使用符号现象以代替符号一词。这种做法就是考虑到上面的因素。在这里起基本作用的是人类称之为‘给予意义的行为’,即给予某种事物以某种意义,从某种事物中领会出某种意义。凡是人类所承认的有意义的事物都成为符号,从这里产生出了各种各样符号现象。”

池上嘉彦是从符号的任意性和组合性的特点出发,从符号与记号那固化对应的特点截异的角度,说明符号结构的灵活与符号类型的多群种。

美国符号学家皮尔士对符号的分类共有 3 层 9 型 66 种。皮尔士统计的 9 型符号理论包括如下内容:

性质符号(Qualisign):包含在符号中,具有作为符号而起作用的性质。

单一符号(Sinsign):单独地作为符号而发生作用的一个实际事物或事件。

法则符号(Legisign):作为符号而起作用的法则。

图像符号(Iconsign):借助自身和对象酷似的一些特征作为符号而发生作用。

标志符号(Indexsign):根据自己和对象之间有着某种事实或因果关系而作为符号起作用。

象征符号(Symbolsign):因自己和对象之间有着一定惯常的或习惯的联想性规则而作为符号起作用。

修辞素符号(Rhemesign):意味着解释者一旦有机会激发或诱发对象,他就可能理解符号对象。

分送符号(Dicentsign):传达有关自身的对象的信息,并与自身产生信息的对象对立。

中项符号(Argumentsign):这类符号的对象最终不是单独的事物而是法则。

皮尔士对符号的分类和语言学的立场实在相距太远。事实上,传意媒介并非都是符号,诸如象征之类,我们在前面已经将其与符号的区别进行了研究。

美国符号学家J.迪对符号的分类则更为宽泛,他将意指符号即按符号的现象,分成生命系统的符号和无生命系统的符号,又将生命系统中的人类社会的符号分为前语言结构、语言结构和后语言结构三种。

这种大幅度拓宽的分类法,是对符号的泛化。而另一方面,人类信息传播相互沟通并非符号所能全部包容的,无生命系统的符号亦非人类所全部发现的,将这些符号作为沟通理论研究的内容,非但无法容纳,而且会导致研究的本末倒置。因此,当我们审视符号学和语言学的理论构架时,我们发现,仅从符号学和传统的语言学角度研究,是不够的。因为新技术条件下的符号群体正在成为使用频繁的信息承载物。

不管对符号的分类有多少不同的角度,有多少不同的分类标准,但有一个基本的共同点是毋庸置疑的,那就是将符号划分为两大类。这样作大类的界定,是合理的,也是目前比较普遍的一致的意见。这种划分,可以作为商务和管理沟通学研究的基础。

由于上述原因,我们认为,符号的两大类别应该是:

第一,语言符号;

第二,非语言符号。

## 第二节 语 言 符 号

语言是人类社会中约定俗成的,以语音和字形为物质外壳,以词汇为建筑材料,以语法为结构规律的符号系统。

语言是人类社会最重要的符号系统,也是最重要的信息承载物,作为信息传播的工具,发挥着重要作用。

世界上到底有多少种语言,至今尚无准确数据。西方有关方面估计,大概有8000种。其中主要的语种至少也有2000种。并且在以后的相当长的时期里,这些语言将仍然是人类信息沟通的工具。正是这众多的语言形成了人类信息沟通网络。

世界上各种语言纵有千差万别,但每种语言都有与其他语言相同的共性及属于语言的普遍特征。

语言有两个方面:语言和言语。

语言是指由一个人传到另一个人,一代人传到下一代人的语言符号系统,包括语音、文字、词汇、语法,是具有社会性的约定俗成;言语是指说话人说的或理解的全部内容,是个人的说话。语言是书面代码(Code)符号。言语是口头传递信息(Message)符号。书面语言符号和口头语言符号都是语言符号。

### 一、语言符号的特征

语言符号主要有如下几个特点:

(一)社会性

语言符号的社会性主要表现在两个方面:人类社会离不开语言,人类借助语言组织社会传播信息,沟通思想;语言符号自出现之日起，就归全社会所有，每个社会成员都有学习并利用语言进行社会沟通的权利。

（二）物理性

每一种语言都有语音，语音具有音色（音质的不同）、音长（发音的长短）、音强（语音的强弱）、音高（音调的高低）这四要素。这四要素的调节控制，使语言表达显示出抑扬顿挫，声情并茂，富有感染力的特点。

同时，语言的物理性能够为现代通讯技术提供理论和实践的基础，现代模拟技术和数字技术在此基础上的运用，使广播、电视和计算机网络的信息传播也因此展示出广阔前景。

（三）生成性

虽然语言符号的数量是有限的，但有限的符号却能表达无限的信息。这是因为语言富有生成性。其生成性主要表现在语言符号结合的随意性和使用的开放性。

19世纪初德国语言学家威廉·洪堡德说："语言是有限手段的无限运用。"因为每种语言的词汇都是在不断丰富完善和发展的，任何语言构造句子的数量都是没有极限的，任何人都可以按语法规律进行制造，从而生成出表示各种信息的新颖句子。

美国语言学家乔姆斯基认为，语法规则是开放的，尤其词汇规则搭配是开放的，可以重复使用生成无数句子。这使语言符号表达信息的能力具有无限扩展的能力。语言的生成能力使有限的语言符号为人类信息沟通活动提供永不枯竭的源泉。

（四）概括性

人类认识世界的过程，也是人类对外界信息概念化的过程，信息沟通活动正是符号语言对信息的概念化过程。

概念即名称及其意义。意义是人对客观事物抽象的结果。人类利用语言的抽象性，对信息进行归纳概括，从而认识世界。词语表示概念和范畴，而语言是概念和范畴的集合。信息的存在状态与运动方式是在一个时空中连续不断的过程，语言符号不是对信息的摄影，而是对这个过程进行概括性的描述。

## 二、语言符号与文字符号

文字符号是作为语言符号的辅助工具而并存于信息沟通活动中。文字符号不可能脱离语言符号而存在，却有自己的体系和特征。它只有转化为语言符号后才能显示记载和传播信息，所谓识字与不识字的问题，也即是否具有将文字符号转换为语言符号的能力问题。语言—文字—语言，三者相互转换，才能传播信息，沟通思想。

### （一）文字符号与语言符号的关系

用文字记载的语言，即书面语言，可以不受时间和空间的限制，传至久远。文字是记录语言的书写符号系统，是最重要的辅助性交际工具。人类有了文字，就突破了语言在时间和空间上的限制，扩大了语言的交际功能和信息传播作用。虽然人类现在有了录音机、广播、电视、计算机等记录语言的现代工具，但文字仍是人类信息传播最重要、最简便的使用范围最广泛的工具。

有了文字符号，书面语言才得以产生，有了书面语言，才能更严谨地对语言进行加工，使语言在沟通中表达更准确更规范。用文字符号记载语言可以对所表达的信息进行仔细琢磨，因此，文字符号所记录的书面语言，与口语的传播效果相比，更严密、细致、有条理。文字符号使语言的发展和对信息的传播更加精密丰富。

### （二）文字符号的类型

每个民族都有自己的语言符号系统。每一种语言都有一个由若干音素、音节组成的语言系统，和由语素和词所组成的词汇系统，并且基本上都可以用符号去记录。世界上的文字符号主要分为两大类:表音文字符号体系和表意文字符号体系。

1. 表音文字符号体系

表音文字符号体系是用数目不多的符号表示一种语言里有限的音位和音节,作为记载词语声音的字母,通常一定的音就用一定的字母表示,一定的字母表示一定的音。人们掌握了字母的读音和拼写规则,听到了一个词的声音,大体就能写下来,看到一个词或字能读出它所代表的语音。

表音文字符号体系有规定的字母表,用一套字母拼写语言声音。字母代表音节的,叫音节文字,如日本的假名。假名字母共71个,掌握了几十个字母和一套拼写规则,就能使用;字母代表音素的,叫音素文字,如英、法、俄、德文等。

表音文字的符号系统在使用过程中,我们必须注意字母符号的组合、构词规则、造句规则、书写规则、拼读规则和定义语意规则等。

2. 表意文字符号体系

汉字是表意文字符号体系,同表音文字符号体系有本质的区别。汉字不是直接表示音位或音节的字母,而是用不同笔画构成的大量表音符号来记录汉语的单音节语素,代表语素的声音。因此,汉语所用的表音符号,就不是几十个字母而是成千上万个符号形体。《汉语大词典》收录的文字符号,就有56000多个。并且,由于汉字不直接表音,随地域不同而引起的方言不同,使同一个汉字有不同的读音。

汉字大部分是形声字。除少数情况外,形旁表示意符,声旁表示读音。虽声旁表音,但汉字的声旁不同于表音文字的字母。汉字一般是表示单音节的语素,但不是音节文字。因为音节文字一个读音只用一个符号,一个符号也只表示一个音节。而汉语一个音节可以用许多汉字来记录。如音节xi,就有“夕、汐、稀、溪、烯、息、锡、熄”等60多个文字符号。而同一个汉字又可以表示几个不同音节,如"和",就有 5 个读音。

现行汉字也有声旁表意的,如"氧"中的"羊"。而且声旁表音也是不固定的,同一读音可以有不同的声旁,如 yi 有"亿、艺、忆、屹"等。同一声旁又可能表示不同读音,如"者",可以表示"zhe 赭","she 奢"等的读音。汉字的声旁不同于表音文字的字母。从汉字形体看,汉字虽有大量形声字,但仍然是表意体系的文字。

汉字一般是表示单音节的语素,但汉字不是表音文字中的音节文字。音节文字一个音节只用一个符号,一个符号也只表示一个音节。汉语一个音节可以用许多汉字符号来记录。

英国《新科技杂志》原主编,当代科技发明报道专家迈克·克鲁斯曾说:"汉语将成为声控计算机的第一语言。"他相信,总有一天,全世界的人将必修汉语,并以汉语语音来声控电子计算机,因为汉语有 400 多个音节,而英语则多达 10 000 个以上。汉语每个音节最多 4 个音素,如"ding 丁"、"huang 黄",每个音节都有四声变化,音义结合读音可知意;汉语简洁洗练,意义深刻。一个个形、音、义结合的方块字,集中存储传播了大量信息,并且音节清晰,易于辨别。这使汉字成为优越于线形文字的理想电脑文字,从而使汉语有可能成为 21 世纪第一语言。

英国语言学家厄尔曼在他的《语义学》中说汉语是理据性最缺乏的语言,意思是说汉语是"词汇类语言",任意性的(无理据性的)词占优势。他的看法固然源于西方学者对汉语语源的无知,却也反映了我国在这一方面研究的严重不足。我们对自身语言符号研究的不足,与汉语将来在世界上的地位和作用极不相称,与 21 世纪对汉语的要求也不适应,我们应加强对汉语符号的研究,促进汉语走向世界。

汉字符号是记录汉语的书写符号系统。汉字是世界上历史最悠久的文字,对推动我国社会的发展,对汉语的发展都有着重要作用。中华民族创造的光辉灿烂的古代文化,依靠汉字得以传存下来。

汉字符号也曾被我国的邻国朝鲜、越南、日本借去记载他们民族的语言。如今,日本等国还在借用我们的汉字。汉字在国际交往中发挥着重要作用。联合国已经把汉字列为日常用语之一。最近韩国首相金大中建议亚洲以汉字为统一用字。

## 三、语言符号与沟通的关系

20 世纪中期以来,许多国家在进行符号学研究时,注意到了符号学与传播学的关系,认为符号学研究为传播学研究奠定了理论基础,是沟通的根本。因为符号学显示出了如下作用:

(一)对信息的指代和显示作用

1988 年皮埃尔·吉罗指出:"指代功能是一切沟通的基础。这种功能确定信息和它所指对象的关系,根本问题在于为指代对象建立真实的信息,即客观的可观察到的和可验证到的信息。"符号不仅能指代事物,还能使人们将这些事物与另一些事物区别开来,如沙发、椅子、台灯、钢笔、计算机,它所表示的信息是可感可触具体清晰的,它所产生的信息是不会与别的信息产生混淆的。

不会混淆是符号的特殊的显示作用。例如古代,指代自己时,皇帝用"寡人","朕",下人则用"奴才",这不同的指代符号,显示出社会地位的高贵卑贱。据说美国总统杜鲁门的用语粗俗,罗斯福谈吐儒雅,里根则伶牙俐齿,这也是因为他们使用语言符号不同显示出的不同特色。当然,社会中挑拨离间,颠倒是非,混淆黑白的反主流文化者,也因为他们在信息传播时所使用的语言符号而显示出其卑鄙萎缩的人性特征。

（二）对信息的表意和认识作用

许多符号专家认为，符号的重要作用是表意和认识，人类文明的存储和传播的根本是符号。符号把事物的形态显示出来，并通过符号表示和传达传播者的感受、情绪、见解和对客观事物的认识等信息。所谓言为心声，书为心画就是这个道理。人类凭借各种符号传播信息所显示的意义，信息受传者又通过符号的读解获得对客观世界的间接认识。

人类不可能在有限的生命里事事都去直接体验，也并非直接体验才能获取信息。但人类却能认识并未亲自去体验到的信息。因为符号能够保存和传播人类已经认识的信息。个体化认识的信息通过信息的表形与表意传播给集体、社会，乃至全人类。人类知识因此一代代的传承和发展下去。

英国著名科学家贝尔纳说语言符号“是现今活着的古代遗物”。例如，我国古代的商族起源于何处，为什么成为“商”？这是商史研究的问题。我国语言学家杨树达通过对文字符号“商”的考证得出结论。龟甲文有“商”因屡易国都，地点大多在大河的南北，这个字与水有关。古代的“商”同“章”同音，现在的漳水，是河南境内的河，那么古时候的商水也应该在河南境内。商族应是发源于河南。因此，称水之名，为“商”，称族之名为“商”族，或“商”人。《白虎通 · 商贾篇》说：“商之为言章也，度其有无，通四方之物，故谓之商也。”因此，后来以至现在，称在流通领域里作“通四方之物”的生意人为“商人”；称囤积居奇，坐店经商的大商人为“贾人”。一个语言符号，为我们提供了认识一个国家民族的起源及与此相关的信息。

清代中期，四川农民起义军中有一支号称“啯噜”的队伍。为什么称为“啯噜”呢？现在很多人不解其意。后来学者们深入到当地的汉、藏、彝民族中考察，发现这个语言符号声为“gu-lu”，是形容圜圆的事物和旋转的动作。汉族地区的手工业工人以事物的形声特征称呼该事物。“蝈噜”这个语言符号含有多种信息,如眼睛叫“二蝈噜”,指圆眼珠转个不停。藏族称轮子为“渴鲁”,彝族打仗时口呼“蝈噜”。汉族常说“眼珠咕噜噜转”,“咕噜噜地滚下山”。这个语言符号的表意和认识作用是:这支号称“蝈噜”的农民起义队伍的主要特征是团结勇敢,行动迅速,往来如飞,转来转去地打得敌人团团转。

(三)沟通和自律作用

我国语言学家罗常培说:“语言是一个民族文化的结晶,这个民族过去的文化靠它来流传,未来的文化也仗着它来推进。”美国语言学家萨皮尔(Edward Sapir)说:“语言和其他符号的背后有东西,它不能离开文化而存在,文化是人类遗传下来的习惯和信仰的总和,它可以决定我们的生活组织。”亦即说,符号传播人类的一切信息。人类借助符号指代事物信息,显示信息形态,表达信息意义,储存信息的过程,是信息传播达到思想沟通的过程,也是传播中符号与符号组合规则的自律,也是符号对人的规范约束。

一方面,符号的组合必须根据一定的科学规则,才能对信息指代和表意,否则就会杂乱无章。社会不知所云,便不予认同,符号就会因此失去应有的地位和作用。而符号规则又约束人们使用符号的方法。

另一方面,符号一经某种法则固定下来,并得到社会认同,符号对人的行为便产生了约束。

如合同中的责任、权利、义务,一经双方签订,就必须照办。所谓“口说无凭,立约为据”,“三杯吐然诺,五岳倒为轻”,“一言九鼎”之类古今崇尚的行为规范,很大程度上是符号约定的结果。我们运用符号与人们共享人类文明,进行双方的自律,达到双方的理解与合作。人与人的对抗,人与符号的对抗,将是反文明的无序状态,是对人类文明的摧毁。

商务活动和管理活动中,符号的最重要的作用是可以对信息的扩散进行确立,维持甚至中断。符号使信息传播超越时空,传至永恒。

“开市大发”、“招财进宝”、“万商云集”、“永暖大业”、“大震献猷”等符号是商务活动中永远令人愉悦的话题。

“生命”、“和平”、“民主”、“科学”、“我爱你”,这类符号或符号与符号的组合,所指代的信息及其所显示的深刻意义,是人类永久的话题。人类在“地球村”里和睦合作,生存发展,符号起着极其重要的作用。

## 第三节 非语言符号

### 一、非语言符号的概念

非语言符号,也被称为副语言符号,是指语言符号(有声语言符号、文字语言符号)之外的其他如视觉、听觉等各种形式为信息载体的符号系统。

例如人的表情、手势、神态和衣着,人所选择的环境、摆设和距离等。语言符号是人类最重要的信息沟通符号系统,而非语言符号是对语言符号的补充和延伸。

假若你置身异国他乡,语言不通,茫然不知所措,但定下神来,你会感到空灵中的愉悦,你依然能与外界密切沟通,因为你的四周有人,人们的行动在向你显示着自己,坦呈着自己。周围人们讲话的语调、神情、姿态,人们的整个人体,包括眼睛、微笑、姿势、发型、衣着,都向你传播着一种丰富的、流动的、微妙的,尽管晦涩难懂,却是迷人的信息,每个人都在与你沟通,你依然能够发现你公司的产品在人们生活中的位置,你依然能发现同类产品在消费者心中的位置。与人约会,没有语言,只有面部表情，只有身体姿势，只有描绘在纸上的图画、专有名词，但对方依然能够领悟、接受你所叙述的内容。人的身体是人自身的文本。

对此，传播学家施拉姆和波特在他们的《传播学概论》中说："非语言符号（Non-verbal Sign），指语言文字以外的可以通过视觉、触觉和嗅觉感觉到的姿势、音容、笑貌、气味和颜色等概念的总称。它可以加强和扩大语言符号传播的信息，也可以否定语言符号传播的信息。"

任何沟通活动都是由信息传播者的发送与信息受传者的接收过程构成的。而发送信息与接受信息的路径都必须刺激人的感官。有声语言符号和文字语言符号是这样，而其他各种信息沟通形式也是以此为目的的。例如人的情感、动作、服饰和绘画等以及电子化的语言、数码、文字、音响、图像等同样成为合适的载体，让信息在具有意义的流程中，借助信息传播者与信息受传者能相互理解与沟通的符号和语境，使信息得以传播。

非语言符号在信息传播过程中发挥着重要作用。据美国传播学家雷·伯特惠斯尔调查研究，在人际沟通过程中，有65%的信息是用非语言符号传递的。语言符号学家艾伯特·梅热比为此提出了一个公式：

传播信息达到相互理解

=语调（38%）+表情（55%）+语言（7%）

其间，语言与表情均为非语言符号。

但是一些抽象的信息仅用非语言符号是远远不够的，那还必须用语言符号。两者之间有时可以互相取代，有时各自发挥自己的作用，有时又互相补充和延伸。

## 二、非语言符号的类型

非语言符号与语言符号相比，形式和内容上都更加复杂。

其类型主要分为视觉类、听觉类、时空类。这几类非语言符号又各自包括一些不同的形式。

（一）视觉类非语言符号

视觉类非语言符号指作用于人的视觉器官的非语言符号，包括动态类和静态类。

1. 动态视觉类非语言符号

动态视觉类非语言符号指用动态体语、运动画面等来沟通信息的符号。

动态体语即身体动作、行为语言，指人用身体的举止、行为来传递特定信息的符号。

体语所发出的信息有时是有意识的，而有时则是无意识流露的。如打哈欠、伸懒腰，是表示疲倦或厌倦。又如中国人竖起大拇指表示赞许，紧握拳头表示仇恨，摇头表示不同意；希腊人向后仰头表示不同意；中国人用两手摊开表示无可奈何；美国人用耸肩表示无所谓或无可奈何；舞蹈演员用优美的舞姿来抒发感情，或叙述人物、事件、情节，表现主题；音乐指挥用他的指挥棒和双手挥舞的姿势来向歌唱者和伴奏者传递节奏、速度、力度、音区、音调等一系列要素，展示抑扬顿挫，构成旋律，揭示深广的精神意蕴。

据说，人类仅用头部摆动沟通信息的动作就有近 300 种。仅仅是敬礼一项动作，就能传播许多耐人寻味的信息。例如两个人彼此弯腰鞠躬的姿态，是表示尊敬的非语言符号。这符号坦率的甚至是赤裸裸传播一种人际关系的信息，对这种关系可以有褒或贬多种结论。将这种姿态作为一种符号，本身并没有意义，只是对种种意义的刻写。它只是礼仪性非语言符号网络中的一种。屈从、谦卑、拜倒、傲慢、骄横，种种意义均是对符号的理解而已。而许多宗教似的神圣的礼仪则远比语言符号表达的意义多得多。

在进行商务沟通活动时,我国古代和现在一部分落后地区,常常使用非语言符号,如用手指动作谈价格。双方用衣袖盖住手,借助手指在衣袖内谈生意。这称为"袖内摸指":"一"伸小指,"二"伸无名指与小指,"三"伸小指、无名指与中指,"四"伸小指、无名指、中指与食指,"五"伸五指,"六"伸小指与拇指,"七"伸拇指、食指、中指成一捏,"八"伸拇指与食指,"九"以食指作沟,"十"成一拳。并且,从一到十都有几套暗码。我们中国人以善良、含蓄著称,连经商的语言表达方式也如此含蓄与亲和。

而与我们同处亚洲的岛国日本,却与我们不大相同,他们做生意一如他们吃生鱼片。血是力量和死亡的象征,他们吃血淋淋的生鱼片,从中吸收能量。而蔬菜和其他肉食品颜色的鲜艳与形态的多姿多彩所展示的生命与活力,并由此展示的强悍的抵抗力,在日本人眼里,不如湿润的、有弹性的、软乎乎的、血淋淋的生鱼片吃起来有味。

运动画面主要指照片、图画,或电影电视大众传播媒介中利用声、光、色、图以及运用蒙太奇手法等对画面的组接与转换而传播信息的符号系统。

2. 静态视觉类非语言符号

静态视觉类非语言符号是指以人的静态的面部表情和固定身体姿势以及环境画图等来传播信息的符号,主要包括姿势、表情、情绪、衣着、摆设、环境、雕塑、绘画和图片等。

姿势是静态体语,相对动作而言,能收到所谓"此时无声胜有声"的沟通效果。例如立正传播谦恭信息,正襟危坐给人端庄、严谨和正派感。

表情、情绪等非语言符号如喜形于色、喜上眉梢、垂头丧气、冷眼旁观等等所传播的信息也是相当直观的。如:

兴奋——轻松,跳跃,面颊泛红,瞳孔放大,喜形于色。

傲慢——向后仰头或歪着头，斜视，或眯缝双眼俯视对方，双臂交叉或双手叉腰。

厌倦——东张西望，不断看时间，伸懒腰，打哈欠，叹息。

焦虑——眼神不安，时站时坐，搓捏双手。

欺骗——眼神飘浮不定，双手藏于背后或下意识地摸下巴、牵衣角，寡言者突然喋喋不休且语义不连贯。

眼睛是心灵的窗户，愉悦的人如置身阳光下，眼窝里闪射着火焰，聪颖、灵活、富有朝气与活力；忧郁的人如置身黑夜，眼睛黯然失色，眼窝隐藏着忧伤、压抑、紧张、脆弱，犹如火车或地铁里恹恹欲睡的旅人。

衣着、服饰的式样、颜色、质地同样传播信息，如穿西服显得庄重整齐，穿休闲服显得闲适随意，穿牛仔服显得刚毅粗犷；穿红色类暖色调衣服显得活泼开朗，穿蓝色冷色调类衣服显得沉静安详。有时候，衣着上的不协调，文化上的与时代相悖，言语上的粗俗和举止上的放荡不拘所传递的信息，常常会让人想起美国20世纪60年代的嬉皮士。招聘员工时，人事部门对这种人是不敢轻易录取的。

我国古代商界，注重服饰，“卖药卖挂，皆具冠带”，香铺香人，即“顶帽披背”、“执库掌事，着皂衫角带不顶帽”。而现在商界员工，则常常西装革履，手拿“大哥大”、“掌中宝”，以传递自己阔气，有实力，拥有信息量和资金量大的信息。

一个素质高的销售人员，在会议上或宴席上，可以用身姿、眼神、手势，再配合口头语言，同时与若干人交流信息。口、眼、手、身，可以综合协调，同时传递不同信息。

办公室里随处可见绿色植物，或动物植物的绘画与雕塑，这些摆设传递出工作人员热爱大自然的信息。餐桌上摆着的菜肴，传递出主人与宾客的嗜好和经济状况以及他们之间的关系等信息。同时也传递出厨师技能技巧状况以及其他关于菜肴的各种信息。有时，菜肴不再只是以某种方式令人赏心悦目随意夹来夹去的食物，而是一种非语言信息符号。它摆在桌上时，犹如一幅图画。

一幅画，一尊雕像，任何一种艺术品，都能记录显示一种信息，都是记载信息的符号。例如，意大利文艺复兴时期的雕塑家米开朗基罗的《人卫》雕像，是一位英俊的裸体青年，举握弹袋，情绪激昂，怒目裂唇，直视前方，几百年来，这尊雕像一直都被认为是记载为正义事业而艰苦奋斗，不怕牺牲的共和国保卫者形象的符号。

（二）听觉类非语言符号

听觉类非语言符号是作用于人的听觉器官的在一定范围内约定俗成的非语言符号，主要指类语言和其他声音符号。

1. 类语言符号

是人类发出的能相互理解的没有固定意义的声音，它是功能性的发声以修饰辅助语言或类似语言的符号。如人喜、怒、哀、乐、悲、惊、恐时发出的声音。例如笑声、哭声、叹息、呻吟，仅仅笑声，欢笑、大笑、微笑、苦笑、嘲笑、讥笑、冷笑……就可以有许多种类型来记录和传递各种各样的信息。

商务谈判中，以类语言符号，尤其是以笑声来传递信息的时候很多。一个机智、敏锐的商务工作者善于辨别微妙的类语言所代表的意义，并能及时采取果断措施。

2. 代声

代声是人类发出的被赋予特殊意义的能表情达意能相互理解的声音，如锣鼓、口哨、音乐声等。

我国街头，小贩常以代声招揽顾客。在古代和近代，这些街头小贩销售的是什么商品，屋子里的人可以凭借代声予以判断。如摇拨浪鼓是卖碳的，卖牙刷的；摇铃是卖线的，卖柴的；打鼓是收废旧物资的；打糖锣是卖儿童玩具的。现在许多电视广告也注意用这种类语言符号来传递商务信息。如家喻户晓的“南方芝麻糊”广告，传统生活的画面再配上传统的鼓声（代声），深深牵动着消费者的怀旧情绪和思乡情怀，目的是刺激、鼓励消费者购买。

（三）时空类非语言符号

时空类非语言符号是通过人际距离、时间、空间来传递信息的符号。

1. 时间类非语言符号

时间同样是传播信息的非语言符号，可以分为具体时间和时间差。

（1）具体时间

时钟指示的确定时间，约定的确切时间，管理活动商务活动的行动时间，车、船、飞机等交通工具起点和到达的时间等等，都是信息。

传递这些符号，相互沟通好，信息内容清楚，工作顺利进行；反之，则会产生意想不到的工作障碍。

面试结束的最佳时间把握也是信息。

成功的面试有适当的时间限制，谈短了不行，长了浪费时间，时间越长对应试人越不利。谈话时间的长短要视面试内容而定，一般宜掌握在半小时至 45 分钟左右。一般来说，在高潮话题结束之后或者是在主试人暗示之后就应该主动告辞。

（2）时间差

传播信息的时间差也是非语言符号。如打开水龙头，没有水，等一会儿，还是没有水。等待的那段时间告诉你：停水了，或是水龙头坏了。与人约会，提前去，或是迟到，去的时间记载和传递了各种信息。同时收到许多信，先看谁的，后看谁的，先给谁回信，后给谁回信，都记载和传播了信息。

2. 空间类非语言符号

空间类非语言符号可以从位置和人际距离来研究。

(1)人际距离

人际距离指传播者和受传者之间在进行信息传播时的空间距离。美国人类学家爱德华·霍尔建立了近体学,提出人际沟通,相互进行信息传播时,人际间有八种距离因素,并把人际距离分为四个不同的区域。他认为,人际间关系越亲密,越容易沟通,信息传播时的距离就越近;关系越疏远,沟通越困难,信息传播时距离越远。具体体现在四种区域:

A. 亲密区

亲密区的人际间隔距离在0.15~0.46米之间。距离很近,能感知对方的体温和气味,能互相接触。只有亲密者才能进入这个区域。商务活动和管理过程中,商务信息的传播活动中,进入这一区域,会被视为缺乏教养,属不道德的行为。情势所迫的情况下进入这个区域,如拥挤的公共汽车或其他狭窄的特殊地点,可以通过调整姿势来消除不自在的尴尬境况,如在车上就两眼注视窗外等。

触摸实际上是人对空间的控制。触摸的具体方式、位置和意义取决于双方的关系、环境和感情。一般情况下,触摸代表肯定的态度和相互的了解、谅解以及感情融洽。

B. 熟人区

熟人区的人际间距在0.46~1.2米之间。酒会、聚会、办公室集会时,与商业伙伴或组织内的同事,组织之外的同学、朋友、师生及其他熟识的人相处时,应保持这个距离。在这个区域,双方讲话可以无拘无束,高谈阔论。

C. 社交区

社交区人际间距在1.2米以上,是指同陌生人或不熟悉的人的一般交往,或组织间的会谈时所保持的距离。若首次见面,互不熟悉,虽无拘束,却只是寒暄而已。若相互间有兴趣或有合作的可能,就交换名片,今后再互访。

D. 公众区

公众区是指人际间距在 3.6 米以上。双方相互不熟悉,但属同一社会成员。或者是工作上有联系时,或者是在公众场所发表讲演时,应该保持这个距离。

但是,人际距离因为不同人,不同场合,不同民族,不同地域,其远近也就各不相同。如中国以及其他某些亚洲国家的人在一起交谈时,比美国或一些欧洲国家的人交谈时距离要近些。不管各地、各国约定俗成的距离怎样界定,相隔的远近距离,都是传递信息的非语言符号。

(2)空间位置

空间位置也可传播信息,地址本身就是非语言符号。

人们可以从一张方位图上找到所需要的地址。无论是精心描绘的地图,还是人们随手即兴速写的草图,甚至是胡乱勾勒在一小片纸头上的路标,从那空间位置上我们都可以大致知道小河、公路、街道、商店、公寓……

现代城市,任何市区都有一个中心,是百川汇流的焦点,每个中心都有一个特定的场所:权力性的官署,金钱性的银行和商店,精神性的教堂,休闲性的散步场地、娱乐场地。现代社会的价值观在这里集合、凝聚,人们从这里出发,也可从这里退回,在这里创造自己实现自己。人们置身这个空间也置身社会,置身令人自豪的具有丰富性的广阔现实。

我国北京城的故宫,在城市中心,这个护城河环绕着的紫禁城,皇帝曾居住在这里。现在,每天,每辆汽车避开这个领地,在它的周围飞驰。这个空间的神圣的"空无",记录和显示了皇权和大一统,以及中华民族数千年的文明史。这是中国人引以自豪为之骄傲的非语言符号。

重庆的解放碑,为纪念抗日战争胜利而修建,位于市中心,这个空间被称为“精神堡垒”。作为记录和显示爱国、团结、奋进、顽强精神的符号。由这个空间伸展开去,每条街道,都会给你城市的感觉,同时又会唤起农村的回音。每个建筑,每个人,都好像是一棵树,这密密麻麻的空间,这个城市,像是一个丛林。因为人口的密集,这空间成为商家必争之地。商家认为它是西部物资的集散地,占领了重庆,就可据此占领西部市场,在开发西部的战略中,这里寸土寸金,各个商家都在研究这个非语言符号所记载的意义。

上街购物,所买的东西小小的,而其包装常常是大大的而且是豪华的,有时其豪华程度远远超过了里面的礼物的品质。包装与实物常常不成比例。赠送别人的礼品仿佛就是那个盒子,而不是其间的物品。盒子成为符号,记载金钱的、感情的符号。打开盒子需要时间,时间的推延中所激起的喜悦心情正是赠送者的希望所在。这种精神上的愉悦与享受,并不反映那礼物的贵贱状况,因为精神有时是不能用物质来代替的。

总之,非语言符号对语言符号进行补充和延伸,有时甚至超越了语言符号的表达范围而成为沟通时信息传播的主要工具。

## 三、非语言符号与沟通的关系

现在,人类的语言符号系统已经发展到了十分成熟和完善的程度,在沟通中,已经占据了信息传播的主导地位。而非语言符号系统在信息传播活动中,却能发挥语言符号有时所不能发挥的作用,具有很强的生命力,这是由于它的特殊传播功能。它与信息传播活动具有如下的关系:

### (一)持续不断地进行信息传播

#### 1. 在人类的生命过程中持续不断地进行信息传播

人从产生生命开始,就有意识或无意识地进行信息沟通。

人们即使静室独坐，沉默寡言，但这个人的坐姿、眼神、情绪，以及由此而构成的氛围，仍是在用非语言符号传播着某种可以令人感知的信息。

2. 在沟通的全过程中持续不断地进行信息传播

语言符号的传播能给人以开始和结束的概念，而非语言符号对信息的传递则无始无终。

（二）能全方位地在特定情景中沟通信息

1. 同时由表层及里层传递信息

在沟通时，信息为传授双方都能理解的信息。即使蕴藏在表面信息之内的意在言外的信息，也能有效传播。当语言符号与非语言符号所传递的信息相悖时，非语言符号所蕴涵的信息恰恰引人注目。

2. 多情境多种感官传播信息

非语言符号的语境与情景能有效结合。非语言符号借助传播者与受传者的多种感官，通过听觉、视觉、嗅觉、触觉下意识与无意识中同时全方位传递信息和感受信息。信息受传者对情景和语境的感受同步。

（三）直观地传播含义

1. 无转换过程

语言符号的沟通要经过编码和解码的传播过程后，才能让人感知信息，对语言符号的解释要受文化程度的限制。而非语言符号意义直白，即使是文盲，也能借助非语言符号在瞬间通过察言观色对沟通内容一目了然。

2. 理性控制较少

非语言符号无须刻意加工制作，即能展现行为背景和交际心理，同时真实展现信息，对语言符号进行延伸与补充。而语言符号的传播，要按语法规则和理性的原则经过加工制作过程，更规范，更准确。相比之下，非语言符号理性控制较少，真实性直观性较强,能在沟通中迅速形象地传播信息。

在管理活动和商务传播活动中,使用语言符号还是非语言符号,要视具体传播场境和传播对象而定,无固有的规定。

# 第三章 信息传播媒介

## 第一节 信息传播媒介概述

### 一、传播媒介及其相关概念

(一)媒介

“媒”最早见于《诗·卫风·氓》中的“匪我衍期,子无良媒”,指婚姻介绍人。《旧唐书·张行成传》:“观古今用人,必因媒介。”

媒介指使双方发生关系的人或事物,是连接双方的中介物、工具和手段,起着桥梁的作用。例如蚊子、苍蝇等是传染疾病的媒介。职介所是介绍工作单位的媒介。

(二)传播媒介

目前,学术界对传播媒介的界定相当混乱,各执己见,故弄玄虚。其实传播媒介就是传播信息使用的工具,如报纸、杂志、书籍、电影、电视等,是物质实体。

媒介组织是指拥有这些媒介,靠经营这些媒介赖以生存的机构,如报社、出版社、杂志社、电信、邮政、电影制片厂、电台、电视台等。

美国传播学家施拉姆 1984 年在他的《传播学概论》中对传播媒介作了准确的界定:“传播媒介就是插入沟通过程中,用以扩大并延伸信息传送的工具。”

大众沟通媒介，也称大众媒介，大众传播媒介，是职业传播者向众多的、分散的、不确定数量和对象的受传者迅速传播大量信息的媒介。大众传播媒介主要指以一般公众为对象的报纸、杂志、广播、电视、电影等。

(三)媒体

媒体是记录和显示信息的载体。它包含两个含义：

1. 指储存信息的实体，如纸、磁带、磁盘、光盘和半导体等存储器。

2. 指信息的记载和表示形式或载体，即符号，如数字、文字、声音、图像和图形等。

符号是信息沟通活动中，人创造出来的，用于表示或指代以记录某种信息的形式。媒体就是承载符号的物体。

(四)多媒体

一种以交互方式将文字、图像、图形、音频、视频等多种媒体信息和计算机技术集成到一个数字环境中的产物。由于计算机中的数字化技术和交互处理能力，才使多媒体技术成为可能。这样才能对多种信息媒体进行综合统一处理。

目前已作到声文图一体化的电视机、录音机并不具备交互性和数字化，因此谈不上是多媒体。多媒体技术的应用是 20 世纪 90 年代计算机的时代特征。

## 二、大众传播媒介的特点和分类

(一)大众传播媒介的基本特点

1. 信息传播者是组织机构

传播者不是个人，而是由以信息传播为职业的人组成的复杂的组织机构，如通讯社、报社、出版社、杂志社、广播电台、电视台、制片公司、图书馆、网站和广告公司等。信息在传播前经过记者、编辑、编导、决策人、经理等按一定的方针、计划、决策方案选择和加工，以期达到预定的目的。

2. 信息复制和信息传播使用技术手段

大众沟通不像人际沟通那样一对一地面对面进行信息传播，而是要运用传播技术对信息进行大量的复制和传播，如印刷机器，录音、录像设备，多媒体技术等。

3. 信息受传者人数众多

大众沟通中的信息受传者如读者、观众、听众，分属于不同阶层、不同社会集团、不同地域、不同年龄、不同性别和不同文化程度等。

4. 信息沟通主要是单向的和间接的

信息的传播者和信息的受传者不能面对面地交流信息。只是信息传播者在单方面的发布信息，信息反馈在当时不能立刻接受，需要传播过后间接接受。

5. 传播内容公开

传播内容传递范围广，速度快，信息发布接连不断，短期内能产生巨大的强烈的社会影响。

（二）大众沟通媒介的分类

大众沟通媒介随人类文明的发展而发展，目前普遍使用的是印刷媒介、电信媒介、电子媒介与非语言媒介。后面的章节中将作具体阐述。

## 三、传播媒介理论研究

### （一）大众沟通媒介结构

传播媒介的结构与控制贯穿于整个传播活动的始终。大众沟通的信息传播媒介的社会结构与控制更为明显，主要有两种：单向垂直传播机制如图 3.1，传播良性循环机制如图 3.2。

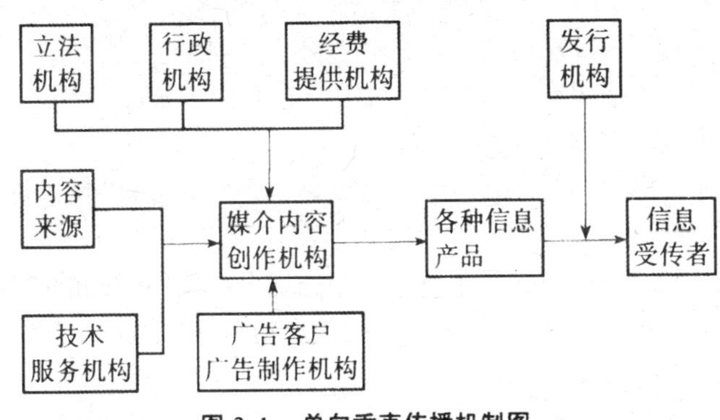


图 3.1　单向垂直传播机制图

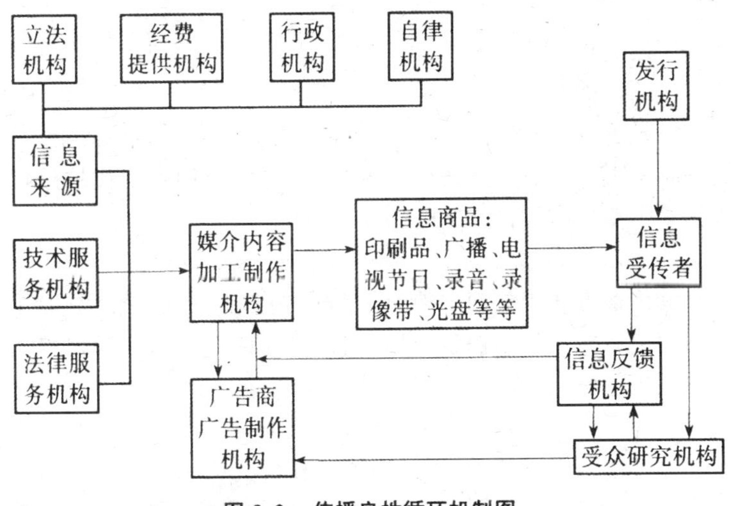


图 3.2　传播良性循环机制图

（二）传播媒介的理论研究

1. 英尼斯“偏倚时间”、“偏倚空间”论

加拿大传播学家英尼斯在他的《帝国与传播》、《传播中的

偏倚》中认为:任何社会沟通中的信息传播媒介,都会左右社会组织形态和人际结合方式。传播技术是其他一切技术的核心。任何信息传播媒介都有“偏倚”,因为它有助于长时间的控制和对广大地理空间的控制。

他指出,古代社会使用羊皮纸、黏土等媒介,可以长久保存,但难以运送,因此,这有助于时间上的控制,但不利于空间上的控制,所以,这些媒介属于偏倚时间的媒介。偏倚时间的传播媒介存在于具有丰富的口语系统,或具有精巧的书写技术的社会,但这是掌握在少数特权分子手中的社会。

用纸张传播信息可以治理广大的地理空间,这种媒介是偏倚空间的媒介。它在本质上是倾向于现在和未来的媒介,它有利于扩张帝国力量,提高帝国政治权威,有利于创造世俗制度,有利于发展科学和技术性知识,并且效率高。而现代的印刷媒介、电话、广播、电影、电视都属于偏倚空间的媒介,尤其是卫星、电脑以及各种精密通讯设备,使得全球性及时传播成为可能,也使“帝国”势力向太空扩张。这是因为现代科技为现代信息传播提供了明显的偏倚空间的条件。

英尼斯认为,无论是“偏倚时间”或是“偏倚空间”,只要其中一种传播方式受到过分强调、垄断,便成为“帝国”兴衰的主要动力。偏倚产生不稳定,只有偏倚时间或是偏倚空间得以通过某些机能而保持平衡时,社会才得以安定。

他还认为,传播形态和信息流动是经济发展的核心。传播技术是其他技术的基础,而经济诱因和市场机能对于传播形态和信息流动也有重大影响。他对传播学的研究,重在传播技术如何影响全球社会和文明的演变等问题上。

英尼斯的理论为企业在商务沟通活动中的媒体选择问题上,提供了新的思路。具有的现实意义,那就是先考虑传播信息的目的,是要注重较长时间的占领呢,还是要注重较大空间的占领,然后再考虑媒体的选择。若注重的是时间,就应选择偏倚时间的传媒,如报纸、杂志等;若希望占领较大空间,就应选择偏倚空间的传媒,如电视、电影等。

2. 麦克卢汉"媒介即信息论"

加拿大政治经济学家、传播学家麦克卢汉是英尼斯的学生。他注重对媒介本身及其社会行为的研究。他的主要理论是:媒介是人体的延伸,媒介即信息;媒介应划分成"热媒介"和"冷媒介"。他力图揭示媒介的作用,把媒介与人的感觉和心理联系起来考虑,同时,把媒介置于社会、历史、文化背景中去考虑。他也重视文学艺术在媒介冲击下的独立性。因此,他开阔了信息传播媒介的研究范围。

他的"热媒介"是指传播信息鲜明度高,受传者不需要维持感觉平衡,不必进行想象,只要使用某一感官就能接受信息的媒介,诸如内容详尽的文章、清晰的照片、直观形象的展览品等。"冷媒介"指传播信息鲜明度低,受传者必须平衡使用多种感官进行补充或想象才能接受信息的媒介,如影视、讲演等。

但学术界对麦克卢汉的理论难以接受,认为他过分强调媒介的作用,他的论述缺少科学性,尤其是所谓冷热的界定,说不清楚,难以用于实践。

不过,他提出的关于"地球村"的概念却备受各国关注与推崇。他认为电子媒介的应用,可以使信息突破时间和空间的限制传遍世界各地,那时,地球就变成了一个村庄。任何国家都只是这个村庄的一部分。地球村的出现,将使人与人、社会与社会、国家与国家增强相互的依赖性与密切程度。这样,整个世界的政治、经济、文化的形态都将发生前所未有的变化。

3. 斗争工具论

另一种媒介理论是"斗争工具论",列宁、斯大林、毛泽东都有过类似论述。认为信息传播媒介是阶级斗争的舆论工具,是反映阶级的舆论,影响和组织着阶级的舆论的工具。认为媒介应代表舆论,在舆论面前不是做舆论的简单的传声筒,而是积极主动地影响人们的心理。除了自发的舆论外,还应有意识地形成舆论,为社会政治服务。我国“文化大革命”中,这一理论曾被少数反动分子利用,造成了极左思潮的泛滥。

自改革开放以来,传播媒介的基本社会作用仍然受到重视,但我们已理性地、清楚地认识到,大众传播媒介只是提供各种社会信息,包括政治、经济、文化和科学技术等各种信息的工具,不必将传播媒介神化。

而实际社会生活中,一些企业仍在过分夸大和歪曲传播媒介的作用,把大众传播媒介作为与生产同类产品的企业斗争的工具,愿花大量资金用于传播媒介的宣传,却忽视了下力气提高产品质量,结果仍然不能促进销售。

哈尔滨的制药三厂和制药六厂,刚进 2000 年就展开了一场电视大战。先是制药六厂调集男女老少众多影视演员如濮存昕、巩俐、李丁、韩影、李仁堂、谢芳、郑振瑶、杨立新、宋丹丹等组成“缺钙”大军,登上屏幕,鼓吹“腰酸背疼腿抽筋,得补钙”,被有的印刷媒体认为其“在屏幕上出现频率之高,覆盖范围之广,广告制作之粗糙,表演之肉麻,而形成了一大电视公害”。之后,制药三厂针锋相对,进行电视“斗争”,请来范冰冰、陈小艺、王刚、汤镇宗、陶玉玲等与制药六厂叫板,组成“补锌”大军,同样进行大面积、高频率的覆盖。结果是消费者一打开电视就看见这两支队伍在闹腾,心里十分反感,纷纷说,是演艺圈集体缺锌、缺钙,我们不缺锌,我们不缺钙,我们不买!

理智地认识媒介,合理地利用媒介,是商务沟通活动中值得注意的问题。

## 第二节　印刷媒介与报刊图书网络

### 一、印刷媒介的概念

印刷媒介指在传播途径上经过印刷技术设备把文字、图画等信息符号的形状复制到纸张上,并有编辑人员、印刷人员操作的报社、出版社等传播组织经营的传播渠道。

印刷媒介具有五要素:印刷技术、印刷机、信息符号、编辑人员、机构组织。印刷媒介是一个实体系统,其作用是采取一切有力措施,充分调动编辑人员、印刷人员的积极性和创造性,把信息传播给受传者。

### 二、印刷媒介的产生和发展

文字的产生为印刷媒介的产生创造了必备的条件。

(一)文字的产生

文字产生前是结绳记事,即用绳子打成结来帮助记忆。《庄子》说:"昔者……民结绳用之。"《周易集解》说:"古者无文言,其有约誓之事,事大大其绳,事小小其绳,绳之大小随物众寡。各执以相考,亦足以相治也。"至今,我国有的少数民族如云南的哈尼族、西藏的门巴族等,仍然在使用。哈尼族买卖时,就用单股麻绳打结标价,双方各执一根,以为凭证。

后来就是用竹、木、陶等材料刻上各种痕迹和记号,用以记事。古时双方谋约时,把两木片合起来,在上面刻划记号,双方各执一块,以助对约定事情的记忆,也是凭据,有所谓符信之意。八卦就是古代刻木记事的一种形式。刻木记事作为信息传播的方法,每一缺口代表一件事,以刻口大小代表事件大小。据说每年吃新米的时候,全村老小一齐尝新,此时,由一长者讲述每一刻口的意义及所代表的事件,人们借此了解本村的历史及各种信息。刻木和符号是信息传播的媒介。但它只能唤起对某种事情的回忆和想象,而不能传播抽象的思想和逻辑思维过程。

在漫长的艰苦岁月里,人们借助早期的图形代号,逐渐创造了文字。将这些象形符号串联在一起,可以讲述一个简单故事,或传播一个简单信息。诸如"某人早上去河边打水,看见河对岸有两只鹿子,有一只野猪,河对岸有沼泽,人不能过去,走过去就会陷在泥里"之类。人们把对大自然特征的观察和理解,用图形代号一一记录在案。

我国许多少数民族的文字至今仍保留着图画记事的痕迹。

国外也有一些民族长期用图画符号记事。1849 年,印第安人德拉瓦尔族曾向美国总统递交了一份请愿书,请求允许他们七个氏族由苏必利尔湖迁徙到相邻的另一个湖。其请愿书就是用图画符号书写的。

汉字产生于 5 000 年前的黄帝时代。历史上有"仓颉造字"之说。东汉许慎的《说文解字 · 序》载:"黄帝之史仓颉,见鸟兽蹄沆之迹,知分理之可相别异也,初造书契。"

事实上,仓颉之前已有了象形文字,仓颉作为黄帝的史官,只是收集整理了文字,进行整齐划一,便于共同确认。

有了文字,人们不只是靠世世代代的大脑进行记忆来传播储存文化了,对大自然的所有观察和解释,对所经历的所有事件,对所有思想和观念,都能进行积累并传播开去,以供后人代代相传。

虽然简单,毕竟能借助象形符号再现语言,形成语音体系,记载、储存和沟通信息,与仅用绘画描述事件和仅用口头回顾事实相比,是一个飞跃。

文字先是刻在甲骨上,后来刻在竹简、木简、竹牍、木牍上,再后是铸在金属上,写在布帛上。每一次信息符号载体的演变,都是一次人类文明的大踏步前进。竹简和木简、竹牍和木牍用的时间相当长。牍的面积比简大,能多写几行字。古代的书信所用的木牍长一尺,故称"尺牍"。古人出门求学或教书,要背一口袋竹片或木片,携带笔墨,腰间还插上一把小刀,用作修简、写字。册,即竹简。一篇文章要用许多竹、木简,用牛皮或绳子把它们一片片地编串起来,叫做"册"或"策"。据《尚书·多士》记载:"惟殷先人,有册有典。"这说明,在我国商代早期,就已开始有文字记载典籍了。

简、牍作为传播载体,很不方便。《汉书·刑法志》说秦始皇"躬操文墨,昼断狱,夜理书,自程决事,日县石之一"。就是说,秦始皇每天要批阅用简、牍书写的公文一石。秦代一石(担)是120斤,合现在50多公斤,足见其数量之大。

古埃及人用小刀将植物茎杆的外皮剥成片,铺开,片片连接起来,即所谓"纸草纸",这实际上也类似简、牍。后来欧洲又用羊皮写字。

尽管如此,科学、艺术、政治和宗教,一切伟大的人类活动,都因为文字能够记载而得以传播。掌握了文字,就掌握了基本的信息传播手段,就便于与人沟通。历史始于文字的记载,文字传播了历史上各种有价值的信息,文字开创了社会组织和社会文化,文字推动了社会前进。

当时中央行政机构雇佣大批人员进行誊写和记载,识字成为有价值的技能,识字是打开通向社会地位和财富的大门的金钥匙。书写和记载的能力使政治和宗教体制发生了重大变化。图书馆的建立,宗教经文的记载,科技的、文艺的知识的传播和继承,都因为有了文字。

文字的出现是人类由野蛮时代进入文明时代的标志。文字作为信息传播、人与人之间沟通的载体和工具,是人类文明向前发展的根本标志，文字的传播使古代社会日趋成熟。

（二）纸和报纸的产生

社会经济的发展，人口的增加，耕作技术的提高，文化的蓬勃发展，以及各种手工业的发展，对书写材料需求的迫切，孕育了新的书写材料——纸。

我国黄帝的时候，已能植桑养蚕，缫丝织绢。西汉前期，人们发现每次缫丝漂絮后，总有些残絮遗留在篾箩上。漂絮的次数一多，它上面就附着一层薄片，揭剥下来，发现可以书写，这是最早的所谓"丝絮纸"。但生产力低下，残絮有限，产量不多，丝絮纸价钱昂贵。

我国也是世界上最早种植和利用麻类植物的国家之一。《诗经 · 王风》有"丘中有麻"之句。《诗经 · 陈风》道："东门之池，可以沤麻。"人们把麻放在水里浸泡腐蚀，使其胶质溶解，将其纤维用于制衣物。

以沤麻的方法，古人发明了用植物纤维造纸。据在陕西灞桥出土的西汉时的纸和甘肃居延出土的西汉纸，可以断定，我国在西汉以前，就能造纸。

公元 105 年东汉蔡伦用此法组织人力物力，改进造纸术，大量造纸，并将造纸法传播开去。公元 114 年蔡伦被封为龙亭侯，天下人都称纸为"蔡侯纸"。造纸业开始形成和发展，纸的普遍应用加强了沟通效果，促进了经济的发展。

到了我国晋代，大约公元 4 世纪末，我国的造纸术传到了朝鲜。据明代万历刻本记的《朝鲜史略》载："百济（那时朝鲜半岛上有百济、新罗、高丽）自开国以来，未有文字，近肖古王以高兴为博士，始有书记。"肖古王在位时，相当于我国晋朝穆帝永和年间。朝鲜学习了我国造纸术后，开始造纸用纸，才有了学校和书籍之类。

我国隋炀帝大业六年，即公元 610 年，朝鲜的高丽王派人到日本去时,顺便把中国的造纸法介绍到了日本。后日本又专门派人到中国来学习,回去造出了"和纸"。

公元751年,中国造纸术传到了阿拉伯,中国工匠帮助他们建起了造纸工场。公元793年,阿拉伯王在巴格达建立了造纸厂,招聘中国工匠。公元795年,在大马士革也开办了造纸工厂,纸张运往欧洲。公元900年,中国的造纸法传到了埃及的开罗。公元1100年,摩罗哥人开始造纸。从8世纪到12世纪初,阿拉伯人曾用中国的造纸术垄断造纸业达400年之久。

公元1150年,阿拉伯人到西班牙建起了欧洲的第一家造纸厂。之后,才将中国的造纸术逐一地传到意大利、德国、瑞士、俄国、墨西哥、法国、比利时、荷兰、英国、美国、加拿大、澳大利亚等国家。

纸的产生为印刷传播创造了条件。以纸张书写文字,以文字为载体沟通信息,人们开始将记载有各种信息的纸编次成册,集中典藏,分类管理,反复使用。因此图书开始形成和发展。出版物开始用手抄。手抄费时费力,量少质劣,易出现错漏,贻误读者,于是逐步改为印刷,这是传播史上一个划时代的进步。文字的产生使人类开始有了报纸。

最早的报纸,其原始形态是传播官方文书的手抄报。据说古代报纸始于公元前59年,古罗马执政官凯撒命令下属在街头设立一块木板,用石膏在木板上写字,逐日公布元老院议事情况。人称这"每日记闻"为报纸。

其实真正意义的报纸是在我国唐代产生的。我国在唐朝时代就出现了原始形态的手写报纸——邸报,这是封建王朝传知朝政和地方官员了解朝廷政情的工具。主要内容是皇帝谕旨,臣僚奏章和宫廷动态等方面。现存最古老的世界上的第一张报纸,是我国唐僖宗光启三年(公元887年)的一份手抄报,在20世纪初期被英国人斯坦因从我国的敦煌莫高窟偷去,英国人偷去的这张报纸，现在保存在英国不列颠博物馆内。

宋代起邸报由政府统一发行。到清代称《京报》，由北京的报房商人经营。明代用活字印刷报纸，到清末，报纸的内容为国内外广为传抄。

（三）印刷传媒的产生和发展

印刷术是一种以直接和间接的方式对原稿进行复制的技术，它能大量经济地在各种承印物上复制，便于长久保存和广泛传播。

我国又是印刷术发明最早的国家。明代胡应麟在《少室山房笔丛》一书中认为："雕本肇于隋时，行于唐世，扩于五代，精于宋人。"经现在出土的各种文物考证，我国的雕版印刷术的确始于隋，推广于唐末，盛行于五代以后。隋代的《历代三宝记》有隋开皇十三年（公元 593 年）"废像遗经悉令雕撰"的记载。1966 年在韩国南部庆州佛国寺释迦塔内发现的汉字印刷品《无垢净光大陀罗尼经》经考证，是唐代武则天长安四年至天宝十年（704～751 年）间的刊印品。

雕版印刷后，宋代的毕昇在宋庆历年间（1041～1048 年）发明了活字印刷。活字可以多次使用，泥活字、木活字、铜活字等印刷术比整版雕刻更方便。印刷术于 8 世纪传入日本，于 10～14 世纪中期经中亚传至非洲，14 世纪后期传至欧洲。

德国的金工约翰·古登堡根据我国的泥、木、铜等活字印刷术于 1438～1450 年研究发明和使用铅活字印刷。

古登堡还用一台葡萄压榨机改装而为印刷机。但他担心那些有能力买书的人会把他印的书看成廉价的仿造品而宁可要买手抄本，于是他就精心印刷一本圣经，认为能够卖给富人。他从他的律师那里借了很多钱来完善他的装置。可是，就在他即将完成印刷那本圣经的工作时，他的律师逼他偿还那笔贷款，并把他送上了法庭。他的律师因此剥夺了他的店铺、印刷机、他的发明、他的200本印好的圣经以及其他几乎所有的一切。10年后，古登堡死于贫困。这个悲惨的古登堡从未享受到他的想象力和创造力的成果，从不知道他为大家所作的贡献有多大。从16世纪开始，活字印刷机以各种文字出版各种书籍。

圣经开始以拉丁文以外的文字出版发行。罗马教廷无法再通过使用一种语言把它奉为神明。普通人能用自己的语言读圣经，这导致了对罗马的诠释权和权威的挑战。可以说，传播媒介打开了与原有宗教和社会结构的抗争的途径。

早期的书籍一般无书名、篇名、作者名，不分章节段落，无标点符号，不编页码，无扉页和版本记载。经世代不断改进，书籍的形制逐渐完备，到19世纪得以定型。

近代报纸产生于欧洲，16世纪地中海商业城市威尼斯，于1562年出版不定期的《新闻报》刊载航船消息，每份报纸售价1枚硬币。到19世纪30年代，美国纽约开始发行报纸，很快在世界上其他国家和地区普及。印刷技术和报纸形成了第一种大众沟通媒介。这比任何早期传播过程都有效。其效能在于能超越时空，能达到各阶层人手中。它们能传播范围广阔的信息，商业、政治、教育乃至一切。大众沟通时代消除在世界上把人们相互隔绝的障碍，引起社会组织和功能的重大变化。

## 三、印刷传媒的特点和作用

1. 视觉媒介

印刷媒介是视觉媒介，可以直接刺激人的抽象思维能力与想象能力。

印刷媒介把生活逻辑化，适合传达深度信息，并且价格低廉，使用方法简便，携带、阅读方便。不需要借助昂贵的器具如计算机、收音机等就可阅读保存。

2. 保存性强

印刷媒介储存信息的纸张便于大规模地复制并传递信息，便于保存。使用印刷媒介可以使信息长时间传存，可供选择性强，可高效率地延续人类丰富的文化知识，但与广播电视网络等现代传媒相比，时效性差。

## 四、报刊图书网络

2001 年我国信息产业界的第一大现象就是传统媒体网络版的独立化、商业化热潮。1999 年底，国内上网的报纸、杂志就接近 1 000 家。目前，国内有独立域名的网上报纸、杂志就占全国报纸总数的 42.6%，并且其契机与前几年有所不同。前几年，印刷媒介上网是赶时髦，而如今的功利价值更为明显，更具现实意义。

目前报刊图书网络现状主要呈现如下特色：

（一）报刊图书网络运作模式

报刊图书网络发展前景如何？互联网时代传统媒介的发展前景如何？这是全球所关心的问题。

中国报业面临严峻的挑战。因为长期以来我国的报纸和期刊及其他传媒，都是党的宣传舆论机器，属国家创办，国家所有，私人不得创办和经营，所以，报纸期刊从采访、编辑、印刷到发行的全过程中的各个网络及其延伸，都是在国家有关部门的严格控制中的，都是在国家计划经济体制下进行的。而所需经费也由国家财政拨款。至于报刊的销量，有 90% 以上都是公费订阅，发行由邮局全部承担。报刊出版业主要考虑的只是文字的采编，承担业务上和政治上的责任，不必太多地去考虑销售网络建设。

我国目前图书的经营管理模式有以各类出版社为主体的图

书出版网络;由各级新华书店和其他书店组成的图书发行网络;直属于各类出版社的图书发行网络;以图书馆为代表的图书收藏网络。

而外国图书网络与我国不同,例如美国,其出版机构分为盈利性和非盈利性两类。盈利性的被称为商业出版社,在整个出版机构的数量中占的比重最大;非盈利性的出版机构主要是政府和社团的出版社,以及大学的出版社。

美国的图书按读者对象可分为一般图书、专业与学术书籍、宗教书籍、纸皮书、教科书。

发行方式主要是出版社自办发行或合作发行,书店、杂货店、自选商场都出售图书。

随着我国改革开放的不断深入发展和社会主义市场经济体制的确立,尤其是加入 WTO 日子的临近,我国报刊图书网络发展面临严峻的局势,面临机遇和挑战,那就是引进市场竞争机制,实施自负盈亏的企业化管理机制,需要自己去找米下锅。许多报刊因此连年亏损。仅广州的《羊城晚报》在 1998 年就亏损 1 700 万元。

(二)报刊图书网络发展趋势

1. 进行集团化经营

80 年代中期以来,美国许多大的集团化公司纷纷进行资产重组,实行集团化经营。例如美国最大的出版公司西蒙与舒斯特公司,已成为派拉蒙传播公司旗下的子公司。美国在线与时代华纳的合并,成为全世界印刷媒介和电子媒介结合的榜样。我国印刷媒介因此跃跃欲试,纷纷考虑与电子媒介的合并问题。随着我国加入 WTO,印刷媒介意识到,中国传媒业要想入世贸后有能力迎接西方传媒的挑战,必须通力合作。我国政府有关部门以及企业、传媒业也开始考虑合并的问题。

于是,一些印刷媒体开始建立报刊图书网络,进行集团化经营。《广州日报》率先成立了报业集团，拥有了《足球报》、《交通旅游报》、《老人报》、《文摘报》等6家子报，并且组建了“广州日报连锁店有限公司”，自办发行。同时，该集团还经营印刷业、房地产业等，年利润达10亿元。

而纯粹经营网络的公司也开始考虑集团化经营以及多种经营。我国有名的新浪网在经历了首席执行官王志东所指责的“政变”以后，现已与阳光卫视合并。其经营领域扩大，涉及到电视、报刊等传统媒介。

2. 建立报刊图书网络

建立以报业为龙头，集印刷发行及其相关行业为一体的社会主义报业集团，是我国报刊图书网络发展的趋势。北京千龙新闻网由政府出资，与企业合作，由北京9家印刷媒介与实华开发公司联合组成专业新闻网站；上海东方网将上海的报纸统一收归到自己旗下，进行网络版的运作，进行人力资源和信息资源的整合，发展新闻网站。

目前报刊图书网络的基本形式大致有三种：

1. 电子版

报纸杂志将内容全部原封不动地搬到网上，报纸杂志发行的同时，其内容在网上照发。

英国《泰晤士报》的专栏文章不仅全文照发，还将作家的E—mail地址照发，让作家直接接受信息反馈，读者与作者沟通，形成信息互动，进行一对一的直接沟通。

2. 网络版

在网上发布的内容，除了报纸原有的内容之外，再增加一些服务性的项目，使原有的新闻界面有所扩充。有时只是利用网络平台，并不照发报纸内容。如《中国青年报》，记者到马来西亚采访世界乒乓球赛，“生活频道”同时向记者约稿，将其所见所闻以轻松的笔调刊载出来，既有效地利用了信息资源，又降低了成本。

3. 独立网站

以原有印刷媒介为基础，建立独立网站。这样比报纸杂志的新闻来源更广泛，更灵活，甚至不经加工改造，照发源信息。这样一来，服务的层面就更加广阔，尤其是在开展商务活动时，更是一种地道的经营行为。

事实上，网络读者和报纸杂志读者是有区别的，有些文章尤其是篇幅较长的文章并不适合登载在网上，网络读者更喜欢语言精练的文章。

《人民日报》社、新闻集团、《四川日报》报业集团分别在北京和成都筹办了《迎接挑战——互联网时代的报业发展研讨会》。与会者不仅有北京几大报社和四川、广州、大连等地报社社长和副社长以及总编辑等，还有美国《纽约人报》前任发行人，《澳大利亚人报》现任总编，新闻集团欧洲总部公司事务总监，澳大利亚新闻集团互动传媒公司有关方面负责人，以及国外印刷媒介人员。

尽管中外传媒对报刊图书网络认识不一致，但发展趋势是有目共睹的，即目前以至今后相当长的一段时期，十年或者更多的时间里，印刷媒介和电子媒介之间，竞争态势将逐渐上升；而各个层面的信息受传者也将在这段时间里难以改变过去的阅读方式。不过随着时间的推移和电脑的普及，印刷媒介的主流地位将让位于电子媒介，印刷媒介将成为信息传播的辅助性工具而被摆在次要地位。因此，印刷媒介必须加紧发展自己的网络模式，各个传媒企业的情况是各不相同的，应尽快探索出一条适合自己发展的路子。

许多报纸如《中国经营报》、《精品购物指南》等就委托按商业模式运作的“中国商务在线”网络公司制作电子版，让读者随时搜索查询往期报纸的内容，以激发读者对该报的兴趣。

总之,印刷媒介一方面正加强集团作战的优势,另一方面,将合理利用“信息高速公路”,形成报刊图书网络。

## 第三节 电信媒介与邮电通信网络

### 一、电信媒介概述

(一)电信媒介的概念

电信媒介指邮电通信媒介,是邮政通信和电信通信的合称。电信媒介包括信件、包裹的传递、汇兑、报刊发行等邮政通信业务,还包括利用电报、电话或无线电设备进行信息传递的电信通信业务等。

(二)邮电通信网络的概念

邮电通信网络指邮政和电信组成的信息沟通系统,包括公用性的基础设施,按照一定形式组建起来的各类邮电通信组织、设施和线路。线路如邮路、实线回路、电路等。

例如邮政网络体系是用多条邮路把分散各地的邮政局和末端邮递线路连接起来的;通信体系是用多种电信手段和一定的方式,将各个通信点之间的各种信息进行交换和传输。通信体系包括国际通信网、国家干线通信网、省内通信网等。邮电通信网络覆盖范围广,概念宽泛,是一个动态网络。

### 二、我国电信网络及其发展

改革开放以前,我国大陆市话多为机电式,农村则为摇把式电话,长途电话完全靠人工接转,那时没有一部程控电话。1978年以后,我国电信事业飞速发展,到1996年底,我国仅长途业务电路就达到109万路,城乡电话用户为6 058万户,移动电话682

万户,无线电寻呼2 552万户,长途传输数字化比重达96.2%,局用电话交换机程控化比重达99.4%,并且,现在各类先进的电信传输都在积极的建设中,许多方面已经达到了世界先进水平。

目前我国的电信网络主要有如下几种:

(一)光纤网络

1970年美国研制出世界上第一根石英光纤。1974年,我国研制出第一根国产的光纤,不久又研制出用于光纤通信的激光器。1979年,我国在北京、上海建成了市话光纤中继线路实验段。随后,建成了武汉至南京和兰州至西宁这两条光缆干线,这是我国最早的光纤网络。到90年代初期,我国各地的长途光缆线路总长度已达45 846公里。

(二)微波与卫星通信网络

我国从80年代起,开始大力发展微波网络和卫星通信网络。90年代初期,我国建成了20条省际微波干线,达4万多公里,能够传送多套电视节目信号。

现在,我国已经发射了四十几颗人造地球卫星,其中有5颗是静止轨道通信卫星,5个通信卫星地面站,3.5万个地球接受站。此外,小天线地球站(VSAT)卫星通信网络,邮电通信话音VSAT网已建成并开通近200个站。公众数据VSAT网的大量开通,为人们提供着如证券交易、报纸期刊传版、火车与民航订票等各种各样数据服务和专门的通信服务。

(三)移动通信网络

1986年我国开始引进蜂窝移动电话技术,1987年我国在广州开通了第一个移动电话系统。

至今,我国各大中城市均已开通了移动电话系统。移动通信的区域在不断扩大,各项服务措施在完善,其使用价格也在逐步下降。现在,移动电话实现全国自动漫游,已建成以光缆、微波、卫星通信为基础的长途传输数字网,农村村村通电话,有 60% 以上的城市实现国际电话直拨。

## 第四节 电子媒介与广播电视网络

### 一、电子媒介的概念

电子媒介指通过无线电波或导线,公开地、广泛地、大量地传输信息的工具,通常是指广播、电影、电视和人造卫星等。

美国语言学家约翰·奈斯比特认为,人类进入全球卫星通讯时代,使地球缩小成一个村庄了。由于电子媒介的出现和电子媒介的日益现代化,可以通过地球同步卫星传播,全球可以在同一时间接收同一信息。

电子媒介系统包括:电子媒介机构;机械设备;特定工作人员;电子传媒技术;电子信息符号。

### 二、电子媒介的产生和发展

印刷技术和报纸的出现,使人类开始进行广泛的传播活动。但印刷传播的形式是通过人力(邮递员)、畜力(马车)、机械(汽车、火车、轮船)、道路(铁路、公路)等,对印刷品进行直接搬运,耗时费力,因此人类梦想更先进的传播形式。

(一)电讯传播信息

电讯的使用使人类可以在任何地方与任何人建立起瞬息可达的信息联络,电子传播实现了人类的愿望。

1844 年 5 月 25 日,塞缪尔·莫斯发明了有线电报,从华盛顿向巴尔的摩发出了人类历史上第一份电报。从此,报纸开始采用了这种“电磁电报”。1848 年,美国纽约六家报纸达成协议,联合建立第一家专用线电报发稿的通讯社。1851 年在多巴海峡,1866年在大西洋,铺设了海底电缆,大陆块之间的电讯业务也开通了。

1875 年,贝尔发明了电话,扩大了人际沟通信息传播领域。

1895 年意大利的马可尼用电波进行无线通讯的实验首次成功。1906 年,美国德福雷斯改进真空管,并与费森登合作实验利用无线电波传递人声也取得成功。当年圣诞节的前一天晚上,无线电报员从耳机里听到诗歌朗诵与小提琴演奏的声音和圣诞节的祝福。几年后,美国无线电公司成功研制了收音机。

20 年代,家庭收音机得到发展;到了 40 年代,出现了家庭电视;50 年代,收音机在美国家庭里已达到饱和状态,人们已开始在汽车里安置收音机。

1923 年,美国人奥斯邦在中国上海设立了“大陆报——中国无线电公司广播电台”。1927 年北洋政府在北京、天津建立了广播电台。1928 年国民党政府在南京等地设立了 20 多家广播电台,并且颁布允许民间办广播事业的条例,商业宗教等私立电台相继出现。1940 年中国共产党创办的新华社广播电台首次向世界广播。

(二)图像传播信息

声音传播形成了新口语文化。图像传播形成了新的视觉文化。图像分两类:(1)静止图像;(2)动态图像。如果一连串动作都被逐一拍摄,一张照片是静止的图像,若把连续动作分解图像连续传送出去,就转化为动态图像了。这是利用人类的“视觉暂留”机能的结果。

17 世纪,牛顿发现了人的视网膜上图像不会立即消失的现象。1824 年,英国人比得·马克·罗格特提出了“视觉暂留原理”。他认为人在观看的运动形象消失后近一秒钟的时间里,该形象仍滞留在视网膜上。1882 年,法国人马瑞用一分钟连续拍下了鸟飞翔时的照片，将照片串联起来，可给人鸟飞的感觉。1891 年，美国人爱迪生制成第一部连续放映连续照片的放映机，1894年 4 月 14 日在纽约放映。1895 年，卢朱埃兄弟发明了摄影机。20 世纪初，电影成为家家享受的娱乐。电影的拍摄和观看都是信息传播下的信息消费。信息经济开始发展。

20 世纪，电影传播经过了六个发展阶段：(1) 无声电影；(2) 20 年代产生的有声电影；(3) 30 年代产生的彩色电影；(4) 50 年代产生的宽银幕电影；(5) 60 年代产生的给人三维视觉具有纵深感的立体电影；(6) 70 年代产生的银幕为半球形，影院观众厅为圆顶式结构，放映出的影像呈半球形，给观众身临其境感觉的穹幕电影。

1923 年，美国兹沃里金发明了光电摄像管，1935 年，英国休恩伯格领导的科研人员成功试制图像清晰的摄像管。1936 年，英国广播公司建立了世界上第一家电视台。

电视发展经过了三个阶段：(1) 黑白电视；(2) 50 年代产生的彩色电视；(3) 60 年代普遍使用的有线电视。

60 年代，先进国家电视机达到饱和状态；70 年代，其他国家也不断地有所进展，并且，开始增加新的媒介，如电缆电视，盒式录音机，甚至有了交往性视频信息收发机。

围绕着电视及其他各种传播媒介，人类生活的格局不同于进化过程中的其他任何时代。大众沟通对普通个人生活中的心理、道德、政治、经济、创作、文化、以及教育诸方面具有的影响力，人们已经积累起一个研究成果的基础，这将有助于对诸多问题的理解。电视发明后的几十年，各种传播媒体及信息技术不断涌现。

(三) 太空传播信息

1957 年，前苏联发射了第一颗人造地球卫星。1962 年，美国电报电话公司发射了第一颗通讯卫星，使美国和欧洲能同时看到同一个电视节目。1965 年,美国发射了同步通讯卫星,只需三颗同步卫星,就能使全世界各个角落都能接收到信息。1984 年,我国发射了第一颗同步通讯卫星。1994 年,美国发射第一枚直播卫星,它可以同时向全世界发送 150 个频道的节目。

（四）网络传播信息

传播信息的电信网络、电子传媒网络、计算机网络都是信息传输赖以实现的通道。当前信息技术领域的数字化革命使这三网合一,让每个区域,每个国家,以至全球每个人都可以借助网络互通信息。“信息高速公路”是以现代计算机网络为基础,以光导纤维为骨干的双向大容量和高速度电子数据传输系统,是一个现代各种最新技术结合在一起的信息网络。网络传播使信息在全球范围内得到最快最广的传播。

1946 年,美国使用真空管技术建成了全世界第一台电子计算机。只有那些资金雄厚的,建筑面积宽敞的大型公司、政府部门和其他机构,才能安装使用真空管技术的巨型主体计算机。这些计算机能以惊人的速度储存和处理数量同样惊人的信息。习惯于花费几周甚至几月的时间演算一道公式或进行一次统计分析的科学家们,一下子改变了工作方式和速度,几分钟就能做完几周几月的事,对他们来说,简直是奇迹。他们感到十分陌生而又惊讶。

然而,真空管技术的巨型主体计算机太笨重了,它的使用时代是短暂的。

1971 年小马西安·豪夫发明了小型大功率计算机必需的微芯片,这是台式和个人计算机的关键组合件。1975 年,个人计算机开始大规模销售。软件的发展速度使计算机更便利于用户。到了 20 世纪 80 年代,大约 15% 的美国家庭拥有计算机。到了 90 年代,计算机得到了广泛的普及和使用,1995 年 40% 的美国家庭拥有计算机,而现在,家庭拥有的数量还在上升,有的家庭拥有的计算机不止一个。计算机的广泛普及和使用的发展趋势无疑还将继续。

随计算机使用的快速扩散,个人计算机的记忆能力会快速地超过一个家庭用户所能创造的信息量,特别是用于交流信息的尖端交往系统,信息量就更大了。它所处理的信息量越大,任务越多,它的用途就越广泛,它所担负的沟通任务就越多。计算机将成为信息沟通未来模式的基石。

现代社会被称为"信息社会",这一个标签概括了经济的一种大规模转化,即是说,以批量生产汽车和钢铁等有形商品为特点的工业社会,正让位于把经济建立在生产和分配无形信息服务业基础之上的社会。信息服务业包括法律、行政、旅游、文娱、体育、教育、金融、管理等。以计算机为基础的信息系统和信息传播在这种信息服务的经济的发展中占有极其重要的地位。

随计算机技术的发展和完善,以及通信技术的兴起,20 世纪 60 年代末 70 年代初,出现了对公众提供数据查询服务的销售商,这是最早的电子出版物。90 年代又出现了有声资料服务、传声服务、联机报刊。70 年代出现了包盒形电子出版物,60 年代中期发明录音带,1978 年第一个商品视盘面世,由此演变出数字化光盘,1985 年上市,把包盒型电子出版物推上一个高潮。光盘,特别是 CD—ROM,在短期内迅速发展到上万个品种,又有力地推动了电子出版物的发展。

电子出版物的应用广泛,几乎渗透到每个领域,成为信息传播的先进媒体。

80 年代到 90 年代,多媒体是计算机发展的主流。多媒体是一种技术,它是把多样化的信息媒体集合起来的技术。在传统上分家的电话、电视、电脑,在多媒体技术的统一下重新组合,使传统的声音和图像的模拟信号数字化,使电脑有用武之地,使电脑的数字化信息转换成看得见摸得着的传统模拟信号,以人们习惯的方式演示出来。

多媒体具有集成性和交互性的特点。所谓集成,就是把多样化的信息媒体如数值、文字、声音、图形、动态图像等有机地结合起来,并把结果综合地表现出来;交互性就是让传播者和受传者之间有信息的实地交换,而达成电脑和使用者之间双向式交谈的操作环境,以及多样化的多变性的展示和学习环境。电视虽然能够传播声、图、文集成信息,但不能处理这些信息,人们只能被动接受。而多媒体的交互性则既可接收,又可通过电脑进行处理,让它完成指定的工作。

多媒体的上述特点具有很多好处,如使信息多样化,能适应人们各种感官对声、文、图的需要,可提高信息的有效性和沟通的有效性。把多媒体的信息存储在一个文件中,可以从一种形式转换为另一种形式,从而提高信息应用的效率;界面对用户友善,操作简单,不懂计算机的人也可使用。使人们摆脱对高、精、尖产品缺少一定专业知识不能享用的担心。能与人对话的多媒体,加上人类对卫星电缆电视和直播卫星系统的发展,信息传播形式更加多样快捷。

总之,就物质基础而言,历史上每一种新媒介的诞生,都给社会带来极大的影响和强烈的冲击,使人类的信息传播形式和传播技巧不断发展和完善。

## 三、广播电视网络

### (一)广播电视网络的概念和特点

#### 1. 广播电视网络的概念

广播电视网络是指由多层次、多类型的广播媒介和电视媒介组成的信息传播系统,它包括各层次的无线电广播媒介系统、有线广播媒介系统、无线电视媒介系统、有线电视媒介系统和卫星电视广播系统。

2. 广播电视网络的特点

广播电视网络传递信息速度快,时效性强。由于广播电视是诉诸感觉器官,视听结合,因此时空感强,情景性强。声音扩散,传递信息种类多,受限制少,并且覆盖面宽,渗透性强。

(二)我国当代广播电视网络发展概况

1. 广播网络发展

新中国成立后,我国积极发展广播事业,重点发展了中央人民广播电台。1957 年,全国共有 61 座广播电台,1 698 座有线广播站。

1980 年,全国第十次广播工作会议提出建立无线广播与有线广播分工合作,互相补充的全国广播网络。

1983 年,由于长期以来,我国实行的中央、省两极广播覆盖的方针不利于提高广播覆盖率,我国召开了第十一次全国广播电视工作会议,提出了由中央、省、地、县四级办广播,四级混合覆盖的方针政策。同时要求广电机构在贯彻执行广播卫星覆盖全国的同时,扩大中波覆盖面积,发展调频广播,整顿和发展农村广播网。

1995 年底全国共有 1 202 座广播电视台,2 299 座各类广播发射台和转播台,2 592 个市、县广播站,42 350 个乡级放大站。

2000 年春,我国开始实施制播分离措施。广播电视部门主要负责播放节目,不再承担沉重的大量的节目制作任务,而且购买节目时,还能有更多机会挑选最满意的节目播放。

与此同时,我国开始成立广播节目、电视节目、电影影片的专门制作公司,进入市场运作,走上市场化、商业化的轨道。例如西安电影制片厂,改为股份制,成立西影股份有限公司。该公司又是西安电影制片厂控股约 56%,其余为民营股。其公司不再设专门的如服装机构等,一律按市场运作。

2. 电视网络发展

1958 年 5 月 1 日,北京电视台,我国的第一座电视台开始试播,9 月 2 日正式播出。之后,各地电视台相继开始播出。1960 年,我国已有 26 座电视台。1966 年到 1976 年十年间,是中国电视媒介停滞的时期。经济、生产和生活的正常秩序全部打乱,生产处于瘫痪状态。

1976 年 10 月到 1983 年第十一次全国广播电视工作会议,是中国电视业的复苏阶段。

1983 年到 1992 年党的十四大召开,是我国广播电视业,尤其是电视业的迅猛发展时期。

1992 年以来,是我国广播电视业继续高速发展的时期,也是广播电视业为社会主义市场经济服务的时期。

2000 年开始,随制播分离等一系列政策的实施,我国广播电视开始由计划经济逐步向市场经济转轨,加入 WTO 后,我国广播电视发展将更加迅猛。当然,机遇与挑战总是并存的,先进发达国家先进的科技技术和管理技术,以及雄厚的经济实力和制作技巧,加上现代化的运作手段,将刺激我国广播电视传播媒介再上新台阶。

## 四、电子传媒的现状和发展趋势

### (一)世界电子传媒现状

美国走传统媒体与网络结合逐步发展网络媒体的道路。英国创办最早的路透社在不久前公布了投资重组方案,决定在未来 4 年中投资发展网上信息服务。他们不但把现有网站转变成金融门户网站,使零售投资商或个人直接从网上获取该社的金融信息,而且还将为专业机构服务的核心信息产品和数据资料等转移到网上发布。这将使其传输手段时效性更强,覆盖面更宽,产品成本更低。

据报载,英国路透社还将与美国无线电软件集团,成立合资公司,共同开发无线数据引用业务,路透社的信息将直接发送到客户的移动电话上。虽需耗资数亿英镑,但这是着眼于长远战略的投资。

美国的电子商务在 1980 年初就已开始开展业务,是电子商务促成了他们网络技术的进步,是先有实务后有概念;我国电子商务是在印刷媒体的概念炒作下由 IT 领域而发起的,是先有概念后有实务。

美国 1999 年网上交易占国民生产总值的 1.4%,交易额为两千亿美元左右。近年更是剧增。

(二)我国电子传媒现状

我国电子传媒刚刚起步,困难重重。

电子媒介主要借助电子商务赢利,而电子商务网站如何赢利,迄今仍是个十分棘手的难题,美国目前也还没有解决这个问题。据有关媒体披露,五年内,互联网公司将会有 80% 以上因资金问题而难以维持下去。未来十年,电子商务普及困难。国家信息中心副主任、中经网总经理胡晓明说:“电子商务在中国形成市场还远得很,我认为电子商务系统环境的成长远不是那么快的事情。”

2001 年 2 月,我国国家信息产业部部长吴基传在香港卫视凤凰台举办的世纪论坛上说,到 2005 年,有进出口权的外贸企业,最多达到 75% 可以搞电子商务。

我国信息产业部对国内电子商务中的消费类状况进行了调查,国内去年网上购物的交易额是 5 500 万元人民币,仅占社会零售总额的 0.0018%,情况不容乐观。

造成这种现状的原因很多,主要有如下一些原因制约了电子商务的发展:

1. 社会系统工程尚未健全

电子媒介的发展是一项社会系统工程,涉及信息高速公路的建设,法律环境建设,全民科技文化素质建设,配送服务体系,企业内部信息系统的建设等诸多因素。这不是一蹴而就的事情。尤其是电子商务发展所需的商业信用和流通体系问题,更不是马上就可以解决的。信用问题是整个社会的问题,美国早在50年代就已经形成了现代流通体系,而我国如今还没有一个大型的流通企业,这增加了电子商务的流通成本。

我国电子商务开展的相关环节和支持系统还没有跟上发展步伐,政府的垄断收费在一定程度上限制了网民的规模,这使得电子商务公司冒着增加投资的风险借助市场行为解决技术接入问题。

网上支付及其标准等,也是目前我们面临的问题。由于个人信用不足,电子商务公司只好选择企业为主要的服务对象。由于网上无法支付,只好采用传统的按月结算的方法,而这就不是真正意义上的电子商务了。即使电子支付方式,安全认证都有了保障,而社会系统工程的形成却并不是那么容易的事情。

2. 电子商务公司实力单薄

目前中国的电子商务公司大多数是在无传统企业背景下的纯电子商务公司,他们考虑得多的是如何利用电子商务的概念圈钱上市。上了市的电子商务公司是在炒概念、炒热情,实际赢利的很少;有的建起网站后才来学习电子商务技术及其运作;有的纯粹就是上去凑个热闹,搞一点征婚广告之类,而网上征婚,成功者微乎其微。

而且,中国电子商务公司的发展受电信发展速度的制约,他们所吸引的客户也主要是外资企业。如亚商在线现有的600多家客户中,就有90%以上是外资企业。国内企业普遍信息化电子化程度很底,企业流程还需优化,尤其严重的是,企业领导观念落后陈旧。在国有企业,产权不清,人力资源开发意识、成本意识都需强化。因此,国内企业从事电子商务实践,还有一个相当长的过程。

1998 年以来,中国的电子商务服务商如 8848、雅宝等所提供的商务信息服务,只是具有中国特色的电子商务活动的初级阶段。2000 年以来,海尔、美的、TCL 等传统产业开始进行企业组织重建,以网络和电子商务加强信息需求下的管理模式,而形成新的组合优势,参与竞争。传统企业有其资源优势,但这样的较有实力的企业也是为数不多的。

作为中国网络的旗帜,新浪、搜狐、网易这三大门户网站在 2001 年上半年,走入创业以来最艰苦的时刻。2001 年 2 月 8 日下午,搜狐发布了截至 2000 年底的第四季度财务报表,亏损已经增至 470 万美元。只好将员工由 524 人压缩至 470 人。此后,股票持续走低。网易 2000 年总收入仅为 830 万美元,亏损 1 560 万美元,公司险些被兼并。新浪的资本也在不断下滑,2001 年第一季度经营收入额为 610 万美元,比上一季度减少了 150 万美元。加上新浪高层人事变动内讧,情况实在令人担忧。

不少人说 2001 年是中国“互联网宽带年”,并且认为这是中国互联网发展的趋势。事实上,宽带接入小区真正开始营运的不多,到 2001 年 7 月为止,北京接入的小区不过 10 个左右。上海情况好一些,但市区接入用户也不过 7 000 户左右,而上海市区家庭用户近 300 万家。相对来讲,这个数目的确太小了。

并且与宽带接入网络建设相比,应用建设显得相当滞后。宽带网络公司对投资回收的预期,一般在 5 年左右,因此,这是一个在炒作下令人兴奋,更令人困惑的市场。对营运商来说,积极开拓其他收入来源,也还是一个非常困难的事情。

3. 利用印刷媒介作宣传

网络新经济时代的到来,使得各种网站纷纷争夺网民。我国上网人数却极少,美国的上网人数占总人口的50%,其比例是我们的十几倍。为赢得网民注意,网站进行大肆宣传,甚至借助传统媒体提高自身品牌形象。例如,“搜狐”在地铁、车站、路边,甚至大学校园,到处进行广告宣传。“搜狐”《中国经营报》的头版头条上作的广告就十分醒目。

据广告检测统计,1999年互联网在全国340个主要电视台和360份报刊的广告投入合计为1.56亿元左右,在电视媒体上的投入为91.3百万元,在报刊媒体上的投入为65.2百万元,是电视媒体的71%;2000年第一季度,互联网站广告投入比1999年第一季度增长了1 504%,互联网事业已具明显的高投入、高风险特征。照此速度发展,2001年或2002年,我国将有网站参与中央台的电视投标。

报刊媒体是各网站主要宣传媒体,2000年第一季度,互联网在全国360份报刊刊登了87百万元广告,比1999年第四季度的43.9百万元多了一倍。购物网站8 848很少在电视媒体露面,而在报刊投放广告的额位却占11%,居全国第一位。

**表3-1　1999年京沪穗互联网广告投放情况**

| 百万元 | 北京 | 上海 | 广州 | 合计 | 百分比 |
|---|---|---|---|---|---|
| 电视 | 11.6 | 14.9 | 5.2 | 31.7 | 42% |
| 报纸 | 21.5 | 10.1 | 11.7 | 43.3 | 58% |
| 合计 | 33.1 | 25.0 | 16.9 | 75.0 | 100% |

**表3-2　电视广告投放额与前网站的比较**

| 网站(千元) | 中华网 | 新浪 | 人人 | 易趣 | 中国人 | 焦点 | 亿唐 | 搜狐 |
|---|---|---|---|---|---|---|---|---|
| 1999年第四季度 | 3 635 | 10 167 | 4 155 | 741 | - | 832 | - | - |
| 2000年第一季度 | 12 646 | 4 460 | 3 140 | 2 362 | 74 | 555 | 2 362 | 99 |

(上述表格数据来源:《中国经营报》2000年5月30日载广东康赛市场服务有限公司对全国340个主要电视频道、360份报刊的监测情况。)

传统媒体现在是互联网这种新兴媒体强有力的宣传工具。但也有人对此持不同意见,认为传统媒介正在接受互联网的冲击,在享受互联网带来的高额广告收入的同时,是在养虎为患,因而对此忧心忡忡。

(二)我国电子传媒发展前景

1. 逐步与国际接轨

美国《商业周刊》等国外刊物希望通过专门为中国人定做的所谓"新经济"内容打入中国传媒市场。全球经济一体化也将带来全球传媒一体化。我国加入WTO后,将面对开放的全球信息以及世界传媒巨头的挑战。与国际传媒接轨将打破国内新闻的垄断状态,外资在传媒产品、文艺产品上,将进入与我们同等的竞争环境。

长时间以来,国际传媒市场很难直接有中国的声音,几乎为美国传媒巨头所垄断。长此以往,我国的传媒市场乃至世界的传媒市场将长期被美国所垄断下去。如果中国未来的网络媒体提供的信息服务不能满足中国网民的需求,网民们必然要利用国外媒体的网络资源。到那时,他们收到的新闻将是怎样的舆论导向呢?而且,那时以美国为首的传媒大国们经过传统媒体与新兴媒体整合后,有可能提出一致认同的我们也不得不遵守的新的国际准则,如果我们现在不尽快与国际传媒接轨,到那时,我们未来的传媒新格局将受制于他们,这是一个相当危险的状况。发展我国传媒产业,与世界接轨,已刻不容缓。

2. 逐步建立完善的社会系统工程

我国正在千方百计尽快建立和完善社会系统工程,加强基础设施建设,争取增加上网率。加强信息高速公路的建设,法律环境建设,全民科技文化素质建设,配送服务体系建设,企业内部信息系统的建设,商业信用和流通体系建设等。建设具有中国特色的电子商务网站的具体道路有三条:

(1)与传统流通机构结合

重组流通渠道,与传统流通机构结合,建立现代流通集团,如上海的梅林和正广就是一个范例。

(2)面向企业

作为传统企业,大企业也罢,中小型企业也罢,都急需电子商务技术和技术服务支持,努力为企业扫清道路上的障碍。

(3)依靠传统大型企业尽快发展

信息产业不能完全脱离传统产业,更多的是激发传统产业的信息化需求,让传统产业进行组织重建,接受信息服务或向信息产业过渡,成为正在发展的信息产业的有力依靠。

中国电子传媒刚刚起步,任重而道远,但经过全民族努力,一定会赶上世界先进发达国家的步伐。

## 五、其他媒介

进行信息沟通运用得最多,最普遍的媒介是语言媒介和非语言媒介,二者也是一切媒介的基础。这个问题我们在语言符号一章里已经进行详细讨论,这里再就有关问题进行简略介绍。

(一)语言媒介

1. 语言媒介概念

语言媒介指以语音为物质外壳,以词汇为建筑材料,以语法为结构规律而构成的信息传播体系。包括口头语言;书面语言;图画语言。

2. 特点和作用(参见语言符号部分)

(二)非语言媒介

1. "物体"媒介

"物体"媒介指在信息传播中起媒介作用的有生命或无生命的物体以及动物。其特点是经济,易于选用;可训练性;可更换性。"物体的"使用条件:了解有关该物体的基础知识;正确处理该物体与其他传播媒介的关系;使用该物体必须具有良好的职业道德。

如古代的烽火台、钓鱼的鱼竿、信鸽、产品、展品等。

2."人物"媒介

"人物"媒介指在信息沟通中独自以媒介的形式执行媒介职能的人物,或借助其他工具承担媒介作用的人物。其特点是:信息传递灵活性大;"人物"媒介本身素质及其权威性将控制和制约沟通效果。"人物"的使用条件:经严格挑选;高素质;行为规范。

如公司销售部信息员、市场推销员、调研员等。

3."事件"媒介

"事件"媒介指已经发生的,能执行传播媒介职能的事件。其特点是具有突发性、客观性、多变性和典型性。使用的条件是必须考虑对信息沟通、对社会是否具有积极作用。如通货膨胀、金融危机等事件。

4."组织"媒介

"组织"媒介是按一定宗旨和系统建立起来的能承担沟通信息任务的一级组织。其特点是按组织原则进行,主观因素多,客观因素少;等级观念强,针对性强。如企业信息部、党团工会群众组织等。

# 第四章　沟通过程与模式

人们为了达到良性沟通目的,时刻都在传播信息和接受信息,并且对各种信息做出反应。这个活动过程的运行规律,是沟通理论研究的焦点之一。

沟通过程是信息流动的过程。也是一个极其复杂的过程。为了以简明易懂的方式描述和解释这个过程,人们用"模式"来概括与界定。

人们把信息论、控制论和系统论称为"三论",或称为"系统科学"或"信息科学"。信息沟通过程大致可以以此为标准来分析传播界学者提出的沟通过程模式理论。

## 第一节　沟通过程与模式概述

### 一、沟通过程的含义和特征

信息传播达到沟通目的的过程是由多要素及其相互关系组成的动态的有结构的信息流动历程。

沟通过程的特征是信息流动的相关因素都是一个动态的过程,信息经过沟通后的传播状态在空间上无界限,纵横数万里,乃至整个宇宙。在时间上,上下数千年,乃至永恒。信息的传播是一个无始无终的过程。

信息沟通过程是一个复杂的结构体,各要素及其相互关系相互制约，相互影响。

## 二、沟通过程模式的概念及其功能

（一）沟通过程模式的概念

模式是对现实事物的内在机制及其事物间的关系的直观和简洁的描述，它是再现现实的一种理论性的简化形式。模式可以向人们提供某一事物的整体形象和简明信息。

模式具有试图描述某事物的结构的结构型和试图从能量、力量及其运动方向的角度来描述事物整体及其各部分之间关系和相互影响的功能型这两种。

信息沟通模式是利用文字、图和表格来构建的关于信息沟通过程中各因素的关系和功能的整体形象和简明信息。

（二）沟通过程模式的功能

学者们对沟通过程模式的功能的解释有比较一致的认识，有代表性的模式功能评价理论是卡尔·多伊奇，他在《政府的神经》中提出优秀模式的评价标准，这实际上就是对沟通过程模式的功能的直接阐释。

1. 构造功能

沟通过程模式能揭示信息沟通过程中各系统各要素之间的先后次序、排列方式、结构形态及其与外界的联系，可以使我们从模式获得信息沟通的整体形象，认识信息流动中相关要素的互动状况。

2. 解释功能

沟通过程模式为沟通中各种复杂关系提供解释和分析的形象，简化了理解沟通过程的步骤，并能用简洁、清晰的方式描绘出沟通中可能遇到的复杂问题。

3. 启发功能

沟通过程模式能够启发沟通者和理论研究者密切关注沟通过程几个要素关系，据此采取积极主动的方式进行沟通过程调控，使沟通活动更顺利，达到有效沟通目的。

4. 预测功能

沟通过程模式能够对某一项即将进行的沟通活动的内容、结果进行预测，提出达到良好沟通效果的可行性建议。

一个优秀的沟通过程模式，应该能够运用语言文字和图表形式呈现出沟通过程的内在机制，应该具有整体性特征，反映出沟通过程全貌，应该能够超越陈旧的构架形式，提出新的沟通过程见解，以及新的影响沟通过程的因素，并且不只是对自己研究对象的解释，还要有可操作性、实用性和科学性。

总之，一个优秀的沟通过程模式可以运用于各种类型的信息沟通活动，使沟通者按照沟通目的以及沟通过程模式提供的因素进行选择，并设计沟通过程与沟通方式。

沟通过程模式的研究是信息沟通中十分棘手的问题，信息传播学者们为获得良性沟通的效果，不断地探寻新的沟通模式，同时，每个学者都有针对性地把研究重点放在自己研究的对象上进行深入思考。事实上，种种沟通现象及其相互关联的因素并不是一个模式所包括得了的，但我们毕竟能够凭借模式探寻沟通过程与沟通效果，以便使沟通活动最大限度地减少盲目性。

迄今为止，还没有一个大家公认的标准的沟通过程模式提供给大家，学者们经常都有新的模式研究出来，并且积极踊跃地进行争论和探讨。

目前我们只能依据现有的有代表性的模式进行介绍。下面主要介绍信息论、控制论和系统论沟通过程模式。

# 第二节　信息论沟通过程模式

## 一、拉斯维尔的“五 W”模式

1948 年美国著名政治学家、传播学奠基者哈罗德 · 拉斯维尔(Harold D. Lasswell)在他的论文《传播在社会中的结构与功能》中,开篇即提出一个著名的传播模式:“描述沟通行为的一个简便方法就是回答下面五个问题:谁? 说了什么? 通过什么渠道? 对谁? 产生什么效果?”后来被称为“五 W”模式,如图 4.1 拉斯维尔模式。因为这五个环节的英文表述中各有一个 W 开头的单词(Who What Which Whom Whateffect)。

谁
传播者
说什么
讯息
通过何渠道
媒介
对谁
接收者
沟通结果
效果

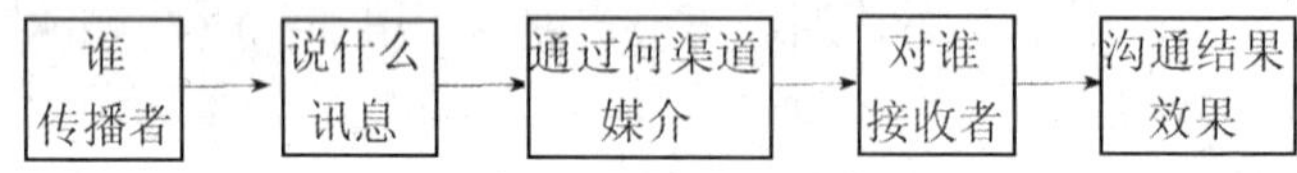

图 4.1　拉斯维尔模式

## 二、申农-韦弗模式

1949 年,信息论创始人申农(Claude Shannon)和他的同事韦弗(Weaver)提出了通信的数学原理。这本是通信的信息传输的技术问题,是属于技术性的模式,但后来引起传播学界重视,用此模式说明人类信息沟通过程,如图 4.2 申农-韦弗模式。

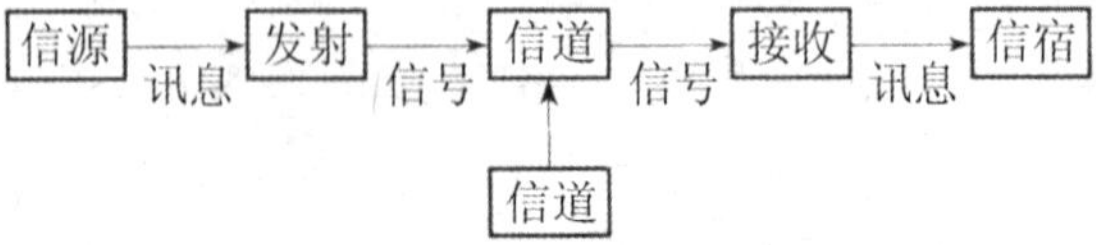

信源
讯息
发射
信号
信道
信号
接收
讯息
信宿
信道

图 4.2　申农 - 韦弗模式

### 三、信息论沟通过程模式评价

信息论沟通过程模式有如下优劣：

1. 优点：为电信等信息传播渠道提供了一定的理论依据。

2. 不足：只描述了信息沟通的单向过程；视信息沟通过程为单向静态，忽视其社会客观性影响。

## 第三节　控制论沟通过程模式

控制论的创始人和奠基者维纳（Norbert Wiener）在申农创建信息论的同时，出版了专著《控制论——动物与机器中的通信和控制问题》。

控制论运用反馈信息来调节和控制系统行为。

因此，人们将带有反馈的双向信息传递的信息沟通过程称为控制论沟通过程，以此结构设计的沟通过程模式被称为控制论沟通过程模式。

研制控制论沟通过程模式的代表学者有美国传播学者梅尔文·德弗勒（Melvin L. Defleur）、美国传播学家威尔伯·施拉姆（Wilbur Schramn）、韦斯特利·布鲁斯和麦克莱恩·马尔柯姆等。

### 一、德弗勒大众媒介体系模式

反馈，原指控制系统中，将输出信息再回输到原系统中的形式。在信息传播学里，是指信息受传者在接收信息后所作出的各种反应。这说明，信息并不是单向流动给受传者，受传者接受信息后，即刻会发出对该信息的反应。

因此，美国传播学者梅尔文·德弗勒（Melvin L. Defleur）对申农-韦弗模式进行了发展，设计出了信息反馈机制模式，如图 4.3 德弗勒环型模式，图 4.4 德弗勒大众媒介体系模式。

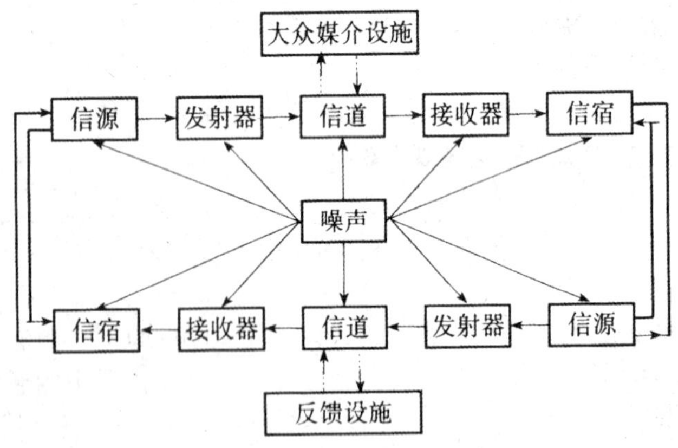


**图 4.3　德弗勒环型模式**

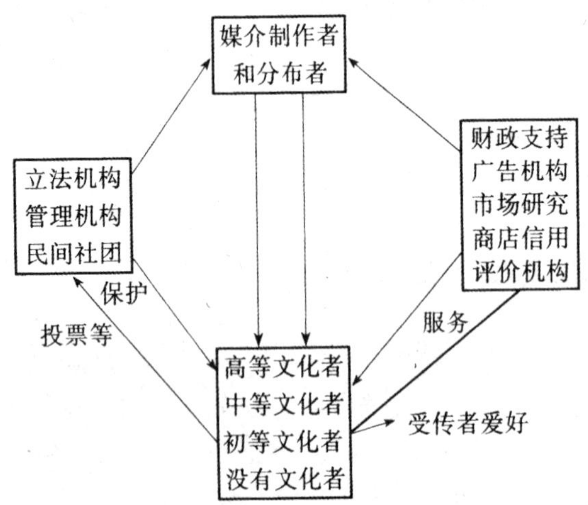


**图 4.4　德弗勒大众媒介体系模式**

## 二、施拉姆互动模式

美国传播学家威尔伯·施拉姆(Willbur Schramn)于1954年提出了一个高度循环的模式,被称为互动模式。他在论文《沟通如何得以有效进行》中,提出了信息沟通的三个模式。其中,传播者既是符号制作者、解释者,又是还原符号者,受传者亦然,同样进行编码、译码、释码。传受双方互为主客体,行使相同功能,如图4.5施拉姆互动模式。

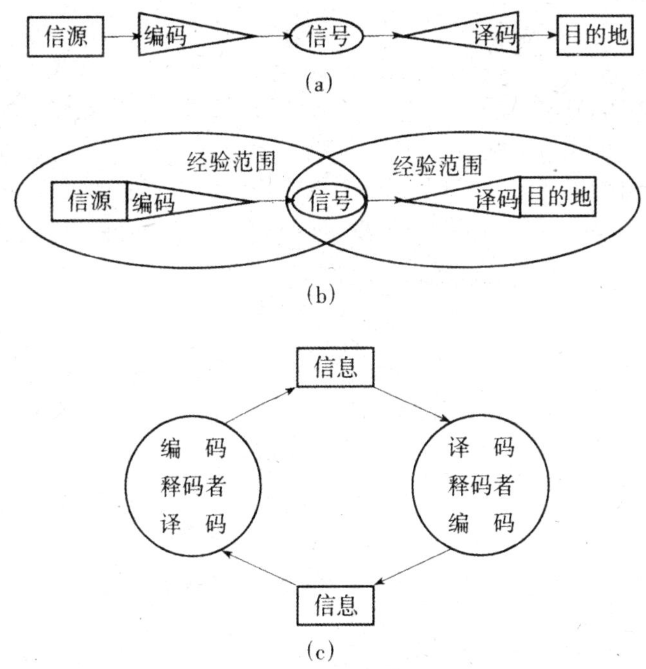


**图4.5　施拉姆互动模式**

## 三、韦斯特利-麦克莱恩“守门人”模式

美籍德国人著名社会心理学家库尔特·卢因(Kurt Lewin)认为信息总是沿着有“门区”的某些渠道流动的,而信息是否被允许进入渠道,要根据公众的决议或是“把关人”的意见,“把关人”即所谓“守门人”。

美国传播学者 D. M. 怀特研究了美国一些报纸的编辑,发现新闻的取舍常常由编辑决定,据此,他认为只有一个门区和一个守门人。

之后,韦斯特利·布鲁斯和麦克莱恩·马尔柯姆认为他们的模式太简单,于是针对上述理论,提出了一个修正的意见。他们认为,信息传播者与信息受传者之间的“把关人”是极为复杂的,把关伴随于整个沟通过程中,信息每经一道关口,都有可能发生质的和量的变化,守门人可以告诉受传者一个真实的世界,也可以虚构一个虚假的世界。为此,他们创建了一个新的模式,如图4.6 韦斯特利-麦克莱恩大众沟通概念模式。

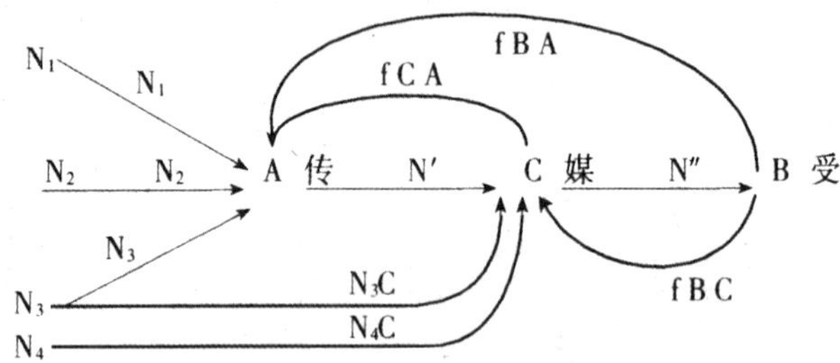


**图 4.6 韦斯特利 - 麦克莱恩大众沟通概念模式**

这个模式的各部分内容如下:

N——任何信息(这些信息的传播,必须借助传播媒介)

A——有目的的沟通者(传播媒介及相关方面信息传递者或其他信息传递者)

B——受传者或信息接收行为角色(个人、群体或组织)

C——传播媒介(个人或组织。他们从 A 或 N 处收集筛选信息,传播给 B)

N′——加工改造后的信息(传播者为了获取守门人同意,以使信息进入传播渠道而进行的加工)

$N_3$C——传播媒介对所有信息 N 作出的观察和获取的信息

fBA——信息受传者(B 向信源 A 作出的反馈)

fBC——信息受传者 B 向媒介 C 作出的反馈

fCA——传播者 C 向 A 的反馈

### 四、控制论沟通过程模式评价

控制论沟通过程模式有如下优劣:

1. 优点:控制论沟通过程模式引入反馈机制本质深入研究,揭示信息传播中信息的双向回流和受控状态,利于调节信息传播路径和方法。

2. 不足:现实沟通活动的反馈,并不容易形成循环,尤其大众沟通,信息反馈是不对等的,不可能回到原有出发点;控制论沟通过程模式解释的沟通过程是独立的本体。事实上沟通过程并不是一个独立的本体流动的系统过程,它要受社会环境影响甚至受社会控制、社会压力的影响。

## 第四节　系统论沟通过程模式

系统论总是把信息放在系统的形式中,从整体和全局出发,从系统与要素、要素与要素、结构与功能、系统与环境的关系中去进行解释。系统论把信息传播的过程看做是从不同序列中选定一个特定序列的过程或排除其他序列的过程。

在系统论的观照下，传播学者由对沟通过程微观环节的重视转入宏观系统环境的研究。他们注意到沟通过程是整个社会运行机制中一个组成部分。例如美国社会学家赖利夫妇，德国传播学者、心理学家马莱茨克等所构建的沟通过程模式，就是属于系统论沟通过程模式。

## 一、赖利夫妇社会系统模式

美国社会学家赖利夫妇从社会学角度提出大众沟通作为社会系统框架之中的沟通系统模式。认为大众沟通与社会系统之间存在互动的关系。其沟通过程如图 4.7 赖利夫妇社会系统框架之中的沟通系统模式。

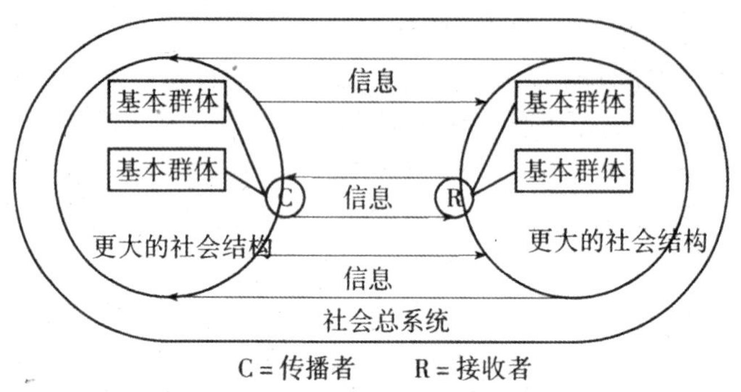


**图 4.7 赖利夫妇模式：社会系统框架之中的传播系统**

## 二、马莱茨克大众沟通场模式

德国传播学者、心理学家马莱茨克于 1963 年从心理学的角度将大众沟通过程分为众多因素构成的复杂的社会过程，由此研究出大众沟通场模式。如图4.8马莱茨克大众沟通场模式。

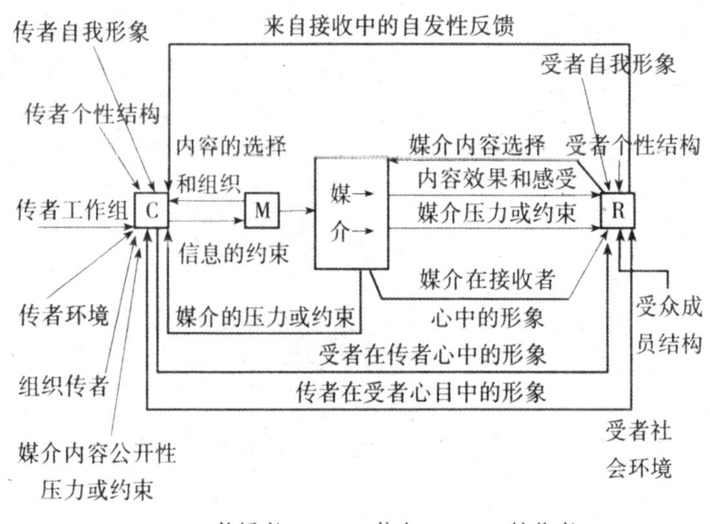


**图4.8 马莱茨克大众沟通场模式**

## 三、系统论沟通过程模式评价

系统论沟通过程将沟通看做一个社会系统工程,其特点是:

1. 认为信息沟通是社会系统的子系统;

2. 信息沟通过程模式与社会系统有个性与共性。

但是,当前国际上企业各界对沟通过程并不乐观,认为多数网络公司必死无疑,因为全球范围内,包括美国,真正有效的电子商务沟通模式尚未出现。在中国,更未探讨出适合中国国情的沟通过程模式。许多风险投资公司的投资基金不敢投资纯互联网企业。

INTERNET. COM 总裁麦克伦认为,一种明确的可赢利的电子商务模式还需要经过几年的失败准备才可能出现。

我国最早从事 B2B 电子商务的亚商在线公司,对如何选择一个最有利的商务沟通模式问题,曾经请有关专家来一起研究了半年的时间,使用的模式也并不如人意。张朝阳苦心经营的搜狐,比较注重沟通过程与社会系统的有效结合,各子系统的沟通模式设计也还基本合理,但被网民挑剔的不尽人意的地方的确存在,有待改进。

# 第五章　自 我 沟 通

传播信息相互沟通的过程,是信息流动的过程。人类社会文明程度越高,信息传播与沟通的形式就越是纷繁复杂,信息沟通的类型及其研究也因此开始产生分流。信息流动的范围、流动的状态、信息的范围、信息的类型等都有不同。依照工商管理中信息沟通特点和商务信息传播者与受传者的关系和信息受传者的属类,以及商务信息传播的方式、过程、渠道、媒介的选择等诸多因素,可以将商务沟通分为四种类型:自我沟通、人际沟通、组织内外沟通、大众沟通。

## 第一节　自我沟通理论

每个人在与组织内外,与自然环境和社会环境的相互认识过程中,会与上级、下级、业务单位人员以及社会上的各种个人,各种群体发生各种关系,有时甚至会发生各种矛盾冲突乃至战争,这需要管理者进行深刻的思维和反省,进行自我的信息沟通,达到发现自我,面对自我,完善自我的目的。这种思维和反省的过程,即自我沟通的过程,将伴随整个管理过程。同时,不只是工商管理者,每个人每时每刻都在进行自我沟通,这将伴随人的一生。

一个思维活跃、思想丰富而深刻、富于想象的人,是一个自我沟通活跃的人,也是一个大脑信息库里储存信息很多的人,一个能把握好自己“精神世界小天地”的人。

一个商务工作者，一个管理者，要在激烈的商务竞争中争取主动权，赢得胜利，为企业也为个人创造利润，必须与人沟通信息。只有事先进行自我沟通，把自己的思想整理清楚，才有可能与别人进行有效的信息沟通。自我沟通能力强的人才能把握好自己的未来，把握好公司的未来。

## 一、自我沟通概述

自我沟通也称内向传播，自身传播，或称自身交流，是指发生在一个人体内的信息交流过程，即信息传播的主体（信息传播者和信息受传者）是同一个人的沟通活动。

美国传播学家符号互动论创始人 G. H. 米德认为，“自我”是由“主我（I）”和“客我（me）”组成的。“主我”执行自我功能，是自我活动的动力；“客我”是自我的对象化，是自我活动的方向。人与动物有本质区别，人是处于行动者和行动的评价者这样两种角色，即这个人既是电影演员的客我，又是观众和影评人的主我。主我是作为他人的代表在对客我的我进行评价。自我的认识就是自我的对话，就是主我与客我之间的双向信息沟通。

外界各种信息通过各种感知传入大脑，这些信息以生物波的形式经过大脑处理和反馈。发生在个人体内的感觉、知觉、记忆、思维、想象、情感与情绪等活动，均在进行正常的信息编码和信息传递，以实现其他沟通活动的实施。自我进行信息沟通，在管理活动和商业活动中是必不可少的沟通形式。

商务工作者和常人一样，需要一个属于自己的精神小天地，这个小天地就是自己的信息库，其间大量内存信息是自我与组织，自我与上下级，自我与业务伙伴，自我与社会沟通的材料。工商管理者是社会的一分子，不能独立于社会而生存，因此，管理者对周围世界,就有一个渐进的认识过程。这个过程需要思考,当自己与社会各种因素发生冲突时,需要反省,需要了解自己,了解他人,需要完善和发展自我,也就因此需要自我信息传播,进行自我沟通。

自我沟通的表现形式,一般表现为自我反省、自我学习、自我陶醉、自我安慰、自我消遣、自我发泄、自言自语、自问自答等各种形式。经过这些形式,调整好自己的情绪,使自己充满自信地投入工作。

## 二、自我沟通系统与心理历程

### (一)自我沟通系统

自我沟通系统——认知与脑信息

1. 脑和神经元

脑的基本构造单位是神经元,即个体神经细胞。神经元在反射活动中的功能分三类:传出神经元,传入神经元,中间神经元。一个中间神经元可以连接数以千计的其他神经元,形成庞大的三维网络。这种网络的实质也就是人脑的复杂性和智慧的奥秘所在。

美国著名的天文学家和科普作家卡尔·萨根对人脑的神经元网络曾作过十分通俗形象的说明:人脑中每个神经元有1 000~10 000个突触。假如每个神经元都能应答是或否的基本问题,像电子计算机的开关元件那样,这个回答的最大值即信息位,可达 $10^{10}\times10^{3}=10^{13}$,即等于 10 万亿位。假如在每个人的大脑中仅有一个应答很迟钝的突触,那我们就能有两种精神状态。假如我们有两个这种突触,那么就会有 $2^{2}=4$ 种精神状态。依此类推,人脑的不同状态数就是 2 的 $10^{13}$ 次幂。这是个惊人的数字。正因为这种巨量的脑功能的不同结构,两个人虽是孪生子,也不会完全相同。

因此,人类所有的脑状态并非完全被人类解释,可能还有无数的神经结构从未被人探究,从未被自己使用。进行自我沟通,就是在有意识地努力地使用自己的脑神经,锻炼自己的脑神经,开发自己的脑资源。

2. 脑的信息输出与输入的沟通路径

脑的信息输入就是指内外环境的各种刺激通过感受器的活动和传导途径把信息送到大脑。人脑不是被动接受信息,而是主动选择信息,并对信息进行有效地加工、筛选和整序。现实生活中,人们所接触到的大量信息都被摒弃了,只有不到1%的信息吸收进入意识水平。这种选择性与人对某些问题的专注程度相联系。例如喧嚣的汽车上,有人能全神贯注于阅读内容,而不注意周围的噪音和旁人的谈话,而有的人则不能这样。另一方面,人们的选择性,同时又与信息的加工相联系,输入信息的过程,也是加工信息的过程。选择信息的能力,实际上是一种自我沟通的能力的体现。

脑的信息输出就是大脑控制机体的指令。脑将信息加工后输出,向肌肉发出指令并接受各种信息反馈。

神经系统不同区域传来的各种信号全部聚到突触上,通过突触的整合作用,将信号引导到很多方向。由于突触是控制信息传递的部位,它决定神经信号在神经系统内扩散的方向。突触的传递也是有选择性的,有的突触很容易将信息传递到下一个神经元,有的则很难传递。有的突触开放了,让信号通过,因此表现为人的反应速度快,准确性强;有的突触关闭不让信号通过,表现为人的反应速度慢或毫无反应。

因此,反复进行锻炼,刺激突触,可以促进神经系统的突触传递功能,使神经系统的突触达到高度灵活性与准确性,从而有效地控制信息的输入与输出。人们应该经常地锻炼大脑,勤于思考,主动刺激突触,主动进行信息的自我沟通。

大脑的信息还通过各种感受器来传递,感受器感觉人体内外环境中的变化。人的感觉通过眼、耳、鼻、舌、肤5个器官产生。尤其是人的视觉与听觉,是认识世界进行活动的最重要的感觉机能。因此,我们应该有意识地经常地调动感觉器官进行信息传递。输出与输入信息的生理过程也是信息生产过程和自我沟通过程。

3. 自我沟通的信号系统

巴甫洛夫把一切信号划分为两大类,即第一信号系统和第二信号系统。

第一信号系统——现实的具体信息,事物的形态、光线、声音等,可以作为信号形成各种条件反射,是人与动物共有的。

第二信号系统——现实的抽象信号,是人类独有的。语言作为信号刺激,对现实事物抽象概括,形成推理,扩大人类的认识能力。第二信号系统活动是和人类的语言机能密切联系的高级神经活动,使人类借助语言实现信号化,对现实事物进行抽象性概括,表达思维活动,形成推理,无限地扩大人的认识能力。第二信号系统使人类对信息的条件反射活动产生质的飞跃。有意识地经常自觉地思维,人就更聪明。

（二）自我沟通的心理历程

1. 感觉与知觉

感觉与知觉是对现实的直接反映。

外界的信息对人的大脑不断产生强烈刺激。人的视觉、听觉、触觉、嗅觉、味觉等所获取的信息所产生的信息力使人的这些相应器官上神经细胞受到具有一定节奏的和一定空间分布的作用,这在人的大脑中产生了相应的响应。这种响应与过去在人体内信息储存器里留下的响应痕迹,即过去的记忆交互感应,而形成某种响应群,这种感觉就形成映像,过渡为知觉。

知觉较完整地对外界物质系统和形态及其结构做出同态的响应。感觉、知觉、相应层次的记忆及其之间的多种联系，构成了人体系统的观察器部分，这个部分就产生了信息。即是说，人感知了信息。人所感知的信息被储存起来，可供利用的那部分构成了潜在的信息资源。

人感知的信息进入大脑控制器中的思维和决策系统，信息就顺次经过抽象、概括、分析、综合、概念、判断、推理，形成结构的逻辑思维过程，最后产生知识形态的信息，即再生信息。再生信息也是潜在信息的构成部分。

2. 记忆

记忆是信息输入、编码、储存和提取的过程。

记忆的过程包括识记、保持、再认或回忆这三个环节。识记的过程就是反复感知，反复体验，反复思考的过程；保持的过程就是把识记过的事物的映像储存在大脑里，保持已获得的知识的过程；再认或回忆的过程就是在有关条件的作用下再恢复过去所学的知识的过程。

3. 想象

想象是以原有表象为基础，对自己未曾经历过的信息，经过加工改造而形成新的信息。想象是人的旧有的暂时神经联系重新配合，形成新的联系的过程。

要使大脑产生新的形象，必须使大脑皮层留下的恒基之间进行新的组合，从而创造出新的形象。

这种组合的过程，同样是有意识地进行积极思维的过程，进行积极开发大脑信息的过程，即是说，是在进行积极的自我沟通的过程。

4. 思维

思维是人对客观事物的本质属性或规律的一种间接的概括的反映。

一切科学的概念、定义、定律、法则,一切计划、决策、组织、领导都是思维的结果。一般性的思维程序在整个思维过程中,信息流常常发生在人的不经意中的大量的随机的运动。这种随机的运动,是人的灵感和创造性的物理机制。

人的思维过程也是开发信息资源的过程,生产信息产品的过程。由于人在整个思维活动中,大脑的记忆功能与各级逻辑功能两者通道始终是密切联系的,这使人在极短的时间里发生信息的多次流通与反馈。即是说,思维活动的重要条件是人对知识的良好记忆和有意识地唤起知识。

社会实践活动是人的思维活动存在和运行的物质条件。没有实践就无法获取信息,思维就成为无源之水,无本之木。

人以语言、文字等符号所表达的文化信息是思维存在和运行的基础。作为外储信息的文化信息,是思维的产品,也是思维的素材。人从孩提时代到青年,直至终生的漫长的学习生涯,就是人接受文化信息强化思维训练的信息投入大脑的过程,也是信息积累的过程。

人的思维存在和运行规范基础是逻辑。无论是形式逻辑,还是数理逻辑、辩证逻辑,都只是思维的程序和方法,它贯穿于人的整个思维过程并引导思维有序运动。

5. 情感与情绪

情感与情绪是人对客观信息及其同自己的需要之间的关系的反应。情感与情绪是人对外界的反应,都是感情,虽两者有联系,但也有区别。

情绪和情感都是感情,两者有区别也有联系。其区别有三点:首先,情绪是人与动物共有的,而情感则是人所特有的;其次,情绪是一个人从婴儿期就具有的,而情感则要以个人成长到一定阶段才有的;再其次,两者相对而言,情绪是不够稳定的,而情感则比较稳定。但是,两者很难截然分开,因为情绪和情感有着密切联系:情绪受情感制约,情感体现在情绪中。

(三)自我沟通的潜意识状态

自我沟通常常处于有意识状态与潜意识状态,潜意识状态如梦境、催眠等。

1. 梦境

它是正常意识状态下的最剧烈的信息变异之一。梦者把现实生活中的各种成分重新构成通常世界中从来没有见过的稀奇古怪的组合。有的研究者认为,从正常意识状态的角度看待梦境和梦的状态,是无意义的;而有的研究者却证明梦对人的思维是有意义、有价值的。

弗洛伊德认为梦中的事件可能构成一种特殊的语言,或特殊的思维风格。认为这是出自一个完整的经验世界的复杂内容和复杂活动,是在不自觉状态下进行的。这实际上也是一种自我沟通的潜意识方式。

2. 催眠

催眠指富于戏剧性的和迷惑力的使人处于异常意识状态的信息流动过程,是由一个催眠者向自身或向另一个被施加特别暗示的人引起的。

(1)催眠暗示

催眠由几种暗示组成,最主要的暗示有两种:其一,打瞌睡;其二,昏昏欲睡放松身体。

对人催眠,被试者觉得自己在逐渐向较困难的暗示做出反应时,他终于达到一种境界,开始感觉到他的意识状态已经逐渐起了变化。例如,假如有人叫你闭上眼睛,直直站立,然后暗示你说,你正在缓慢地前后来回摇晃,这时,你很有可能真的就会来回摇晃起来。至少也会轻微地来回摇晃,在极端情况下,你可能会来回摇晃得猛地摔倒在地。这是暗示的作用,是你在别人的暗示指引下进行自我暗示,是自我沟通的结果。

(2)自我催眠

自我催眠的目的因人而异。有人用来控制特定慢性症状如头疼,有人用来引导自己在工作繁忙精神紧张时或者体力疲劳时全身心地放松。

自我催眠的方法是有意识地暗示自己,使自己对某种信息或某种事物感觉过敏,感觉减退,或有意识地唤醒某种行为和某种经验,或者有意识地使自己处于异常状态下的信息流动,进行信息沟通。

催眠的方式,实际上是自我沟通的方式,是暗示、要求和指挥自己去实现某种目标。这是一种自控的方式。

3. 灵感

灵感一般指出奇的关键时刻或伟大的创造性到来的时刻所产生的信息,是对高峰体验的超越。灵感是在经过长期学习,反复实践,不断接收后,储存信息在某种诱因的触发下,突然出现的情绪特别集中,信息特别活跃,想象力特别丰富,情绪特别亢奋,创造力特别高涨的心理状态。

高峰体验是描述一个人生活和工作中那种具有重大意义的经验。感到自己对于知觉对象正付出全部注意力,而且可能达到入迷的境界。这是思想最集中,创造力最丰富,情绪特别高涨的时刻。

灵感又是与人的逻辑思维、形象思维并列的重要的思维方式。它是在某种奇迹下突然间产生的显意识与潜意识的相互沟通和人的左右脑的高度协调,从而使人在一瞬间达到对事物的整体的洞察力和对问题的豁然解决的一种特别富于创造性的思维方式。

## 三、工商管理与情绪基础

### (一)情绪产生的基础

1. 情绪产生的社会基础

人们在社会实践中必然要和现实事物发生各种联系,也必然对各种事物产生各种看法和态度,并且会以某种主观的体验形式表露出来。例如完成工作任务后的轻松愉快,商务谈判的顺利进行,谈判中的僵持局面,以及对美好事物的爱慕之情,对丑恶现象的深恶痛绝,对敌人挑衅的仇恨等等,喜、怒、哀、乐、悲、惊、恐,各种情绪都会自然产生,都会引起商务工作者情绪波动。情绪产生的重要机制源于社会刺激。

(1)环境与情绪

一定的社会情景常常唤起在一定工作阶段、一定工作时间里的态度和体验。

一个人如果自己的工作顺利有成效,与各种关系相处和谐融洽,身体健康,生活环境舒适,生活美满幸福,就会情绪高昂,产生愉悦的心情。

反之,如果一个人事业受挫,人际关系、工作关系紧张,上级不信任,生活环境或工作环境不理想,身体不适或正在病中,这时就会产生心境悲凉,遇事烦躁,办事无信心的状况,因此情绪就会沮丧、消极。有时候,一个人若无开朗的性格、宽阔的胸怀去面对政治上和工作上的挫折,会认为世事危艰,感到悲观渺茫,悲凉情绪将伴随其一生。

(2)环境与情感

情感的种类十分复杂,是人所特有的由人的生物性和社会性的需要而引起的。人的基本情感大致可分为三种:美感、道德感、理智感。

美感是人对事物的美的体验。是在根据自己的审美标准对生活里、业务上和社会中以及自然界里的各种事物进行评价时所产生的情感体验和情感享受，是一个心理过程。

社会条件通过审美标准影响美感的产生。随社会文明和进步的不断发展，美感从物质的外表的审美需要发展到精神的内在的审美需要。商务活动中，审美的对象日益丰富，本企业的、社会中的精神产品和物质产品丰富多彩，琳琅满目，商务工作者的审美情趣、审美标准，不只是关系到本企业产品的销路，直接影响经济效益，而且影响社会生活。而社会生活又影响着商务工作者的审美情感。

道德感是根据一定的社会标准在评价自己和他人的行为、举止、言论、思想和意图的评判时所产生的情感。

作为一个商务工作者，高尚的道德感是与企业利益、社会利益和国家利益乃至人类的利益相一致的。因此，相比之下，各种舆论、态度，甚至上级的评价，来自各方面的褒扬、贬抑，都会对工商管理者形成强烈刺激。这既可以强化商务工作者的高尚的道德情操，又可能会影响商务工作者的情感情绪，社会生活毕竟不是事事顺心的。

理智感是人对认识活动进行评价时所产生的情感体验。

对企业对社会的责任感和历史使命感要求商务工作者洞悉各种规律，判断形势，做出决策。市场竞争越是激烈，面临的情况越是复杂，需要解决的问题越多，越能锻炼商务工作者审时度势的理智感。理智感是一种深沉、稳定、富于责任心的情感。理智感强的商务工作者，沟通时情绪表达成熟老练，能有效地控制自己的情绪，能克制不健康情绪的滋生，并保持愉悦心境，逐步培养自己优秀的沟通品质。

2. 情绪产生的生理基础

情感和情绪产生与生理机制密切相关。

(1)生理变化和无意识非语言符号

人的生理变化时,非语言符号会在无意识中表达意义。生理变化和表情动作与人的皮肤电、呼吸、血压和心律、脑电、腺体分泌等情况有关。

人的情绪紧张时,通过皮肤的电阻会下降,皮肤内的微血管会发生收缩或紧张。不同情绪状态下,呼吸的速度深浅会有变化,情绪不同,呼吸的频率和幅度有变化。人的心跳频率也不同,正常成人脉搏每分钟跳 72 次,情绪兴奋,脉搏加快,情绪惊恐,血管收缩,脉搏下降,困窘害羞时,皮肤血管舒张,动脉血压上升,面红耳赤。紧张焦虑时,直冒热汗,惊恐时出冷汗。这些生理性的非语言符号在管理活动中很容易被人破译情绪和情感状况。与此同时,表情、动作、体姿、声调、音色等,也都会不由自主地做出适应性的反应。

沟通活动中,控制情绪,有意识地使用适当的非语言符号,隐藏容易被对手破译的非语言符号,才能赢得沟通活动的成功。而这取决于商务工作者自身的理智感。

(2)中枢神经机制和无意识非语言符号

情绪的特殊体验还取决于丘脑、下丘脑、边缘系统和网状结构机能。丘脑活动在失去大脑皮层控制时,或者丘脑受损伤时,人的情绪会变得异常激动或者会发生病理性变化。

近年来,科学界经研究认为,下丘脑的一些核团在许多不同种类的情绪性和动机性行动中起着重要作用。网状结构对情绪的构成起着激活的作用,它可以降低或提高脑的积极性,加强或抑制对刺激的回答反应。大脑皮层是皮下部位以至整个有机体的最高调节器。

控制情感和情绪的多种中枢都在皮下各部位,同时与大脑皮层的调节密切相连。大脑皮层可以抑制情绪和情感的兴奋,直接控制情绪和情感。俄国生理学家巴甫诺夫认为神经系统的暂时维持和破坏会使人对现实的态度发生改变。即是说,人对客观现实的认识系统,受当前事物和过去经验的影响,与人的愿望和意向相联系,人是可以凭借自己的愿望支配的。

总之,人的生理机能会使人无意识地使用非语言符号,又可以有意识地凭借自己的理智感和道德感以及美感等进行控制和制约,最后按自己的意志恰到好处地使用非语言符号。

3. 商务工作者情绪产生的心理基础

工商管理人员产生的各种情绪还源于自身的权力心理与自尊、自信。

(1)权力心理与情绪

权力及其提供的任管理者支配的资源,会对工商管理人员产生持久的、强烈的刺激。这种刺激很容易形成希望获取更大权利的心理倾向,并在这种心理倾向的指引下去索取权力。

而权力总是有限的,即使自己应该拥有的法定权力有时也会因为遇到各种抵抗的因素而受到牵制和削弱,何况有时会在获得新的权力以及扩大权利的心理支配下工作,因此管理者为捍卫权利和获取权利而进行的斗争异常艰巨复杂,复杂的情绪体验必定油然而生。

(2)工商管理中的自信和自尊与情绪

根据马斯洛的需要层次论,人的行为产生于一定的动机,动机源于一定的需要。生理需要、安全需要、社交需要、尊重需要、自我实现的需要中,由于工商管理者所处的地位决定了自己比一般人更具有自尊心与自信心,即使不是管理者,就是稍有一点成就感的人也会如此。何况工商管理者接触的社会面大,结识的人多,拥有的社会资源就更充足,在一些人群里,尤其是在部下面前,处于众星捧月的位置,拥有比常人更多的礼遇和尊重。如果别人稍有轻视和怠慢,他就容易把这看成是对自己的权威和尊严的挑战。自尊、自信的心理倾向造成的以自我为中心心理,会由此产生不悦情绪，有时还会勃然大怒，感到羞辱难堪。

而且，管理者成就和荣誉心理与情绪也有很大关系，取得政绩和赢得上司与公众赞誉，抑制不住自豪、喜悦、兴奋的情绪；失败和挫折，以及上级或公众的责难，又会使管理者走向另一个极端，陷入消沉的心理状态，产生羞愧、痛苦、沮丧的情绪。

这些表现反映的是生理、心理现象，揭示的却是工商管理人员容易犯的心理疾病。这些情绪都源于管理者的自尊与自信心理。这样的商务工作者，与人沟通时很难倾听别人的意见，固执、骄傲，居高临下，一意孤行。这是沟通的危机和障碍，更是计划、决策、组织、领导等具体工作中的障碍。

## 第二节　自我沟通实务

### 一、情绪自控和调适

沟通活动中，信息传播者和信息受传者都常常因为各种不同原因紧张和发怒。“商场就是战场”，自控能力差的人在商场上、竞争中难免节节败退。尤其是商务工作者，比一般人更容易紧张和发怒，要制怒和消除紧张，必须进行自我沟通，即进行自控和自我调适。

（一）发怒

是否应该发怒，当从正反两方面来看。同时，也应科学地分析发怒的技巧和息怒的技巧。做到在沟通时当发怒则发怒，当息怒则息怒。

1. 发怒的作用

沟通时发怒并不都是情绪失控、举止失态、缺少教养的表现。发怒的作用当一分为二看待，有积极作用，更有消极作用。

(1)发怒的积极作用

为原则,当怒而怒。在事关企业利益、人民利益、国家利益、民族尊严的原则问题上,挺身而出,拍案而起,不为自己,而为重大原则问题发怒。发怒作为一种特殊的信息传播方式,表明自己坚定的立场和鲜明的态度。信息传递迅速、直接、强烈、明确,不容辩驳。

为正义,当怒而怒。管理者洁身自好,嫉恶如仇,敢于向丑恶现象和腐败现象发难,拍案而起,对丑恶现象既有威慑力,又能唤起群众觉悟,还能建立自己在群众中的威信。对上司、对邪恶势力总是诚惶诚恐、畏畏缩缩的管理者,令群众不齿。正如鲁迅所说"横眉冷对千夫指,俯首甘为孺子牛"。对邪恶势力、丑恶现象、腐败现象,就是应该有当怒而怒的气魄。

(2)发怒的消极作用

发怒毕竟是一种偏激行为,是不得已而为之的事情。总的讲,信息沟通时发怒弊大于利。因为盛怒失理智,易造成决策失误。管理者计划、决策、组织、领导,靠的是冷静、细致、缜密地思考问题和处理问题。对企业的人、事、理、数、图、表的各种本质特性,其间的内在关系和矛盾,其发展变化趋势等,必须有深刻的分析和理智的准确的把握。而发怒,不管发怒的原因怎样,都常常会影响自己的分析和判断力。孔子说的"小不忍则乱大谋",就是这个道理。动不动为一点小事,拔剑而起,挺身而斗,算不得真勇士。"卒然临之而不惊,无故加之而不怒"才算得上沉稳、成熟的工商管理者。

而且,因小事发怒有损自己形象和威信,于事业不利。英国哲学家罗素认为"中国人,上至高官显要,下至平民百姓,无不显示一种内向冷静的尊严。没有比中国人的忍耐更令欧洲人吃惊的了"。的确,中国人视忍耐为一种美德,一种修养,一种力量。中国人主张为官立德,认为有容乃大。不计前嫌,不念旧恶,宽容大度,能容人容事,不意气用事,才能成就大业。那种随心所欲,放纵性情,心高气傲者,不仅成就不了大事,而且容易招致众怨。儒家讲究宽容、与人为善,主张大度。所谓“大度能容,容天下难容之事;笑口常开,笑天下可笑之人”就是这个道理。

哲学家奥里留斯说:“愤怒是脆弱的标志,是现实的受创和畏缩。”古希腊哲学家毕达哥拉斯说:“愤怒从愚蠢开始,以懊悔结束。”

2. 沟通时发怒的自控与调适

为了实现组织目标,完成共同任务,维护共同利益,建立良性沟通关系,管理者应该制怒、忍耐,所谓“忍得一时之气,免得百日之忧”,“成事在理不在势”(宋代苏轼《拟进士对御试策》)。“一时之强弱在力,千古之胜负在理”(明代冯梦龙《东周列国志》第十四回)也是这个道理。

(1)发怒的原则与技巧

怒得有理,为原则为正义发怒,不为小事,不为私利、私事和私怨发怒。

怒得有节,发怒的气势和强度要控制在沟通双方理智承受的范围内。愠怒而不要暴怒,失态的暴怒会导致沟通失败。可怒可不怒时就不怒,可小怒可大怒时就小怒,最好别发怒。

怒得有别,发怒要看对象,要区分年龄、性格、气质、心理承受力。一般来说,在信息沟通时,对女性、对长者、对心理素质差的人,对内向型性格的人,不宜发怒。

怒后示歉,发怒后,不管对方是否与自己实现信息共享,是否沟通,或是否有反馈信息,发怒者都应当向对方致歉,以致歉作为补救措施,消除消极影响,达到有效沟通的目的。

(2)制怒和息怒的原则与技巧

遇到不顺意的事情,气愤至极,怒火中烧,很想发怒,怎么办?对方没有修养,缺少自控能力,或者故意寻衅闹事,如故意挑剔产品,故意挑剔营销行为与售后服务,故意当众逞威风,故意拍案而起。这时,双方信息无法沟通,场面十分难堪。自己怎么办?自己也发怒吗?怎样才能制怒和息怒?

制怒是自我沟通的一个重要环节。

自我控制,就能制怒。制怒的根本方法就是与沟通对象意见相左时,控制自己的情感冲动和情绪行为,这是对自己的心理和行为的主动掌握。一个能驾驭自己情感因素的人才是身心健全的人。

自我修养高,宽容大度者能制怒。古人讲究"修身、齐家、治国、平天下",所谓修身,便是工商管理人员要加强自我修养,无论对待任何人任何事,都要理智而不是意气用事。最近江泽民指出,要以法治天下,以德治天下。宽容大度,能忍受误解屈辱,能委曲求全,是修身养性之本,高尚品德之本,也是沟通时的制怒之本。

拖延,暂时停止信息沟通,能制怒。暂时放下眼前的人和事,不提供任何信息,不作任何反应。拖一段时间,待平静下来再考虑处理这事的办法和下一轮沟通的策略。许多管理者动不动就说"研究研究",这就是拖延,也是沟通中的制怒策略,主动控制自己发怒,也使对方息怒。

转移,脱离令您自己盛怒的人事和环境,能制怒息怒。这种情况下,你应该赶快去处理其他事务,约见其他人或与其他合作伙伴进行倾听或会谈。或出去看电视、看电影、听音乐。以便让自己的思想和注意力得到转移。渐渐地,自己就会慢慢忘记愤怒,轻松起来,理智下来看待和处理问题。

(二)紧张

紧张情绪是沟通的障碍。应该了解自己的情绪状态,分析自己紧张的原因,消除紧张,以良好的态势参与沟通。

1. 紧张的生理和行为反应

(1)紧张的生理反应

紧张的生理反应有如下现象:心律加快,血压上升,皮肤电阻减少,眼睛瞳孔扩大,血糖升高,血凝加快,消化道血管收缩蠕动减小,肌肉血管扩张。

(2)紧张的行为反应

一般的紧张行为是沟通时讲话吞吞吐吐、结结巴巴。

简单的紧张行为一是抑制,二是激化。抑制表现为在危险或紧张时表现抑郁、消沉、畏缩、僵木、哀鸣;激化的表现为发怒、搏斗、逃跑。

复杂的紧张行为主要有如下现象:全身紧张,活动增多,不安焦虑,入睡困难,食欲下降,小便次数增多,总想向人诉说,力求达观,重新检讨,愤怒、兴奋、避免与人接触,抑郁、苦恼、颤抖、腹泻、疲倦、嗜睡、烦躁、恶心、活动减少、便秘、关心自己身体健康、呕吐。

高度紧张的行为反应犹如处于生死存亡的时刻,表现为心跳加快,肌肉紧张,易激动、易生气、口发干、出冷汗、胃里翻滚,便频、发抖、恶心、呕吐、大小便失禁、身体虚弱、面色发青、昏倒等症状。

上述紧张引起的行为反应是沟通的严重障碍。

2. 紧张产生的原因

(1)生活变动事件太多

生活变化和人际关系变化,使人的自制力丧失,造成紧张情绪,导致生理上心理上的各种不良反应。

根据美国华盛顿大学托马斯·霍姆斯教授和理查德·雷赫博士的研究成果表明,生活变化强度可以转化为量来计算比例。生活变动事件是引起紧张的根源。按紧张源进行相应分析,我们可以测算出近两年生活变动的累计积分值。累计分值表明一个人近两年来的紧张程度。如表5－1紧张源分值表。

**表5－1　紧张源分值表**

| 紧张源 | 分值 | 紧张源 | 分值 |
| --- | --- | --- | --- |
| 配偶死亡 | 100 | 职别的较大变化 | 29 |
| 离婚 | 73 | 子女离家 | 29 |
| 夫妻分居 | 65 | 姻亲纠纷 | 29 |
| 亲密家庭成员亡故 | 63 | 个人取得出色成就 | 28 |
| 坐牢 | 63 | 入学或毕业 | 26 |
| 受伤或大病 | 53 | 妻子参加或退出工作 | 26 |
| 结婚 | 50 | 生活条件有较大改变 | 25 |
| 婚姻关系重归于好 | 47 | 个人生活习惯较大改变 | 24 |
| 被解雇 | 45 | 与上司相处不好 | 23 |
| 退休 | 45 | 工作条件有较大变化 | 20 |
| 家人健康发生重大变化 | 44 | 迁居 | 20 |
| 妊娠 | 39 | 转入新环境 | 20 |
| 家庭增加新成员 | 39 | 娱乐休闲的较大变化 | 19 |
| 业务上较大的调整 | 39 | 宗教活动的较大变化 | 19 |
| 性机能障碍 | 39 | 社会活动的较大变化 | 18 |
| 经济状况的较大改变 | 38 | 借贷或抵押不到1万元 | 17 |
| 亲密友人亡故 | 37 | 睡眠习惯有较大变化 | 16 |
| 改行或改换工种 | 36 | 饮食习惯有较大的变化 | 15 |
| 夫妻争论有较大变化 | 35 | 家人中的较大变化 | 15 |
| 借贷抵押款超过1万元 | 31 | 休假或节日 | 15 |
| 取消抵押品的赎回权 | 30 | 微小的违法行为 | 13 |

可以按照表格中的各项因素统计得分。

如果总分小于30分,生活安定平稳,紧张水平较低,身心健康状况高于平均水平;

总分小于150分,身体健康,不生病;

总分在150~199分之间,抵抗紧张的能力强,由生活变化导致紧张情绪较少;

总分在200~299分之间,生活变化较多,抵抗能力欠佳;

总分在300分以上,生活变化过于频繁,紧张程度相当高,抵抗力弱,处于疾病威胁边缘,与人沟通不仅很难成功,而且有可能导致矛盾和纠纷。

主动检测并调试自己的情绪,对消除紧张情绪十分重要。理性地分析,去发现自己处于什么紧张度,是自我沟通中不可忽视的问题。

(2)脱离实际的过高目标

脱离实际的过高目标主要表现在两个方面,一是目标过高,二是愿望过于强烈。

一方面是工作任务目标太高。工商管理者在工作上的一切行为都是有目的的行为。生产和经营销售的每个阶段,每方面的工作,都有不同的目标。目标的激励作用伴随着压力刺激工商管理者。如同体育比赛,期望的名次越高,求胜心越切,发挥越差,就越紧张。一旦工作目标过高,现实与目标有较大距离,难度太大,就会产生紧张情绪。结果造成沟通活动中有意无意地挑剔对方,形成紧张的沟通氛围,弄得大家都失去平和心态,甚至互相埋怨。

另一方面是权力欲与升迁期望及其他某种愿望过于强烈,给自己的目标过高。工商管理者寻求承担更重要的工作责任,是具有良好的心理素质的表现。许多管理者崇尚拿破仑的名言:“不想当将军的士兵,不是一个好士兵。”凡是最希望获得权力的人，通常是最有可能获得权力的人。但是，一旦其权力欲望得不到满足时，紧张情绪油然而生。有时虽有职位，却无实权，自己的荣誉感、成就感、自我实现感，就会受到摧毁；职务提升过快，感到自己的职业生涯有价值，易生骄横自负，容易失去对自己的清醒认识，于是心情激动，产生紧张；职务提升比预期过慢，产生受挫感、失败感、压抑感，容易紧张。英国首相邱吉尔卸位后，声称自己有"被剥得一丝不挂"的感觉。这实际是权力欲造成的紧张情绪的体现。紧张情绪难免造成沟通时语言行动失态。

(3)沟通中的矛盾冲突

上级的批评与表扬，同级管理人员之间的意见分歧，下级的不合作态度或不合理要求，以及来自业务合作单位或社会相关方面的苛刻条件或不合理要求等等，往往造成沟通矛盾冲突。甚至沟通中任何一方的言语、态度都会造成沟通矛盾冲突。即使沟通顺畅，各方皆大欢喜，但那频繁的社交活动和应酬，及其令你自己久而生厌的沟通方式，也会造成自己生理、心理和理智的矛盾冲突。矛盾冲突是沟通时产生紧张情绪的重要因素。

3. 克制紧张的方法

(1)改善环境并提高应变能力

首先要改善环境。可以对照前面的情绪紧张源列表，对造成紧张源的外部因素和内部因素进行认真分析，弄清急需改善的导致紧张的最重要的因素是什么，到底是工作条件，还是生活条件，还是自己的性格、气质、品德，还是各种沟通形式中的沟通矛盾，哪些紧张源亟待消除？怎样消除？然后尽快消除。

(2)锻炼自己的情感体验

其次要提高自己应付各种人物、事物的能力。强化自己的美感、道德感、理智感。根据自己的审美标准对社会环境、自然环境和工作生活环境作评价，锻炼自己的情感体验。让各种因素、各种条件通过审美标准影响美感的产生。使自己的审美情感和心态情绪保持美好自然。

工商管理人员应该把根据一定的社会标准在评价自己和他人的行为、举止、言论、思想和意图时所产生的道德感与企业利益、社会利益和国家利益乃至人类的利益联系在一起。这样，各种舆论、态度，甚至上级的评价，来自各方面的褒扬、贬抑等，对自己形成的刺激就微不足道了。对认识活动进行评价时，努力洞悉各种规律，判断形势，做出决策。真正做到面临的情况越复杂，需要解决的问题越多，越要审时度势，越有理智感。逐渐变得深沉、稳定、冷静、富于责任心的理智感强的管理者，沟通时情绪表达沉着、冷静、成熟、老练，能有效地控制自己的情绪。

(3)有意识地使用适当的非语言符号

沟通活动中，控制住情绪紧张时，由于皮肤电、呼吸、血压、心律、脑电、腺体分泌等情况的变化而造成表情、动作、体姿、声调、音色在无意识中表达非语言符号的状况。提高自己的应变能力，就能有意识地使用适当的非语言符号，隐藏容易被对手破译的非语言符号。一个商务工作者，会与社会各阶层的人打交道，承受来自社会各方面的诘责，还要承受来自自身的心理压力。只有善于泰然处之，并且有意识地使用适当的非语言符号，才能使沟通成功。

4. 消除忧愁和烦恼

(1)分析忧愁和烦恼的方法

为了消除忧愁和烦恼，首先应分析事实，看清事实，然后作出决定，拟出计划，再按决定果断行事，最后照目标行动，依目标灵活调整行动。

(2)消除忧愁和烦恼的方法

消除忧愁和烦恼可以采用如下的方法：

问自己："可能发生的最坏情况是什么？"勇敢地面对这个情

况,勇敢地接受这个事实。精神上接受了,情绪放松了,才有可能集中注意力解决问题。

镇定地想:有哪些办法能改变这个最坏的情况?

沉思:在沉思中引发灵感,以求寻找到最佳解决方案。

活在与不愉快的事件完全隔绝的日子里。努力回忆曾经拥有的快乐的好时光,令自己愉悦的美的人、美的事,甚至回忆曾经看过的电影、电视节目。不要让昨天的沉重和今天的负担成为明天的障碍。

思考在尚未诞生的明天,明天会更美好。

把今天的事做得尽善尽美。集中今天所有的智慧与热忱,为明天作最好的准备,为明天争取最好的结果。

(3)调整情绪

喧嚣的都市生活,激烈的生存竞争,复杂的商务活动,给商务工作者带来的是疲乏、忧愁、烦恼和困惑。这时必须努力维持内心的平静,只有善于认真分析与努力消除忧愁和烦恼,你才能立于不败之地。

商务工作者要有承受客观环境不利因素刺激的能力。例如同样是政治上受挫,有的人耿耿于怀,郁郁寡欢,而邓小平一生在政治上经历过三次重大挫折,却能三次奇迹般地站起来,重新崛起,并且一次比一次辉煌。这除了政治的各种复杂因素外,我们不能不佩服邓小平对自己情绪的把握。他始终努力调整自己的健康情绪和心境,泰然处之,胸怀宽广,高瞻远瞩。美国著名传记作家哈里森·索尔兹伯里在他的《长征——前所未闻的故事》中称邓小平是“永远打不倒的小个子”。

工商管理者常常会由权利而产生各种心态,并因由此产生的刺激而造成紧张情绪和自我沟通的障碍。那种把法定权力视若性命的人,丧失权力就会丧失精神寄托,陷入郁郁寡欢之中;那种把权力视为责任与道义的人,放弃了权力会感到如释重负,对他们来说,失去权力不是精神支柱的崩溃而是新起点的开始。

据说德国前总统阿登那卸位后,千方百计诱使政界人士透露重要情报,以平衡自己的孤独心理和复杂痛苦的情绪体验。而美国前总统卡特卸任后却以轻松愉快的心情参加美国佐治亚州40名木工组成的志愿队,到纽约和韩国等地为普通平民义务修房子。可见,无论多么伟大的名人,情绪低沉与情绪高昂都会形成鲜明对比。其实这并不只是个人品德、素质的问题,还是一个自我沟通的能力问题。

权力、自尊、自信心理造成的紧张情绪,需要进行自我沟通,每个人都应始终使自己保持冷静、理智、谦虚和平和的心态。

## 二、沉思引发灵感

### (一)沉思与灵感

冷静地思索,长时间地考虑,主动唤起自己对信息的记忆、想象、思维、情感与情绪。或在对问题的思考中进行自我催眠,有意识地暗示自己,使自己对管理和商务活动中的某种信息或某种事物特别感兴趣,感觉特别过敏,有意唤醒某种经验,使自己处于异常状态下的信息流动,就容易产生灵感与高峰体验。此刻常常能解决管理活动和商务活动中与合作伙伴或与竞争对手间的棘手问题。

人的大脑的思维,使人的认识实现了从感性认识到理性认识的飞跃,并由此而产生出具有一定结构的知识和信息。这些知识就是潜在的信息的主体。这些知识正是自我沟通的结果。

### (二)沉思的作用

出奇的关键时刻或伟大的创造性时刻常以沉思而产生。沉思使人进入心醉神迷的境界。

1. 感知信息

沉思中，借助感觉和知觉，反映事物的个别属性和整体，以及事物间的外部联系，从而间接性地概括性地感知事物的本质，找出规律性的联系，以获取新信息。

沉思也是信息沟通活动中信息资源生产的最后阶段，是知识成为决策力的阶段。这种决策的能力触发于人的大脑控制器中的执行系统，引起肌肉紧张和肌肉运动，这使潜在信息资源转化为现实信息资源，并通过机体活动进一步影响客观外部世界和改造客观外部世界。经改造后的客观外部世界又向人体发出信息。如此周而复始，循环不已，构成了完整的单元认知过程，也构成了完整的信息资源生产过程。

2. 引发灵感

显意识与潜意识沟通，引发灵感，获取新信息。沉思可以解释为引起各种异常意识状态的技巧。这种异常状态中有时是导致高峰体验的那种心醉神迷的特征。

3. 激发创造性

沉思中感知信息，让潜意识与显意识沟通，使逻辑思维与形象思维并列，就能激发高涨的创造性。

（三）引发灵感的技巧

沉思引发灵感的科学的具体技巧是生理和心理两方面的。

生理方面的技巧：沉思的过程中让自己全身感觉自在、舒适地端正地坐着，头、颈、脊在一条直线上，按节拍进行呼吸，努力思考沉思对象的某种视觉模式。中国气功的“入静”就是沉思的一种技巧。

人类通过大脑生产信息的过程是一个异常艰辛复杂的过程，其思维机制也就是生产机制，其间的许多方面许多奥妙之处，至今仍是人类本身难以言表的不解之谜。也正是这个原因，使信息资源的生产在很大程度上受到限制，导致了信息商品生产的有限性。

信息资源经开发形成信息产品，传播出售后，仍然是信息资源，可以作进一步思维的材料。而物质资源经开发和实践性的生产过程而形成产品后，其物质产品就不再是资源。若要作为再生产的要素，必须回收后作特殊工艺的处理。信息资源的生产工具是人的大脑，信息生产的承担者是个人，信息生产是个体化的劳动，是自我沟通的结果。

现代社会赋予计算机人脑的某些功能，使计算机生产一定的信息，也成为信息机器和信息工具，它也能进行一些信息获取、信息传输、信息加工工作，是人类信息器官的扩展和延伸，但它也只是人设计的程序，是人大脑所获取的信息和存储的信息赋予它的任务。至于照相机，望远镜等，只是储存信息而非生产信息，生产出来的信息才能进行沟通。

信息资源开发利用作为信息商品交易和传播的活动中，信息生产是艰辛的脑力劳动过程，是一个探索未知世界创造信息和知识的过程。其劳动对象是信息，即使有时劳动对象是物质，利用的仍然主要是其间的信息成分。信息生产中，不仅要对人类已有的信息进行收集、整理、加工、分析、研究，而且要对变化了的信息进行重组、分析、再创造。

信息产品的劳动资料主要是信息机器，也是智力工具，即人的脑力，开发信息产品就是开发脑力，就是开发自我沟通能力。有针对性地，长时间地注意力集中于思考需要沟通的问题和沟通的渠道以及沟通的技巧，来训练自己形成一个总焦点或心理的单一的针对点进行沉思，必然能获取新的信息，必然能获取沟通的成功。

心理方面的技巧：可以分为两种基本形态，其一是集中性沉思，或称为限制性沉思；其二是敞开性沉思。

1. 集中性沉思

通过长时间把注意力集中于单一事物,来训练自己形成一个总焦点或心理的单一的针对点。有针对性的沉思,必然能获取新的信息。

要专心集中注意力,与眼前的现实隔开。例如坐禅,沉思者应集中注意腹部那种由呼吸引起的实际感觉,如果注意力离开了呼吸,就要从容地把注意力拉回腹部的呼吸运动上来,直至学会长时间的注意力集中地从事这种活动。

集中沉思成功时,就会引起一种异常的意识状态,使自己感到沟通对象以及周围的人、事和物都极其新鲜、亲切,很容易直接感知对方的信息,以及对方的感受。

2. 敞开性沉思

让自己的注意力处于一种自由浮动的状态,全身心尽量放松,直截了当地与眼前百思不得其解的问题或无法沟通的人物、事物接触。不管这个问题多么严峻,都能轻松自如地联想,然后流畅地表述。敞开性沉思最重要的一点是必须放松,与眼前现实接触,同时进行发散性思维。

## 三、自信力

工商管理活动,包括对社会的而更主要的是指对自己的管理。自我管理即人类对自身即对自己进行的认知、完善和发展。要完善自我,发展自我,要为企业、为社会做出贡献,必须信心十足。缺乏自信力,就要进行自我沟通。

“自信”的反义词是“自卑”,自卑实际上是认为“我不能干”某种事,“我在一些方面不如别人”的自我判断。自卑之心人皆有之,不过,自卑之心的强弱因人而异。

所有自己看不起自己的人都会时时处处居于劣势。

商场就是战场,自信心是成功的重要因素。要培养自信心首先要有自我意识。

(一)自我意识

自我意识是指人对自己以及对自己和周围事物的关系的认识、体验与控制,是主观自我对客观自我的觉察。这种觉察的内容包括物质的自我、社会的自我、精神的自我。

人的意识由对外部世界的认识,到逐渐直面自己,认识自己,鉴定和判断自己的能力与行为,就形成了自我意识。自控能力强的人,自我意识就强。自我沟通和人际沟通就是在个体自我和与他人的信息交流过程中认识自我,更新自我,完善自我的沟通过程。

每个人都应该有自信,应该能够面对自我,关注并意识到自己的情感与行为。首先要正确认识自我,对自己有正确的评价,尤其应当通过对别人的参照,客观地对自己的能力和素质进行评价;其次,要正确对待自我,在理想自我与现实自我之间作好自我控制。个人通过内部语言调节来主动改变自我心理品质、特征和行为。

有自我意识的人,就有信心,能强烈地认识到自我的价值,自我的尊严,自我的力量,能调动自我的一切潜能,来迎接生活的挑战,在同自然和自我的不断斗争中向前发展。

(二)培养自信的方法

奥地利心理学家阿德勒在他的《自卑与超越》中说,自卑感源于幼年时期由于无能而产生的不信任、痛苦的感觉。一般来说,由于个人的某些生理缺陷或心理缺陷,以及其他方面的不足,如智力、记忆力、判断力、气质、性格、技能、财富等等不够理想,就轻视自己。

实际上每个人都有自卑心理,只是强弱而已。年迈的富翁羡慕有朝气的年轻的贫者,年轻的贫者羡慕富翁那腰缠的万贯;城里人羡慕农村空气的清新,生活的宁静;农村人羡慕城里的环境的豪华,生活的舒适。谁都有遗憾,谁都有不足,这就是生活,生活原本如此。大家惟一的选择是坦然接受自己,面对自己的不足,尽量弥补,决不自暴自弃。尤其是沟通活动中,必须积极主动,怀着自信参与一切活动。培养自信有如下方法:

1. 弄清害怕的实情

卡耐基认为,人们最害怕的事情莫过于在公众场合当众说话。常常因此不能清晰地思考,不能随心所欲地畅谈。他认为沟通的关键在于克服恐惧,树立对自己的信心。克服恐惧的方法是弄清害怕的实情。弄清楚自己到底对什么事件、什么现象、什么人感到恐惧?恐惧的程度到底有多深?恐惧在自己的心中占多大比例?

我们发现无论是本科生,还是研究生,或者是业余进修的成人班学生,哪怕是在工作单位上有较大权势的管理者,有80%~90%的人上台当众发表演说都感到恐惧。这是很正常的现象,生活里即使是职业演说家或职业政治家,也不可能完全消除登台时的恐惧感。其实不是不会说,而是缺少自信。只要给自己自信,那个紧张的情景马上就会变得单纯而且轻松起来。人天生就有应付来自各种复杂环境的任何挑战的能力。

2. 依照适当的方式准备

适当的方式准备就是要分析各种方式,考虑什么方式最容易成功,将诸多方式进行比较,找出最好的方式进行准备。准备阶段可以选择好准备步骤,然后反复练习,自我鼓励,尤其准备好迎接这不寻常挑战的勇气。

准备的内容不只是在没有自信心的问题上,而是指平时处理每一件小事,对每一件事情都注意设法使之顺利进行,做到有备无患,甚至包括处理与工作单位关系的一些事情。随着改革开放的深入和我国加入WTO后的各种状况,“单位情结”正危机四伏。

“单位情结”是指劳动者对自己缺少自信,而对用人单位无原则的一种信任。这种缺少自信心的和对单位的无原则的信任,包括个人隐私权在内的所有私权甚至都变得微不足道了。有些单位,谈情说爱、娶妻嫁夫,生儿育女,单位领导均可参与甚至作主;大家无论是邻里之争,还是夫妻吵架、感情不和,都是宁愿找单位领导“解决”也不愿到法院起诉。究其原因,大概因为视单位为“家”,自己是家里的人,家丑岂能外扬?在家里哪能要求自己的权利?在“家”里,只有父母官,只有服从与责任,没有必要争取自己的权利,久而久之,也就缺少自信心,失去了自己。

然而,不幸的是,随着劳动力市场机制的引入,特别是处在劳动力买方市场的形势下,这些在计划经济时代原本无可厚非的问题,却越来越多地受到严峻的挑战。这也迫使人们找回自我,增强自信。

据传媒报道的一起劳动争议仲裁案的过程,发人深省,提醒着人们建立自信心。

申诉人是一家著名公司的几名中高层管理人员。单位需要裁员了,就发给这几位员工《协商解除劳动关系协议书》,然后,单位说:交接吧。于是,员工们就攥着单位印制的交接单逐个部门交还物品、交接工作,最后,他们将惟一的一张满载签字的,惟一能够证明他们已经将该交的交接清楚了的清单,交给了单位的财务部,回家等待单位发给最后的薪水。可是,他们眼巴巴地看着发薪日子已过多日,单位却毫无发薪的意思。这几个被解雇的员工开始着急了,去找单位理论。这时,单位领导不慌不忙地告诉他们:“你们有经济问题还没弄清楚。”至于到底是什么经济问题,“单位”不说,但就是要扣发薪水。不得已,这几名员工提起劳动仲裁,要求支付应该发放给自己的有关款项。

在仲裁庭,单位申辩道:这几个被解雇的员工还没有办理完交接手续,按照协议书的约定,单位还不能马上付款。

律师责备这几位被解雇的员工,如果当时你们事先做好准备,将交接单留一份复印件在手里,或者干脆那时就要求单位发的交接单是一式两份,办交接手续时,单位、员工双方各执一份清单,那么情况显然就完全不同了。

谈及此事,员工满腔悲愤:哪想到“单位”也会算计个人?

事实上,劳资矛盾是必然会产生的,尤其是在商品经济条件下,矛盾更尖锐。只是由于我国长期的计划体制掩盖了或者淡化了这种矛盾,在目前这种混沌的经济体制下,无论是劳动者还是用人单位,均缺乏法律概念和对法制的敏感。这种状况,必然为劳动者与用人单位双方在法律和道德伦理方面的潜在冲突埋下伏笔。市场经济的本质是契约经济。市场主体之间靠一系列的契约来确定彼此之间的权利和义务。劳动力市场也不例外,因此,处于弱势地位的劳动者尤其应当在处理劳资关系时注意有备无患,注意运用法律保护自己的合法权益。

有的单位要求员工们打卡上下班,并且要求员工打完卡后,一律将考勤卡插到单位的箱子里。那么他们怎么证明自己出勤了?“打了卡的啦。”可是想一想,要是有一天,老板把你插到单位箱子里的考勤卡藏起来了,你怎么办?你以什么证据证明老板该如数发给你薪水?

万事若自己事先准备不足,办起事来,自然就会缺少自信心。因此,大家作任何事,都应依照适当的方式准备好。有备无患,否则争执起来底气不足。只要做好准备,你办任何事情都会有自信,都能做到“兵来将挡,水来土掩”,“任凭风浪起,稳坐钓鱼台”。

3. 预下成功的决心

应付任何事情,都应该相信自己能够成功,下定成功的决心,保持必胜的信念,就成功在握。希望自己成功,就要相信自己能够成功,希望就是能够!

4. 表现得信心十足

即使沟通失败,在商务谈判或一般的沟通活动处于劣势时,仍要从容镇定,谈笑自如。因为人的行动与感觉是并行的,行动直接受控于意志。我们如果用意志间接地制约感觉,感觉和行动就会有所不同。即使因某种原因失去了原有的快乐,仍然应该快快乐乐地坐着交谈,快快乐乐地微笑。如果自己尽量表现得快乐,不知不觉地,自己就会真的快乐起来,并且会充满自信,快乐自如地与人沟通。如果感觉自己勇敢起来,表现得真的很勇敢,并且坚强地控制住自己,运用一切意志达到那个目标,勇气就会产生,勇气就有可能取代恐惧感。

不管遇到什么情况,都要泰然自若,冷静从容地当众起立,面对众人,随心所欲地思考,振振有词地表述。能够战胜自己的怯懦与自卑,就能战胜任何对手。

(三)自我管理

自我管理是进行自律,目的是完善自我,超越自我。

自律是社会的需要与自我的需要。

目标管理:自我设计好生活目标,人际关系,职业理想等。

心理管理:培养意志力和自信心,进行心理调节,保持积极乐观向上的良好心态。

时间管理:合理安排时间,减少消耗,有限时间里尽可能多做有益的事。

信息管理:收集和使用信息,区别适用和冗余信息,建立和完善个人信息系统。

## 四、写作表达力

无论是书面语言的写作表达与鉴赏,还是讲演的口语表达与鉴赏，都必须遵循科学的表达技巧和规律。都必须从材料、主题、结构、语言、风格、沟通技巧等角度来精心选择沟通内容与沟通形式。

（一）材料

材料是作者为着某一沟通目的，从生活中收集、整理以及写入文章的或用于口头沟通的一系列有意义、有价值的信息。材料分为题材和素材。不管书面语言的沟通还是口头语言的沟通，选择好材料就是做到了言之有物。

素材是指来自生活的原始材料，即并不一定写进文章或说出来的信息；题材是根据主题的需要，根据反映事物本质的需要，经过作者选择、加工、改造后用来写进文章或用于口头沟通的材料。

素材和题材既有区别又有联系。素材是题材的基础，素材积累得越丰富，就越有利于题材的选择。素材一般是生活里真实可靠的，零碎的、不完整的；题材是一组生活现象，是不可分割的一个整体，是对生活的浓缩和高度概括。历史上伟大文学家的文章，题材运用恰到好处，全文达到了多一分则有余，少一分则不足的境地。

从广义的角度讲，题材又指某个方面或某条战线的材料或指社会生活社会现象的某个方面。例如“工业题材”、“农业题材”、“军事题材”等。

题材在经济管理应用文体里，指经济管理活动中所涉及的人、事、物、数、图、表等；题材在议论文里，指文章所论说的对象，以及用来证明论点的典型事例、具体数据和历史资料、引语等；题材在记叙文里，如在小说、戏剧、叙事诗里，指文章所记叙的具体人物、事件和环境；题材在抒情诗里，一般没有完整的事件，只是选择现实生活中感受最深，最激动人心的某一片断，借以抒发强烈奔放的感情。

经济管理类文体的材料与文学体裁需要的材料有不同特点。主要表现在它的经济性、规定性和可操作性。

其一是具有很强的经济性，宏观上要囊括社会再生产的全过程，如生产、分配、交换、消费等；微观上要涉及管理的各个环节，如组织、计划、生产、质量、技术、设备、物资、劳动、财务、人事、生活等，并且与经济学、管理学密切相连。由此反映出来的是整个经济管理的过程和规律，这是构成沟通中的写作材料和口语材料的主要内容。

其二是有质和量的规定性，经济活动要讲效益，讲科学，就离不开对质与量的分析。而量总是以具体数据为标志的，因此，数据必须有真实性，必须有准确而周密、完整而系统的科学数据、数学公式等，这也是构成材料的重要内容。

其三是具体性和抽象性相结合，即要求具体的数据、图表、事实，必须与抽象的经济学、管理学的有关理论、结论、假说、公式、定律以及大量概念、判断、推理等具有逻辑性、抽象性的材料有机结合。即是说，具体材料必须用抽象理论逐一概括，揭示出归纳性的结论，具有可操作性，并能指导实际操作。

因此，首先要求材料必须真实。要保证是直接得来的第一手材料。如果是二手材料，要进行核对，如果是有疑问的材料，要进行鉴别，有鉴别，才有比较。材料要有根据、有出处，而并非凭空捏造或随意乱编造的。文字材料要注明出处，如引刊名、原文名、作者名、发表日期等都要注明。对材料要实事求是，不主观臆测，不含个人偏见。通常沟通时的材料失真的原因都是由于粗枝大叶，或弄虚作假，虚报浮夸。

其次，要求材料能支撑主题。写作、讲话，都必须有主题。应根据主题的需要来决定材料的取舍。古人云：“文之作也，以载事为难；事之载也，以蓄意为工”，“意”即主题不能蓄意的材料，表达时不选为好。

再其次,材料选择要新颖,要符合文章文体和讲话对象的需要,要选最新的事实和数据,还要选表达得体的材料。“文贵得体”,“得体”,指沟通时表达的方法和材料选取合适。

(二)主题

主题即观点,看法、主张。它是运用书面语言或口头语言进行表达的全部内容所体现的最基本、最核心的科学意义和情意指向。是信息传播者通过表达所反映的客观事物而表现出来的自己的看法、态度、主张或情趣、哲理。主题是沟通时表达的灵魂和统帅。一切语言都要服从主题的需要。语言有主题,就做到了言之有理,

主题不是课题,课题是指信息传播者在一个比较广泛的领域里所集中研究或讨论的问题。例如“企业文化”(研究领域)中的“中国企业价值观”。主题也不是论题,论题是信息传播者或信息沟通的双方所要议论证明的对象。

沟通语言必须有主题,有信息的价值意义。对主题的表达必须做到鲜明、深刻、集中、新颖、内化。任何表达都离不开主题。例如我国申办2008年奥林匹克运动会的主题就是办绿色奥运、科技奥运、人文奥运。申办报告表述的所有语言,都围绕这个主题发挥。

鲜明,指表达清晰明白,不含糊、不暧昧,不模棱两可;集中,指集中力量说清楚一个问题后,再说下一个问题,不东拉西扯;深刻,指思想深邃,见识精卓,或进行经济管理理论上的上升,或进行道德观念上的哲学探讨,或发表出认识上、理论上的自得之见,因为沟通时婆婆妈妈毫无内容地闲扯,不是管理者应有的精神风貌;新颖,指沟通中要展示新信息、新观念和新成果;内化,指主题要渗透到语言符号或非语言符号之间,与内容融为一体。

管理活动与商务活动政策性强,因此沟通主题应该合乎党和国家的方针、政策、法令和法规,合乎企业的目标,工作的需要。

并且，商务活动和管理活动技术性强，专业性强，科学性强，信息性强，时效性强，语言应该有针对性，能明确地解决需要解决的实际问题。

（三）结构

结构指对沟通材料的组织安排。沟通时提供的信息虽然言之有理，言之有物，但语言杂乱无章，仍不利于沟通。因此，必须做到言而有序。

缜密的思路是严谨结构的必要保证。只有思路清晰，才能表达清楚。我们应对沟通的内容进行比较、分析、研究，逐步由感性上升到理性，形成自己的观点、看法、主张，即形成了自己的沟通主题，再进一步思考，理出头绪，使自己的主观认识与客观材料有机地结合在一起，把自己的整个思想线索和思维轨迹整理清楚，形成一个路线和脉络。这个脉络构架在语言的框架形式上表现出来，就是表达的结构。

要提高写作能力，根本途径是理清思路，做到有序不混乱。那种杂乱无章，顾此失彼，交叉错乱的文章不能表情达意。

有人写文章，虽然分了段，拟了小标题，但文章没能顺理成章，语无伦次，让人不得要领，原因在于材料之间无逻辑关系，思路不清。写文章，讲话，任何一种沟通形式，都要理清思路，安排好结构。

结构的安排分为章法结构、逻辑结构和时空结构。

章法结构的内容，包括安排表达材料的段落与层次、开头与结尾、过渡与照应、详写与略写，或详说与略说。

逻辑结构的内容包括演绎结构、归纳结构、类比结构。演绎结构是按演绎推理法的推理过程，即从一般判断中推出特殊判断的方法来安排材料。归纳结构是按归纳推理的过程，即从特殊判断中推出一般判断的方法来安排材料。类比结构是按类比推理的方法来安排材料，即把两个或两类现象加以比较，从某些属性的相同,推断出他们在其他属性方面的可能相同。

时空结构的内容包括纵式结构、横式结构、纵横式结构。纵式结构是按作者认识发展过程或者事件发生、发展过程或工作的进程来安排材料的方法。横式结构是按材料性质分类来安排层次,并列写思想或工作的几个方面,或按不同角度的几个问题分列分类分项安排材料的方法。纵横式结构是既顾及时间因素,又注意按问题的不同性质,把材料分别组织起来,形成纵横交叉的形式。

(四)语言

沟通对语言表达的要求是准确、简明、质朴、生动。商务工作者应该培养自己沟通时驾驭语言的能力。

准确,是指语言表述注重科学性,恰如其分。具体是用词准确无误。一个词本身无所谓用得是否恰当,但用在句子里,就与其他词在意义上发生了联系,这时,就要看它能否恰如其分地为表现某一事物或某一主题服务。

例如:"我命令你到办公室来一下","我要你到办公室来一下","我请你到办公室来一下","我希望你到办公室来一下","我麻烦你到办公室来一下","我恳求你到办公室来一下"。选词不同,语义感情色彩相去甚远,受传者听了会产生完全不同的反应。沟通表达准确还表现在语言符号的使用合于语法,词语正确配搭,词序安排得当,关联词语的正确运用。同时准确还表现在逻辑上,语言合于逻辑,判断推理得当。

简明,是指语言表达简洁明了,不粉饰堆砌,不重复累赘。

质朴,是指语言表达不滥用溢美之词,不半文半白,不洋腔洋调,否则会给沟通对方以故意卖弄词藻,矫揉造作,华而不实之感,会影响沟通感情和沟通氛围。

严谨,指语言表述上,要尽可能的严肃认真,一丝不苟,不能给人一个吊儿郎当的感觉。2001 年新上任的美国总统小布什其实是个很能干的人,但是,就因为语言表达的不严谨而曾受世人嘲笑。据说他刚一上任就给俄罗斯总统普京打电话:“喂,骆驼腿……”,他自己私底下给普京取个外号叫“骆驼腿”,事先也没有让普京知道,然后打电话时就这样直接称呼人家,弄得普京很不高兴,说这人怎么这么没有教养。而且,小布什还给白宫的很多工作人员取些莫名其妙的外号,据称因为人太多,自己记不清大家的名字。其实他也不过是想让相互之间相处起来随便一点,内心并无恶意,而且可能还自认为这样很幽默风趣,结果弄得大家怨声载道。

语言表达有一定的标准和要求,应具备全社会所认可的良好的语言习惯和应达到的水准。美国一家跨国大公司在中国分公司的人力资源部经理,曾告诫国内一些希望在外资企业求职的青年说,“作为当地人,你们所具有的关于自己的国家、人民和语言的知识,是最不可放弃的优势。”相比之下,我们的一些人,却不太重视培养自己良好的中国语言习惯。社会交往是以语言表达思维、互相沟通的社会行为。

形成个人良好的语言习惯,决非一蹴而就的事,但了解什么是良好的语言习惯,并有意识地加以注意,对提高沟通成功率是有好处的。良好的语言习惯不仅指不犯语法错误,表达流利,用词得当,言之有物,同时应当做到发音清晰,语调得体,声音自然,音量适中等。说话时俚语俗话不断,口头禅满篇,和病句一样都是语言修养不高的表现。

同样的句子,用不同的语调处理,可以表达不同的感情,收到不同的效果。比如当你被问到是否能完成一件比较困难的工作时,用中等速度适当提高音量回答:“我可以试试”,与用慢速轻声回答“我大概可以试试”,给人的感觉就不一样。前者充满自信,而后者会让人感到缺乏信心。有研究表明,使用上扬语调易给听者造成悬念,提高他的兴趣,但若持续时间过长会引起疲劳。而降调能表现说话人的果敢决断,但有时也会显示他的主观武断。适宜的语速并不是从头到尾一成不变的速度和节奏,而是要根据内容的重要性、难易度,以及对方的注意力情况,调节语速和节奏。

对方交谈时,还要警惕一个很容易破坏语言意境的现象,比如过分使用语气词、口头语。老是用“那么”,“这个”等引起下文,不仅有碍于人们的连贯理解,还令人生厌。

在谈话中夹杂英语,已经成为一种时髦,有不少人故意使用这种“中英混合”的语言,以表明自己的英语水平。这种自以为聪明的做法,很可能弄巧成拙。有不少外资企业的人力资源部经理对这种语言方法颇为反感,他们认为这是语言水平不高的表现之一,如果你的中文或英文水平高,完全可以用一种语言来清楚准确地表达自己的意思,为什么要用这种不伦不类的语言来哗众取宠呢?结论是你无论哪种语言都不精通。

商务工作者应该能够善于使用一些模糊语言回答一些比较敏感的问题。货比三家是商务工作者的基本工作原则,而人才择业,也是推销自己的过程,也是一种“商务”。提问就是沟通。例如下面这个招聘者就巧妙地回答了求职者关于受聘后薪酬的提问。

若应聘者在递交应聘资料时,不失时机地问一声:这个岗位的收入大约是多少?招聘者因忙着收材料,很可能在不经意中会说出真相。而招聘者的回答完全可以含蓄些。最好在问过应聘者过去的收入后说:“不会低于你过去的收入”,“目前我们可能还达不到这个水平,但差距不会很大”之类。使用这样的模糊语言,既不伤和气,又解决了问题。

求职的讨价还价,是语言的较量,如同一场商业谈判。应聘者首先提出的,应当是自己的实力和潜力。缺乏经验的求职者往往急于先问对方月薪底数,在对方尚不了解自己时,则会欲速而不达。

若对方认为你开价过高,你再不厌其烦地强调自己的能力价值,会令人生厌。最有效的表达技巧是进行“收益分割法”,即将你所要求的报酬分割成几部分来分析,并且向对方分别进行表达:“这些收入中的50%是基本工资,20%是必须缴纳的各种劳保性开支(医疗保险、养老保险、失业救济金、住房公积金等),还有30%是风险性收益,即完成目标责任后才能兑现的收益,反之则拿不到。”经你这样一分析,实际上用人方只需先付出开价的70%,另外剩下的那30%则是在完成目标任务后才兑现的奖励。仔细一想,对方也觉得如此分析合情合理,于是就容易拍板成交。

(五)修辞

用语言沟通思想,传递信息,不仅要表现得准确无误,明白晓畅,还应力求生动形象,妥帖鲜明,给人以深刻印象和美感享受。因此,我们不得不考虑,如何积极调动语言符号和非语言符号,将其加工成最完美的表达形式,以获取最理想的信息沟通效果。这个加工语言符号的实践活动就是修辞。

修辞包括三方面含义:

其一,是指运用语言的方法、技巧和规律;

其二,指进行写作和说话时积极调动语言符号的行为,即所从事的修辞活动;

其三,指以加强表达效果的方法、规律为研究对象的修辞学。修辞的能力的提高,也是自我沟通能力的提高。

修辞的作用在信息沟通中尤为突出。修辞有助于提高语言表达能力、阅读欣赏能力;有助于提高语言修养和语言美的能力;有助于信息沟通中更准确地传播信息。古人云:“文之无文,行而不远。”(《左传·襄公二十五年》)其中的“文”,就是文采、文饰,就是沟通时语言的艺术性。

好的信息,如果没有好的形式表达,就不容易传播开去,就达不到沟通的目的。修辞并非单纯的咬文嚼字,而是寻求最好的语言表达形式和沟通效果。

沟通活动中,应该以既定的内容和语境为依托,从语言材料入手,选择最恰当的修辞手法,以获得最佳的沟通效果。因为特定的语境和内容决定了最佳的表达方式只有一种,我们要努力寻求这惟一的语言沟通形式。

修辞要注意语境。构成语境的因素有两方面,其一,是主观语境,包括身份、职业、思想修养、处境、心境等自身因素,它直接制约着个人的语言特色和语体风格;其二是客观语境因素,指沟通时语言运用过程中的事件、地点、场合、信息受传者等动态因素。主客观因素都对语言活动给予语境上的制约,从而显示出修辞的意义。一语双关,弦外有音,都是由语境意义的丰富复杂而成。

参加沟通活动前,先进行自我沟通,考虑好"面对如此人物、如此地点、如此时机、应该说什么,应该怎样说"。加工的语言形式和特定的语境的和谐统一,源于特定的思想感情和鲜明的修辞效果。

修辞还与语音、词汇、语法有直接关系。

从语音角度来看,沟通时,应该注重研究谐音、叠音、拟声、双声叠韵、平仄、押韵、字调、语调、重音、轻声、停顿、音节、节奏和儿化韵等。要研究这些语音现象在特定思想内容和语境中表现出来的感情色彩、意义的心理重音、音律美感和民族风格。汉语中的许多修辞手法如双关、对偶、拈连、歇后、摹声、飞白、谐音等,都是利用语音条件,来体现修辞作用,获得良好沟通效果的。

从词汇角度看,修辞使词汇在语言符号的沟通中发挥了广泛的作用。在遣词造句时,必须认真考虑同义词、翻译词、同音词、同形词、同素词、褒义词、贬义词、外来词、古语词、行业语、熟语等的用法。

从语法的角度看,合乎语法是修辞的先决条件。口语和文章的气势、力量、情彩、跌宕等方面的沟通效果,要靠句式的选择和调整,靠句群的合理组织。例如遣词造句时,要讲究句子的长短,句子的整散与繁简,句子的常式与变式等。有时沟通效果很好的句子,看起来是不合语法的句子,却是借助修辞的超常特点进行加工的结果。

一般来讲,修辞在口头语言符号中的作用主要是具有简洁、活泼、自然的优势;修辞在书面语言符号中的作用主要是使表达显得严谨、周密、文雅,给人以语言的美感享受。

另外,修辞格的运用有许多可供选择的,人们十分熟悉的修辞种类,例如比喻、比拟、借代、夸张、反语、排比、对偶、设问、反问等,均应在沟通中合理运用。

## 五、阅读鉴赏力

阅读鉴赏能力这部分,应了解阅读的一般概念,经济管理类文体的多种阅读方法,如公文、合同、调查报告等,这在大学本科的经济应用写作课程里已经学过。

工商管理活动中与人沟通,必须具有运用经济学、管理学的相关理论对一切经济管理现象进行鉴别和评价的能力。努力学习相关理论,也就是培养自我沟通能力。有关经济管理的理论和鉴赏标准,在相关著作里,已经阐述得很清楚了。

但是,任何一种沟通形式中,都不可能是仅谈管理问题的。信息传播者与信息受传者相互之间,自然而然地要对社会各种问题进行探讨,以寻找共同的情趣,加深感情,增强友谊。而孤陋寡闻的沟通对象,肯定是不受人欢迎的。对文学艺术的鉴赏能力的提高,也是管理者和商务工作者自我沟通的内容之一。平时,对即使是管理和商务以外的问题，如文学艺术的诸多问题，也要常常问自己："我怎样看待的？我应该怎样评价？"

尤其是加入 WTO 后，与外商进行跨文化沟通的机会日益频繁，我们应该了解西方的文学艺术作品，并具有鉴赏能力。而人家对打开国门的神秘中国兴致盎然，沟通过程中，自然要谈及中国的文学艺术。因为中华民族有绵延不断的五千年文明史，与古代埃及、印度、巴比伦并称为四大文明古国。中华文明源远流长，博大精深，虽经历磨难，却经久不衰，在世界上，在历史的长河里，显示出强大的生命力、创造力和凝聚力。

中国文学艺术，蕴含着深邃的思想、高度的智慧和富于个性的人生态度，以及具有民族特色的高尚情操。作为经济管理战线上工作的中国人，应该具有在中华文明与世界文明相切合的大背景下，对文学艺术现象作综合考察，博观约取，由点及面，贯通古今，进行公允、平和，寓思想性于知识性艺术性之中的介绍和评价。对中国文学艺术的鉴赏，是对美的鉴赏，是民族自豪感和自信心的表现。

文学艺术的鉴赏，虽有不同的欣赏角度，却有其大致相同的评价标准。我们可以从本质论，即文学艺术的审美意识形态、审美价值角度鉴赏，可以从接受论，即信息受传者对文学艺术的消费和对文学艺术的鉴赏角度来评价。

下面我们主要从三方面入手研究评价标准：第一是文本论，即对文学艺术作品本身进行鉴赏，把文本本身作为艺术来研究；第二是发展论，从文学艺术的起源、发展的角度来研究；第三是创作论，从文艺思潮与创作方法来研究。

（一）文本论

对文学艺术作品本身进行鉴赏，把文本本身作为艺术来研究，可以从文学艺术作品表现的形象、意向和意境，以及形象的品级——形象与典型等问题来研究。

1. 形象

形象是指文学艺术作品构造的具有审美倾向的形态或情景，如人物、画面、声音、景象、氛围或情感意绪等，是创作者审美意识的物化形态。

此外，形象还指花草树木，日月星辰等自然景象，以及人物活动的社会环境。艺术家们所处理的不是抽象的思想与一般原则，而是活的形象，思想就在其中显现。贝多芬说："当我作曲时，在我的思想中总有一幅画，并且让我按照这幅画去工作。"

人们通过对文学艺术形象的感性和理性的审美观照来体验、认识生活和确证人自身的本性、本质。人们对形象的爱憎、喜怒、哀乐等，就是感受形象的审美属性。对所看到的形象的判断，无论是美是丑，都显示创作者和鉴赏者的审美意识，即审美的感觉、情趣、理想。作品审美价值的高低与艺术感染力的大小，取决于形象的塑造。

对形象的鉴赏标准，首先是看其是否具有具体的可感性，能否给人如见其人、如闻其声、如临其境、如触其物的感觉，能否让人在不知不觉中从作品的形象体验各种人生的境界、生命的况味。例如唐代诗人李贺《雁门太守行》的"黑云压城城欲摧"那临战气氛；当代画家罗中立的油画《父亲》，让我们看到了劳动者的饱经风霜、质朴刚毅；徐悲鸿画那奋扬四蹄，腾空疾飞的马，给人生命力的振奋张驰和审美的愉悦。这些作品形象及其蕴含的审美情趣均可感可触。

其次，对形象的鉴赏标准，是看形象的艺术概括性。看形象是否具有普遍性，是否对生活本质的概括，是否具有个性和共性的典型。

2. 意象和意境

"意"指思想、观念、情感、情趣；"象"指作品对审美对象的具体描绘，所表现的具体物象；"境"是审美的空间，指所描绘的实景实象，及其描绘所引发的产生于实景实象之外的广阔的艺术空间。“意象”和“意境”是指对具体审美物象和情景的具体描绘，及其所暗示的广阔深邃的艺术空间和思想、观念、情感、情趣，以及所诱发想象和思索的艺术境界。即是说，是描绘的具体形象与情思的交融，是实与虚的交融，是象外之象，景外之境，韵外之致，味外之旨。

例如后唐五代词人温庭筠的“鸡声茅店月，人迹板桥霜”，鸡声、茅店、月光、人迹、板桥、霜冻六种“象”与“境”的并列组合，显示了早行旅客在荒凉乡村道路上清晨踏霜而行的情景，表现了道路辛苦，羁愁旅思的绵绵不尽的意绪，意境美丽动人，同时又借奔波游子反映了这个特定时代的沉郁气息。元代散曲作家马致远的小令《天净沙·秋思》意境与其相似，取得同样的艺术效果。

中国绘画传统，其“意象”和“意境”，讲究“形神兼备”，重在抒发主体精神，强调“外师造化，中得心源”，以对客观事物的观察与把握，由表及里，强调对绘画所展示的精神特征的理解，主张将画家的主观精神，如修养、品德、性格等与客观世界相融合，从而创造出具有深刻内涵的美的形象和境界。中国绘画积累了丰富的区别于西方绘画的种种技法，如毛笔的皴擦、点染，运用线描或色、墨的变化来表达形神，并且将诗、书、画、印结合在一起，富于独特的东方韵味。

企业产品的形象所表现的意境、意象，所抒发的主体精神，作为管理者，应该能够进行很准确的解读。例如，产品表达的和平、奋进、团结等等，都应该能够进行诠释。

3. 内容与形式

对作品内容的鉴赏，可以从作品的题材、主题、意蕴、情致等角度评价；对形式的鉴赏，可以从作品的体裁、结构、风格、表现手法等角度评价。这几个问题，尤其是内容的问题，在前面的表达力部分，已经进行了阐述。现在可以从体裁和风格角度来研究对作品的鉴赏问题。

(1)风格与流派

风格是作家和艺术家在其一系列作品中在题材、内容、形式等方面所表现出来的较为稳定的、一贯的审美特征。是其独特精神个性、审美情感、个性气质和艺术才能的体现。我国宋代文学家苏轼说:“文如其人”,法国作家布封说:“风格即人。”这说明风格具有独特性和鲜明的新颖性。

对风格的鉴赏,实际上是对创作者所处的时代背景和他的生活经历、文化教养、个性气质、审美情趣和艺术才能的研究。例如李白蔑视权贵的铮铮傲骨、追求自由的理想、对超凡脱俗的仙家世界的向往,与他的个人经历和佛道文化对他的思想影响有密切关系。曹雪芹创作的《红楼梦》与他的个人身世紧紧相连。而李白的狂放不羁,丰富想象,与盛唐那充满活力的时代相连。杜甫的沉郁顿挫与唐帝国由盛而衰的环境分不开。

流派指一定历史时期里,作家和艺术家在创作实践中自觉或不自觉地结合在一起,而形成的思想倾向、创作见解、审美趣味和创作风格较为接近的创作群体。中外文艺史上就产生过众多的流派,如欧洲文学史上的古典主义文学流派,自然主义文学流派,我国唐代以王维、孟浩然为代表的山水田园诗派,以高适、岑参为代表的边塞诗派等。

例如我国宋代的苏轼、辛弃疾为代表的豪放派,其风格如“关西大汉,执铁板,唱大江东去”。其创作视野较为广阔,气象恢弘雄放,喜欢用诗文的手法和句法来写词,语言宏博,叙事较多,不拘守音律,具有悲壮、慷慨和高亢的特点。

婉约派的李煜、晏殊、欧阳修、柳永、秦观、周邦彦、李清照等虽各具风韵,自成一家,但全都具有含蓄、宛转和柔美的风格。如“十七八女孩儿执红牙拍板,唱杨柳岸晓风残月”。其内容比较狭窄,侧重儿女风情,离愁别绪,闺情绮怨。结构缜密,音律宛转和谐,语言圆润清丽,有一种柔婉之美。

(2)体裁

因为历史的地域的种种原因及其发展演变而形成的作品的不同样式,被称为体裁。

文学体裁:欧洲将文学体裁分为抒情作品、戏剧作品、叙事作品,取三分法。我国古代文学作品分为韵文和散文两大类。“五四”以后,我国按四分法进行文体分类,即分为诗歌、小说、戏剧、散文。

诗歌应该最集中地反映生活,感情强烈奔放,想象丰富,语言精练,富于表现力,音韵和谐,具有音乐美。诗歌可分为抒情诗、叙事诗。

小说要通过多方面细致地刻画人物、完整曲折的故事情节和具体复杂的环境描写来反映现实生活。可分为长篇小说、中篇小说、短篇小说、微型小说等。

影视、戏剧要以各种矛盾构成的戏剧冲突推动剧情发展,语言要求个性化、动作化,且具有留给观众想象的潜台词,是将文学、美术、音乐、舞蹈、摄影等融合在一起的综合艺术。可分为悲剧、喜剧、正剧,还可分为话剧、格局、舞剧、歌舞剧、诗剧、哑剧、相声剧等,至于不同的地域还有不同剧种。

散文讲究形散神不散,题材广泛、形式灵活、真实自然、富于意境和文采。是以作者的所见所闻所感来表现思想感情或联想,以及所受到的感动和启发。散文有杂文、报告文学、传记文学、游记等。

音乐体裁:音乐作品的体裁大体上可以概括为声乐、器乐和戏剧音乐三大类,其中各类还可细分。例如器乐类,分为即兴性体裁(幻想曲、前奏曲、托卡塔等)和复调性体裁(创意曲等),以及套曲体裁(组曲、奏鸣曲、室内乐、协奏曲等)。近代交响乐队演奏的管弦乐作品,总称为交响音乐,包括音乐会序曲、交响曲、交响组曲、交响诗等。声乐类有独唱、重唱、合唱、康塔塔、清唱剧等;戏剧音乐类有歌剧、舞剧、话剧配乐等。中国传统的民族民间音乐一般分为民歌、曲艺音乐、歌舞音乐、戏曲音乐和器乐5大类。其中每一类还可分为较小的体裁。如民歌中有山歌、号子、小调;曲艺中有弹词、大鼓、牌子曲等;歌舞中有采茶、花灯、秧歌等;戏曲中有昆曲、高腔、梆子、皮黄等;器乐中有丝竹、吹打、弦索等。

绘画体裁:从艺术体系来分,大体可分为以中国画为代表的东方绘画和以欧洲绘画为代表的西方绘画。表现在材料工具、观察方法、表现手段的差别。西方绘画的传统方式是油画。一般以具象摹写再现客观物象为基础,重视透视、明暗、投影、色调、结构的安排。

中西方绘画彼此的借鉴、交流,均可根据材料工具分为水墨画、油画、版画、壁画、水彩画、水粉画、素描等。许多画种还可细分,如版画有木刻、铜版、石版、胶版、丝网版等;中国画又有写意、工笔、兼工带写等样式;油画可分无光和有光;壁画则除传统湿壁画、镶嵌画外,还发展为材料和技术各异的各种新型壁画。

绘画还可根据题材内容和社会作用区分为:人物画(以人物为主,描绘具体人物则称肖像画)、风俗画(以社会生活风貌为题材)、宣传画(以宣传为目的的招贴画)、宗教画(以宗教教义及故事为题材)、漫画(以讽刺幽默为特征)、军事画(以战争事件及军事活动为题材)、历史画(以历史事件、故事及传说为内容)、年画(中国特有的专为喜庆活动、春节绘制的画)。

根据画面形式和体裁,绘画又可区分为独幅画、架上画、组画、连环画和插图等。

(二)发展论

鉴赏时,我们可以从文学艺术的起源,文学艺术发展及其与社会经济、政治、意识形态,社会心理和文化氛围的关系,发展中的继承与革新,发展中与各民族与各国的交融和相互影响,以及发展的过程等方面进行研究和沟通表述。

例如我国小说,其发展经历了6个阶段:远古时期的神话传说,如《夏禹治水》、《后弈射日》等;魏晋南北朝时期的志怪小说,如《搜神记》、《世说新语》等;唐代传奇,如《李娃传》、《柳毅传书》等;宋代元代的话本,如被称为三言的《喻世明言》、《警世通言》、《醒世恒言》,被称为二拍的《初刻拍案惊奇》、《二刻拍案惊奇》等;明代清代的章回体小说,如《水浒》、《西游记》、《红楼梦》等;然后才发展到现当代小说的各种样式。

绘画历史悠远,可上溯至原始社会。迄今发现最早的作品大约是1.5万年前旧石器时代晚期西班牙的阿尔塔米拉和法国拉斯科的原始洞窟壁画,其后的遗迹在世界各地均有发现。中国新疆、内蒙古、广西、云南等地亦发现新石器时代岩画。

人类几大文明发祥地最早出现的彩陶纹样,亦为绘画,古代美索不达米亚、爱琴文化的克里特岛,均出现过绘有几何或动植物纹样的原始彩陶。中国的仰韶文化与马家窑文化的彩陶出现了几何形纹、鱼、鹿、人面形甚至人形纹,为彩陶中罕见。公元前6～前5世纪希腊陶瓶则有黑绘、红绘两种式样。

人类出现阶级和国家后,宫廷、神殿、寺庙、陵墓等处,普遍出现装饰性壁画,成为古代社会中绘画的主要形式,在古埃及墓穴和神庙中,古巴比伦、古亚述的宫殿中均出现颂扬权威,表现生活、战争场面的壁画。中国古代历朝宫殿厅堂多装饰壁画,以文武功臣、祥瑞、奇禽异兽、山川景物为内容;至于墓室壁画,汉唐最盛;另外,石窟、佛寺、道观亦常绘壁画,如敦煌莫高窟、永乐宫、兴化寺、法海寺等存有大量壁画。古印度、古代美洲也遗存壁画至今。迄今所知欧洲最早的壁画为公元前20～前17世纪克里特的克诺索斯宫墙壁画。到中世纪和文艺复兴时代,欧洲壁画大盛,最负盛名的为米开朗琪罗所绘西斯廷教堂天顶画。现代壁画则品类繁多。

除壁画外，独立的绘画作品中国主要为卷轴画，历千年不衰。欧洲在 15 世纪以前，非壁画的绘画有祭坛拼板画，在木板、皮革上绘以耶稣受难图等，置于祭坛。希腊、罗马、伊朗则流行手抄书插图性质的细密画。出现以刀在木板上刻画，再以纸拓印的最早的版画，中国唐代即有，元明发展迅速。欧洲中世纪为印刷《圣经》亦出现版画。15 世纪德国画家丢勒将文艺复兴的科学成果，如人体解剖学、透视法运用于木版画；15 ~ 16 世纪，欧洲流行铜版画，在以铜为主的金属材料版面上干刻或腐蚀；18 世纪末又出现石版或铅版绘制的石版画。另外还有麻胶版画、丝网版画等。

约从 13 世纪起，欧洲许多画家在湿壁画和蛋彩画的基础上，逐渐发展形成为油画。它能表达出丰富的色彩效果，又能塑造形象的层次、质感和肌理，故而成为西方绘画中的主要画种。另外类似油画的还有水彩画，18 世纪在英国发展成独立画种。到 19 世纪印象主义后，则在强调主观、自我、形式方面大胆突破传统写实的束缚，直至 20 世纪，从强调形式到否定形式，从具象到抽象，流派纷呈。

(三)创作论

我们可以从文学艺术创作的过程、创作的思维方式和心理特征，以及创作方法的角度进行鉴赏。

例如对绘画的创作鉴赏。相对于其他艺术门类而言，绘画是依赖视觉在平面上感受和欣赏的造型艺术。画家以形、色、光、线条等绘画的造型要素来捕捉最富启发性和感染力的瞬间形象，并提炼、升华这个形象所展示的精神境界，使之超越相对静止的时空，从而达到深广的艺术境界。

古今中外画家的各种流派，在内容和形式上，有的重视绘画的社会功能和教化作用，要求作品表现一定的哲理、信仰、伦理道德观念等;有的则强调绘画的审美作用,以美感为最高境界,追求完美的形式技巧;在主客体关系上,有的恪守客观对象的形与质,有的则强调表现画家的主观精神。不同的画家,在现实、理想、写实、写意、具象、抽象、形似、神似,或神形兼备等等各个方面,各自的侧重点不同。从创作方法来说,有现实主义、浪漫主义、现代主义、后现代主义等主要派别。这种创作方法,表现在各种文学艺术作品中。

中国的文学艺术几千年来的传统创作方法是现实主义和浪漫主义。现实主义的创作原则是按客观世界固有的样式写典型环境中的典型人物;浪漫主义的创作原则是按生活应有的样式和理想化的原则描写理想形象,在虚构的环境里大量运用夸张想象手法。

例如施耐庵的《水浒》,李逵是一股扫荡腐朽黑暗势力的旋风,有鲜明的个性,同时具有许多农民义军的共性。这典型是本来的生活样式,现实中农民义军就是这样子。而吴承恩的《西游记》中的孙悟空,同样是一股扫荡腐朽黑暗势力的旋风,却能上捣天宫,下闹龙宫,一个筋斗十万八千里,一根金箍棒十万八千斤,这是理想中的生活样式,不是生活中人本身的样式,并且手法上大量运用了夸张想象,那是作者理想中无所不能的人。因此《西游记》是浪漫主义的,《水浒》是现实主义的。

我国浪漫主义传统发展历史:我国远古神话是浪漫主义的源头;战国时代屈原诗篇是浪漫主义第一个高峰;与屈原同时代的庄子的哲理散文如寓言等,对浪漫主义传统有重要贡献;两汉到唐初,民间文人的创作发展了浪漫主义传统;汉魏六朝的乐府民歌中的一部分,以及曹植、阮籍、左思、陶渊明、鲍照的某些诗篇,以及六朝志怪小说,是对浪漫主义传统的丰富;盛唐李白诗歌,是浪漫主义传统的第二个高峰;中唐韩愈、孟郊吸取了李白的经验,李贺受到启发继承浪漫主义传统;宋代苏轼、辛弃疾的豪放词，受李白诗风和浪漫主义影响极大；宋代诗人苏舜钦、王令、苏轼、陆游，明清诗人高启、杨慎、龚自珍等都从李白诗吸取营养，继承浪漫主义传统。

我国现实主义发展历史：周代民歌（如《诗经》）是现实主义源头；两汉乐府民歌（如《陌上桑》、《东门行》等）发展了现实主义传统；建安时代的王灿、蔡琰等发扬了现实主义传统；建安后转入低潮；梁陈后，宫体诗盛行，脱离创作传统；初唐陈子昂倡导汉魏风骨，现实主义略有起色；中唐杜甫总结并发扬现实主义优良传统，把现实主义推向高峰；晚唐元稹、白居易受杜甫影响，趋向通俗化，但继承现实主义创作传统；宋代江西诗派及清代许多作品，继承了现实主义传统。

现实主义在发展过程中，流变为 17 世纪欧洲的古典主义，19 世纪欧洲的自然主义，20 世纪初前苏联的社会主义现实主义，20 世纪末期我国的新现实主义。

现代主义在发展过程中，流变为 19 世纪产生于法国的象征主义，20 世纪初期的表现主义，20 世纪 20 年代兴起的意识流小说，20 世纪 50 年代出现于法国的荒诞派戏剧。

由现实主义流变而成的古典主义，特征是：崇尚理性，要求克制个人愿望，服从国家利益；崇尚古典，题材多取于历史故事；追求艺术创作规范化，遵从“三一律”原则，即故事情节在同一地点发生，进行时间不超过一昼夜，表达一个主题。如我国曹禺的《雷雨》，时间没超过一昼夜，地点一直在周朴园家，一个主题是阶级斗争。再如莫里哀的《伪君子》也是如此。

现实主义流变而成的自然主义，特征是：实录生活，材料不加选择，与主题无关，如左拉写宴会场面，每个到场人说的废话都写进去，琐碎冗长；用生物学观点写人，解释人的行为动机，不从社会学角度揭示人的命运。

现实主义流变而成的社会主义现实主义，创作原则是要用社会主义精神教育人鼓舞人;历史地具体地描写现实;写作中可以加入革命的浪漫主义。这是1932年斯大林到高尔基家里召集的座谈会上定下的作家协会章程,我国至今仍在沿用。

现实主义流变而成的20世纪末期我国的新现实主义,与传统的现实主义不同。传统的现实主义认定真实有时是高度政治化、理念化的真实,甚至认为最高的真实存在于权威意识状态之中,不再是存在于自然之中,而是存在于"原则"之中,如党性原则等。而新现实主义则向真正的真实性、现象性、生活性、日常性敞开。其特征是:扩展题材领域,弱化政治性,认为法律允许范围内无禁区;基调冷峻理智;客观叙述为主,口号少。多为探讨经济体制转型期的精神空间和价值取向,描写这期间的心态和人性。

现代主义始于19世纪中期象征主义诗歌的兴起。20世纪两次世界大战的灾难使人们心态变异,陷入精神危机。在这种背景下,克尔凯郭尔的神秘主义,雅贝尔斯的存在主义,尼采的超人哲学,叔本华的悲观主义,柏格森的直觉主义,弗洛伊德的精神分析学等哲学思潮相继应运而生,适应了人们的失望、孤独、彷徨、苦闷、恐惧的心理。特征是:崇尚表现自我,相信自我;强调表现人物内心世界;追求奇特怪诞的表现形式,采用意识流手法,造成过去、现在和未来的时空错杂,心理与现实的糅合,呈现出无情节、无典型、无主题的反传统形态;重形式,轻内容。

现代主义流变而成的19世纪产生于法国的象征主义,在20世纪逐渐传到欧洲各国。特征是:表现现实的恶和自我心灵的美,认为客观世界是虚伎的、痛苦的、不可知的,只有主观世界才真实可信,因此,探求自己的灵魂;大量采用暗示、隐喻等象征手法;想象跳跃,结构怪异,造成晦涩神秘色彩。

现代主义流变而成的20世纪初的表现主义,重在内在实质,特征是:崇尚自我,揭示灵魂,认为自我是一切的中心,是自我创造现实,而不是现实创造自我,其间的人常常是一个抽象物,缺乏个性和特性,没有姓名,只用"老人"、"姑娘"、"绅士"、"妻子"等来称呼。表现主义认为形象的作用只是表达自我思想,情节只是人物的思想或幻想,而不是行动;追求离奇情节,奇特语言,炽烈情绪,表现夸张;语言奇怪,大量独白、旁白、潜台词,词语不连贯。

现代主义流变而成的意识流,主要表现在小说,欧洲20世纪20年代开始流行,我国80年代开始有人创作,如王蒙的《春之声》、《风筝飘带》,高行健的《野人》等。

意识流的特征是:专注于个人内心世界的描写,内心的非意识、潜意识,呈现出无规律、无逻辑、混乱错杂的混沌状态,人物思潮飘忽不定,极不连贯,梦幻、错觉、呓语、变态心理的描写,造成人物的非理性;以意识流动为安排结构的线索,以几个人意识的交错反映生活,或通过几个人的心理描写从不同角度表现同一件事。

现代主义流变而成的荒诞派,主要表现在戏剧,是20世纪50年代产生于法国的戏剧流派。特征是:表现内容的荒诞性,表现人生无意义,人与人的隔膜和悲哀,揭示人的荒诞感情;表现手法的反传统,支离破碎的结构,莫名其妙的形象,不完整的情节,人物性格单一,语言枯燥乏味,语无伦次,结构无头无尾。我国20世纪90年代魏明伦的《潘金莲》就是如此。

后现代主义产生于二战后的北欧和西欧,比现代主义稍晚。特征是:虚构的随意性,完全胡编乱造;无主题,情节颠倒,结构拼贴,宣泄个人感情,拒绝承担道德责任;反传统、反文化、反语法,醉心于语言游戏,甚至取消标点符号;用个人方式改写、重写、戏写历史,表现人格异化,人性矮化、非人化、排斥理性,依赖直觉,表现潜意识,甚至性心理。20世纪80~90年代传入我国的所谓先锋派小说,如马原的《冈底斯诱惑》、《西海无帆船》,格非的《褐色鸟群》,以及王朔的调侃文学等,反传统,不遵循既有的创作规则,主张无使命感,无约束,无模式地自由写作。

另外,我们还可以从信息受传者接受信息,即对文学艺术的消费和对文学艺术的鉴赏角度来评价。作品的审美价值的生产与思想过程,包括产品的生产、传播、消费几个最基本的环节。作品的消费包括鉴赏。鉴赏是消费的高级形式。

# 第六章　工商管理中的人际沟通

## 第一节　人际沟通理论

管理过程和商务活动实质上是人与人之间的交往活动,有人与人的交往就有为达到信息沟通目的而进行的人际信息传播,人际信息沟通随人类社会的产生而产生。个人借助语言符号及非语言符号,就可以进入人际信息沟通。其沟通过程就是分享信息符号并借助符号流动信息的过程。人与人之间为着某一目的而进行的沟通过程,是个人之间的信息符号互动。

### 一、人际沟通的特性与功能

(一)人际沟通的概念和特征

1. 人际沟通的概念

人际沟通的界定在学术界意见有分歧。一部分学者认为人际沟通即是大众传播、大众沟通。这实际上是传播者和受传者的属类和沟通方式问题的论争。

美国传播学者约翰·斯图尔在著作《桥,不是墙》中说:“人际沟通是两个或者更多的人愿意,并能够作为人相遇,发挥他们那些独一无二的不可测量的特性选择反思和言语能力,同时意识到其他的在者,并与人发生共鸣时所出现的那种交往方式、交往类型或交往质量。"

英国传播学者哈特利认为:"人际沟通是一个个体向另一个个体的信息传播,双方是面对面的。沟通方式能反映个体的个性特征和社会角色及其关系。"

美国与英国人际沟通学者各执己见。

我们认为:人际沟通是两个人面对面地直接进行信息传播,或借助如信件、电报、电话等简单传播工具进行信息传播的沟通的活动,是人个体与个体之间面对面地进行信息交流的行为。

2. 人际沟通的特征

(1)信息传播者与信息受传者都是确定的个人

因为信息传播者和信息受传者是面对面的,双方身份都是确定的,都是个人,是确定的个人之间的符号互动。人向水里扔石头,水溅起浪花,发出声响,给人视觉上浪花的形象和听觉上的关于这个行动所引起的声响,以及关于水的深度等各种信息。这个信息传递活动中,人是主动的,但作为环境的水却是被动的,仍然是自我信息传播,自我沟通。人际沟通不属个人大脑内进行信息活动的自我传播和沟通,也不是组织行为,双方都是有主动行为的人,都试图主动影响他人,同时也在受他人影响。人际沟通双方相互都明白自己在和谁沟通,目的是什么,在什么地方,通过什么形式,沟通的全部内容是什么,沟通的过程怎样,沟通结果如何。

例如,公司经理在办公室与某个员工谈话,研究工作上的问题,某个老师与某个学生单独研究学术问题,这两者虽然都是组织行为,但这是两个人面对面的个人之间的信息流动,仍然是人际沟通。而某个管理人员在会上讲话,某个教师在课堂上面向全班学生讲课,这就是在进行组织沟通了,因为信息受传者不是一个人,而是一个群体。某个企业向社会作广告,某个作家或画家或音乐家的作品向社会发表了,他并不知道信息受传者具体是谁,也不知道共有多少个受传者,那是大众沟通。但当某个读者或观者或听者打电话找那个作家或画家或音乐家谈论问题时,例如说"你的绘画很吸引人","你的作品真是美极了","你的作品太令我感动了"等等,是确定的双方个人之间面对面的信息符号的互动,因此,这就成为人际沟通了。当然,某人根本不关心他人的信息,也没任何信息传播出去,呆立于前,漠然置之,很难沟通,简直算不上沟通活动,但他的情态,作为非语言符号,也是在传递一种信息,也算人际沟通活动,只不过是沟通绩效很难评估而已。

(2)信息反馈迅速

无论是面对面,还是借助电话等简单工具对话,无论是使用语言符号,还是使用非语言符号,人际沟通都不依赖传播媒介作中介物。因为没有中间媒介介入,反馈的速度和数量受制约较少。因此,能迅速得到对方的信息反馈意见。

并且,人际沟通要大量使用非语言符号,可以直接表达信息传播者的好恶、情绪或个性特征,也可以及时获取对方的信息以及对方对自己传播的信息的反馈。同时,人际沟通是全方位展示个人的面貌以及个人传播的信息,可以直接刺激各种感官。信息不需要加工、改造,不借助第三方的传播媒介,能够及时传递信息。

人际沟通传播的信息准确,有效性强。如果我们从一个人,一个行动,一本书,一幅画,一首歌,一座建筑,得到某种观念、感觉,那是一种广义的信息传播,信息传播者与受传者双方理解的意义不能直接进行交流,信息传播者所想传播的和信息受传者实际获取的信息差异较大,有效性较弱。但是,人际沟通是面对面的信息互动,是面对面的分享感觉与观念,输出的信息相对其他沟通形式更充分、更真实、更具体、更全面和有益。并且信息传播的范围可以直接控制,可以不公开,信息直接到达,未经中介加工整理改造,无加油添醋,无人工斧凿,因此,信息的有效性强。

(3)沟通方式与内容的随意性大

沟通过程中,因为信息传播者与信息受传者的位置可以经常互换,传播的内容和传播的方式也可以根据现实情景随时作调整和补充,甚至改变,所以,沟通方式与内容随意性较大。信息传播者与信息受传者所使用的符号有差异,人品有差异,理解程度有差异,因此,信息传播的覆盖面窄,大多留于记忆,信息容易增值或变形,“小道消息”就常常因“事出有因,查无实据”而不了了之,但其造成的后果却难以估计。

根据有关研究统计,第一个信息中介人将信息传给另一个人,信息量只有原来的70%,第二个信息中介人将信息再传给下一个人,信息量只有原来的55%,第三个信息中介人将信息再传给下一个人,信息量只有原来的30%。因此,人际沟通的沟通方式与内容的随意性大,这是不足之处。

(二)人际沟通的目的和类型

善于人际沟通,就能对纷繁复杂的社会生活应付自如。人际沟通是人类生存发展最基本的形式。早在战国时期,思想家、文学家荀况就在《荀子》中说:“人,力不若牛,走不若马,而牛马为之用,何也?曰:人能群,彼不能群也。”因为人能凭借语言符号相互表情达意,传递信息,沟通思想,统一认识和行为,才有了无穷力量去征服自然,改造自然,掌握驾驭自然。进行人际沟通的目的因人而异:有人为了控制环境,塑造自我形象,有人为了满足自身或组织需要,也有人为了避免某种麻烦或灾难。凡此种种,举不胜举。我们可以结合沟通理论研究人际沟通的目的。

1. 人际沟通的目的

人际沟通的目的研究,主要是关于自我“暴露与满足”问题的研究。这个问题,国际上比较一致的看法是趋向于“约哈里之窗”

(Johari)的表述。

传播学者哈里顿·英格拉姆(Harrington Ingram)和约瑟夫·鲁夫特(Joseph Luft)曾提出一个模型来介绍关于人际沟通中自我暴露和相互了解的基本观点。即"约哈里之窗"(Johari)。如表6-1约哈里之窗:

**表6-1　约哈里之窗**

| 自己 / 他人 | 自知信息 | 自不知信息 |
|---|---|---|
| 他知信息 | 开放区 | 盲目区 |
| 他不知信息 | 隐秘区 | 未知区 |

开放区域:代表所有自己知道,他人也知道的信息。例如"我"的行为、举止、外貌、兴趣、爱好、思想、情趣、性格、价值观、人生观等等,以及其他关于我的背景资料如姓名、性别、年龄、籍贯、职业、婚姻状况,甚至感情经历等。开放区因人、因时、因地、因条件而异。一般来说,开放区取决于沟通对象与"我"的亲密程度和信任程度。

盲目区域:代表关于自我的他人知道而自己却不知道的信息。如沟通时的神态、偏见,他人对自己的评价,他人对自己信息掌握的情况和将要对自己采取的行动,及其由此而产生的后果等。一个人常常看不到自己的优缺点,弄不清真实的处境,而旁观者却一目了然。所谓当局者迷,旁观者清,就是指当事者处于信息的盲目区域。

隐秘区域:代表自己知道,而他人不知道的信息。这些信息有的是知识性的,有的是经验性的,有的是自己不愿意告诉别人的隐秘事项,或秘密的思想、愿望和打算等。即所谓"天知、地知、我知"的信息。

未知区域:自己不知道,他人也不知道的信息。这是一个极不容易观察到的信息区域,如人的潜意识、潜在需要等。

"约哈里之窗"揭示的实质问题,就是人际沟通的目的:

其一,为了提高人际沟通的绩效,应该扩大开放区,缩小盲目区,努力揭示未知区:

其二,人际信息沟通的主要目的,就是要把他人所不知道的信息传递给他人,并通过这种自我暴露,获得关于自我反馈的信息,让别人了解自己,使自己了解别人。同时也加深对自我的了解,增加自知之明,以促进良好的人际关系发展。

例如在入党过程中,入党积极分子被要求经常性地、长期性地,向自己的介绍人、党支部成员和领导汇报思想,经常性地参加积极分子座谈会,参加党校党课学习,都是为了通过有效沟通,使党组织了解自己,使自己对党组织有更深的认识,扩大开放区,缩小盲目区。

2. 人际沟通的类型

根据人际间信息沟通的协调矛盾目的,建立感情目的,人际沟通活动的类型可以概括为功利型人际沟通和情感型人际沟通两种类型。

(1)功利型人际沟通

功利型人际沟通将人际信息传播作为一种手段和工具,以寻求经济利益的功利型的结果或目的,有明确的目标或意向,有计划、有步骤地进行,是有意识的商业行为。为了达到这个目的,常常要有目的地进行人际关系协调。

这常常是为着完成任务的需要,例如与上级、下属、合作者之间的沟通。这是由人的社会属性决定的。因为激烈的企业之间和人与人之间的竞争使人性日趋复杂化。群体中有期望争取最大的经济利益,获得最好的经济报酬的经济人;有重视人际关系的社会作用,重视非正式群体的影响力的社会人;有不单纯为着经济利益、社会利益,也看重现实生活中的多种动机的复杂人;有为着个人价值的实现,个人动机的实现,为着信念、理想和世界观而奋斗于动力圈者。为着上述功利型的目的,大家争相选择人际沟通,目的是尽量争取扩大信息开放区,缩小信息盲目区,努力揭示信息的未知区,更是为着协调工作中、业务上和生活里的各种矛盾冲突。

如果把利益看做是目标,那么,竞争与合作就是实现目标的手段。社会心理学将人的利益关系分为三种:由于资源有限,满足了一方需要,就不能满足另一方需要,即彼此利益相互排斥的分歧利益;双方利益可以同时满足或同时不满足的一致利益;彼此利益一部分一致,而一部分则排斥的交叉利益。人们常常为获得这些利益而发生冲突,而进行信息沟通。功利型人际沟通在商务沟通活动中较为普遍。

(2)情感型人际沟通

情感型人际沟通对人际商务信息和管理信息的传播不止在于传播形式以外的功利性或实用目的性,而且在于信息传播行为的本身,以及通过这种沟通行为而达到的传播者与受传者个人情感的需要和满足,以及双方单位的联系、友谊和合作。这种沟通行为是在有意和无意之间,而且常常是无意识的行为,有时甚至是下意识行为。

选择情感型人际沟通活动是由于人的本能需要,人的合群本能,寻求伙伴以及与他人集合,这是人的自然属性。因此,其间有出于个人如爱、孤独、忧伤、恐惧等情绪宣泄需要的;有为满足安全、亲和、荣誉、地位、新奇等愿望需要的;有在客我与自我认知中,为自我认识与自我表露需要的。

这就涉及到了自我表露及其评价尺度问题。虽然自我表露是人自我认知的途径,可以导致更有效的信息传播,但并不意味着要把自己对别人全面开放,表露要有“度”的把握,同时要遵循一些规律性的东西。

自我表露有如下原则：

程度原则

程度原则之沟通应由浅入深，深到不会给自己带来危险。自我表露是一种投资，也是一种冒险。浅层次表露如自己的兴趣、爱好，对一种文学艺术作品的评价等等；深层次表露如对自己的年龄、收入、身体健康状况、住址、家庭状况等个人隐私的表露。深层次表露必须考虑是否会给自己带来危险，首先要有自我保护意识。自我深层次表露的对象，一般以亲近，值得信赖的人为宜。有时双方关系虽不深的，仍应主动沟通，寻求关系的发展。素不相识的，应主动接近，进行一般交往。沟通过程中，内容性质要把握住。无论对谁，都不能透露公司的机密，不能开放公司隐秘区，个人隐秘区也最好少开放。

对等原则

对等原则指沟通应有信息回报。

沟通双方要有共鸣、有反馈，投桃报李，互有往来。双方表露的信息量应成正比。人家对你无拘无束，你也应畅所欲言；对方遮遮掩掩，你也应小心翼翼。若对方只想刨根问底挖你的底细，他自己却假仁假义，把自己隐藏起来，你不必和他交心，因为无法沟通。只有自我表露与对方处于相同水平时，才会使对方产生好感。

例如个人经历、身世、情感状况等较隐秘的信息，一般是不轻易告诉别人的，如果对方告诉了你，就是信任你，你应该尊重这种信任，并报以同样的信任和真诚。但对陌生人过分表露，是不善于控制情绪，不善于沟通的现象。例如出差在外，车上、船上、飞机上，对那些素昧平生的人掏心掏肺地表露，简直是一种发泄，毫无意义，浪费别人的时间也浪费自己的时间，人家也会感到莫名其妙，不知所措，甚至还会因此轻视你。

性质原则

性质原则指表露性质分积极表露与消极表露。

表露性质及其过程一般应是:积极——中性——消极,这种过程容易为沟通对象接受。

积极表露是赞扬自己,但过于积极赞扬自己或自己的工作部门,会使人觉得你骄傲自大,目中无人;消极表露是批评自己,但过多地说自己或自己的工作部门不好,会使人不愉快,甚至会给人带来意想不到的麻烦。

## 二、信息沟通与人际关系

### (一)人际关系分析

基本人际关系类型:

1. 包容——排斥

主动与他人来往,期待别人接纳。期望建立并维持和谐关系,表现为交往、参与、沟通、融合;反之,拒绝和谐关系的,则表现为孤立、退缩、排斥、疏远等。

2. 控制——追随

支配他人,在权力基础上与别人建立并维持关系。表现为运用权力控制、支配、领导他人;与之相反的人际反应特质则是抗拒权威,忽视秩序,或受人支配,追随他人,期待别人引导自己。控制需求并非管理者才有,一般员工也会具有这种特质。

3. 喜爱——憎恨

感情上对他人表示亲密,期待别人对自己表示亲密。其行为特质表现为喜爱、亲密、热情、同情等;与这种动机相反的人则表现为憎恨、冷漠、厌恶等。

### (二)建立人际关系的条件

1. 外表——外表吸引人,容易为人喜欢,容易建立良好的人际关系。

2. 态度——相同的价值取向,容易引起对方的支持和共鸣。共同点使关系巩固,容易促进交往,容易建立业务关系。

3. 需求——彼此需求的互补和满足。经济利益增强作用的满足,彼此心理特性的互补与满足,彼此公司或工作部门业务需求的互补和满足。

4. 情感——对对方或对方公司或对方业务员的认同、信任、热爱、敬佩等情感促进相互接近性,交往频率性有所增强。

(三)人际沟通的效应

1. 社会认知效应

社会认知也称人际知觉,是指个人与他人交往接触时,推测他人心理状态、动机和意向的过程。由于社会心理规律,人们在信息符号互动的过程中,产生一种有共性的反映。具体如:首因效应与近因效应,晕轮效应,定式效应,社会刻板效应等。

首因效应指人际沟通中,重视前面的信息,"先入为主",并据此对别人下判断,而形成印象后,以后的信息就显得不是那么重要了。例如年龄、性别,以及表情、身材、姿态、服饰等非语言符号所给予的综合印象。

近因效应指人际沟通时根据所得材料对沟通对象产生的印象中,比较重视最新材料而形成的印象。

晕轮效应指对沟通对象的认知判断产生偏差的倾向。当对某人的品质形成印象后,就会认为这人的一切都是这样的(一切都好,或一切都坏)。这晕轮就像月亮周围的大光环是月亮的扩大一样。

定式效应指人们头脑里存在着关于某一类的固定形象。但与某人沟通并对某人认知时常按照事物的外部特征对他们进行归类,从而产生定式势效应。

社会刻板效应指对某种类型的人持固有看法,并以此作为判断其人格依据的反应。这容易产生偏差,成为人际正常沟通的障碍。虽然并非恶意,但是一种对世界认识的过于简化。

2. 人际关系发展效应

人际信息传播,达到沟通效应,使人际关系良性发展过程是分阶段组建进行的。主要有如下几个阶段:

注意阶段—吸引阶段—适应阶段—依附阶段—稳定阶段。

注意阶段,沟通者有着与其他人不同的某种特征会引起沟通对象的注意,这是人际沟通的开端。例如挪向对方,身体靠近些,目光一直追随对方,或主动打手势、致意,主动无话找话说,无事找事联系等。

吸引阶段,沟通者对对方有吸引力,促使对方产生愿意交谈,希望接近的愿望。

吸引的因素很多,如外貌吸引,据说美国社会心理学家曾经安排被测试人作法官,这"法官"对相同盗窃犯罪者的判决结果是,外貌不漂亮的平均被判刑 5.2 年,而漂亮的平均被判刑 2.8 年。又如熟识吸引,信息交流越多,沟通次数越多,关系越和谐。再如能力吸引,反应力快、比较聪明的人,容易受到沟通对象尊重、敬仰。另外还如个性品质吸引,沟通者喜欢真诚、热情、友好的人,讨厌自私、奸诈、虚伪、冷酷的人。人际沟通活动中,最容易妨碍吸引的个性品质是虚伪、自私、不尊重人、忌妒心强、报复心强、猜忌心重、苛求于人、能力差、反应力慢、过分自卑、过分畏缩、骄傲自满、孤独固执。

适应阶段,接受对方信息和输出自我信息,接受并同化对方个性行为,取得一致的认知。

依附阶段,已经是亲密的沟通伙伴,思想意念上依附对方,一有问题就想找对方沟通,总想听取对方看法。

稳定阶段,稳定的沟通关系是,能轻松愉快地实现信息共享,双方都能从沟通中获得一定的利益和感情的满足。

人际信息传播未达到沟通效应,个人的某种企图没有得到满足，就会使人际关系恶性发展，其过程是：

漠视阶段—冷漠阶段—疏远阶段—分离阶段。这是任何管理者或任何员工都不希望发生的事情。

漠视阶段是对对方没有兴趣，很冷漠，不在乎对方，漠视对方的存在，不理睬对方，不想与对方打招呼。

冷漠阶段是即使对方主动打招呼，主动微笑，也不愿意给予相同的回报，旁若无人，漠然置之。

疏远阶段是明确提出不再交往，别来纠缠，表示没有必要来往，结束来往关系。

分离阶段是人际关系恶化的最后阶段。无任何语言以及非语言的表示，或者面部表情消极，空间距离上相隔很远，时间距离上永不交往。

## 三、人际行为与人格状态

美国心理学家人际关系分析学创始人埃因克·伯恩内(Eric Berne)基于大量临床心理咨询治疗研究，提出了“相互作用分析”(TA)，得到广泛应用，尤其用于人际关系分析法。

按人际关系分析法理论，人际沟通的过程中，信息传播者与信息受传者双方的心理特征直接制约沟通效果。这常常与年龄无关，却又是以年龄为表现形式。人们与人相处，有时表现得像一个儿童，有时像一个成人，有时像一个父母。无论某个时刻，人的表现必居其一。无论沟通者所使用的是语言符号还是非语言符号，都可能发生明显变化。这是不同的人格特征。

### (一)人格的三种状态

埃因克·伯恩内的TA分析用“父母”、“儿童”、“成人”来表述人格的三种不同状态。

1. “父母”自我人格状态

“父母”只有一个确定的大家公认的特定含义，但又是一个不确定的词。因为这个概念所表示的意义还含有某种权利、某种权威、某种力量。

“父母”自我人格状态的人格表现是“教诲”与“权威”，是使自己在人际沟通中处于一种绝对的统治的态度和行为。表现为喜欢居于统治地位，居高临下，发号施令，要求别人绝对服从，对人动不动就是命令、训斥、责骂，与人进行信息沟通时，展示出权威和优越感，待人就像父母对待子女一样。

“父母”被看做一种状态，也被看做一种影响力量。这种状态，直接影响管理者的管理行为，常常发生在管理者的“内部对话”之中，不少管理者对员工进行赞扬、指责、警告和惩罚时，把自己放在“父母”位置，他眼里的沟通对象，已经不是具有独立人格的员工，而是蹒跚学步的可以任意欺凌的、无力与之对抗的“儿童”。

“父母”自我状态下所使用的语言符号常常是含有指导、建议、评价性的词语，使令句式使用频繁，如“不能”、“不准”、“必须”、“应该”等。并且所使用的非语言符号动作幅度很大，很有力，显示出不可辩驳的威风和力量。

2. “儿童”自我人格状态

“儿童”自我人格状态指人际沟通中处于儿童的自我状态之中，情感的流露与冲动均缺乏理智控制，自觉或不自觉中，所使用的语言符号和非语言符号都像一个孩子。

“儿童”自我状态表现为寻求保护，寻求积极肯定，处在一种任人指挥和摆布的状态。沟通时情绪化，喜怒无常，缺少理性，有时还好要脾气，令人生厌。

“儿童”的自我状态是快乐的，因为把自己看做一个神圣的、逗人喜爱的，处于积极性、创造性得到自由发挥的情景；这种状态是悲哀的,因为要应付、要依赖“父母”,对其有所求,需要和欲望的动机使人变得卑微。

这种状态下所使用的语言符号常常是祈使与探寻性词语,非语言符号动作夸张、幼稚,与本身年龄有距离。

3.“成人”自我人格状态

“成人”自我状态指人际沟通中处于成人的自我状态之中。表现为沟通中目标明确,主动性强,具有理智性和逻辑性,能机智地传播信息和接收信息,能客观冷静地分析问题和解决问题,能控制感情,遇事不会失态,也不会对人盲目服从或滥下命令。

这种状态下使用的语言符号带有推断、商议的色彩,自尊、自信、自主意识强烈。如“我个人的看法是”,“也许应该”等,所使用的非语言符号显得矜持,有节制。

(二)人际沟通的通道和行为分析

1.互应性人格状态的人际沟通

人际沟通活动中,双方都以平行的自我人格状态进行信息传播,就形成互应性人格状态的人际沟通。即:

父母——父母　　儿童——儿童　　成人——成人

因为都是相同的人格状态,这是符合正常人际沟通的类型。但在这几种状态中,真正能持久稳定维持沟通关系的,是“成人——成人”的人格状态。这种沟通类型有利于信息传递的顺利进行,可以获取真实的不带感情偏激的反馈信息。假如管理者以成人自我状态向下属询问,下属也处于成人自我状态如实回答,就构成了互应性人际沟通。

例1:主管:“我们一定要总结经验,争取把这事做好。”
　　下属:“我们会努力的。”

例2:下属:“我今天生病,想回家休息,可以吗?”
　　主管:“可以,你回去吧。”

例3:下属:“本周末会有加班工作吗?”

主管:“在我看来,可能会有的。”

2. 交叉性人格状态的人际沟通

沟通双方以不平行的人格状态进行信息交流,双方所处的自我状态发生交叉,使信息不能顺利传播或传播不能达到预期效果,称为交叉性人格状态的人际沟通。即:

父母——儿童　　父母——成人　　儿童——成人

这是不正常的人际沟通类型。由于人格状态的差异,信息传播过程可能中断,甚至可能产生争吵、打骂等恶劣后果。这种沟通主要表现为相处态度不正确,其中一方或者处于训斥式的父母状态,或者处于冲动式的儿童状态。

例1:下属:“我今天生病,想回家休息,可以吗?”

主管:“身体不好就不该来应聘的,出去吧,出去吧!”

例2:下属:“这次调资我能不能提级?”

主管:“你连工作任务都完不成,还想加工资?”

例3:主管:“你怎么搞的,这点事都做不好,只会吃干饭!”

下属:“我今天心情不好,所以干不好,今天不干了,怎么样?我吃的是干饭,你吃的是狗屎!”

3. 隐含性人格状态的人际沟通

这种沟通方式的信息传播者与信息受传者都同时显示两种或多种人格状态,真正的信息不是明白地表现出来,而是隐含在另一种信息中,那是属双方心照不宣的信息。所谓指桑骂槐,含沙射影等都是隐含性信息传播。但有时,信息受传者并没有意识到信息所隐含的意思,因此很容易落入对方圈套。

例1:主管:“同事们说你应该调到分公司工作,可我觉得你并不怎么合适。”(我不同意)

下属:“是的,我本来就不想去。”(不同意就算了)

例2:下属:“我的同学又来请我吃饭了,他在猎头公司工作。”(猎头劝我跳槽)

主管："说起吃饭，厨师们都认为除了胡萝卜，也出得了席。"（你跳不跳槽无所谓）

## 四、影响人际沟通的因素

### （一）人际沟通中影响竞争与合作的因素

1. 动机

合作与竞争往往受双方沟通目的支配，为目的而参与沟通，为获得利益而参与沟通，企图通过沟通赢得更多。沟通的动机有内部动机、外部动机。

内部动机，由沟通者自身的自尊心、求知欲、合群欲、责任感、正义感、义务感、荣誉感和成就感等内在因素引起。例如，本部门某女性员工受到主管刁难或欺侮，男性员工们挺身而出，义正词严地找主管论理。这种沟通行为属于内部动机。男性员工从心里把这看做是在刁难或欺侮自己的姐妹。中国人历来将保护女性，保护母亲和姐妹看做男性的责任，骂人要是骂别人妈怎样，妹怎样，老婆怎样，别人会认为受到了最大的侮辱。这是出于责任感、正义感、义务感、荣誉感行为。

外部动机是靠外界条件诱发的动机，由尊重者、授予者、群体或社会施加的社会义务。例如受组织派遣，与某合作单位的某人接洽。沟通状况直接与企业间合作或竞争相连。

沟通动机影响沟通效果。内部动机或外部动机的指导越强，越会驱使沟通者的求胜心理，力争通过沟通赢得更多，因此合作与竞争的沟通越顺利。

2. 刺激

刺激的影响因素是赢得金钱，例如长期业务往来关系的确立，或者是为了击败对方，战胜别人，独占市场。对工作好的人增加刺激，竞争的趋势就发生变化。学术界研究表明，当发奖金时，管理者与下属之间的沟通就多一些一致性与和谐性。但是,酬金的数量并不重要,而酬金的区别和变化则是很敏感的问题,因为这时金钱的刺激就不是很重要了,大家更关注的是竞争中的胜利。

3. 威胁

威胁不是平等的竞争与合作,在沟通时是以某种威胁的手段进行讨价还价。

在某种特殊情况下,沟通双方都没有凌驾于对方之上的特别力量,是平等地合作与竞争。但这时,其中一方为了赢得某种利益可能会以威胁作为手段胁迫对方,如果他有力量将他的威胁变成现实,更会在沟通时有恃无恐。研究表明,在对方有实力威胁而并未实施威胁时,女性表现出很强的合作性,而男性则往往会认为这是对方软弱,并加以利用,以争取赢得更多。通常男性与有威胁力的沟通者更容易合作,因为威胁在起作用。

4. 信息沟通

信息交流的状况、过程、模式,同样影响竞争与合作。关于这个问题的测试研究中,让具有各种动机的被测试者在竞赛前与同伴沟通信息,不管这种沟通的动机及其所唤起的动机如何,都有利于加强合作,这是信息交流的作用。只要有合作的可能,了解对方,尤其了解对方的动机,可以加强信任程度,促进合作。

(二)人际关系协调模式和方法

人际关系中最容易发生的是人际冲突,冲突需要用沟通来协调解决。人际关系的沟通协调不是放弃原则和利益,而是该合作则合作,该竞争则竞争。

博弈论是可以确定产生最大利益的数学分析战略,告诉我们该如何一步一步去做,如何去获取最大利益。这也是协调人际关系的沟通模式:输赢法、双输法、双赢法。人际关系分析学家托马斯·哈雷斯(Thomas Harris),以游戏的方式对此进行了试验和说明。

1. 纯冲突消长——输赢法

纯冲突消长——输赢法是指不管沟通结果如何,沟通双方的得失加在一起为零的沟通方法。两个人的消长中,只要一个人赢,另一个必输。这是解决冲突中,一方利用各种手段获得利益,同时使另一方利益受损的方法。这种沟通中,双方没有共同利益,以一方的胜利和另一方的失败而告结束。

纯冲突消长输赢法的沟通过程是:沟通双方相互依赖,都明确各自利益界限;沟通时从自己的利益出发讨论问题;沟通时为赢得利益相互攻击揭短;把问题的解决方案作为争论的焦点;以一方赢一方输为结果。

这是十分固执的方法,忽视对方的理由和权利,在任何情况下都要赢利,在任何冲突中都要占上风,采用各种方法强迫人家接受自己的要求,否则宁愿不作业务。另一方可能妥协放弃某些权利,以促进合作和解。

这种方法对双方都是有害的,而且,事实上这在社会生活中是不存在的,很多冲突是共同利益上的冲突。即使是战争的胜利者,也遭受了损失,也不是绝对的消长。例如买卖商品的谈判,讨价还价的结果,一方让利,另一方赢利,有输有赢,但输的一方买到了或卖出了商品,不也同样达到目的了吗?其他如工人罢工,劳资谈判,竞选活动,招聘解聘等等,无不如此。正如托马斯·哈雷斯所说:"尽管冲突因素提供了戏剧性的利益,但是,相互依赖也是这种逻辑结构的一部分,他们要求合作或相互顺应,这是心照不宣的,即使为了避免双方的灾难也应该这样做。"

2. 纯合作消长——双输法与双赢法

运用纯合作消长——双输法与双赢法进行沟通,只是相互如何协调一致的问题难以沟通,沟通双方利益一致,结果是双方都获利或结果是双方利益都受损失。

双输法的沟通过程是:明确共同利益;沟通中相互让步、妥协,找出折衷方案;给其中一方提供无理补偿;无法沟通时共同求助于其他解决途径,如现行规章制度或仲裁者的仲裁。在沟通中,双方常常进行逃避,在心理上或物理上离开冲突,作暂时退让以缓解冲突。

双赢法的沟通过程是:明确共同利益;明确共同困难;不是为了击败对方,而是为了团结对方,共同利用现有资源商议解决问题的方案;双方利益愿望均得到满足。

双赢技巧:

为求得双赢,双方都应试图说服对方,尤其在确信自己有理时,更会以说服方式使对方改变态度、观点和行为。或者进行讨论,或者心平气和地探寻、了解对方态度,努力寻找双方都能接受的办法,努力寻求一致性,以求获得一致认可的解决方案,最后一起赢利。

案例:假设许多在没有沟通的情况下却可以造成不约而同的问题,来检验被试者这方面的技巧,主要考察其决策能力。

例1:让双方各在一行不同的数字中,圈上一个数,如果你们双方圈的是同一个数字,那么,双方都能得奖赢利,否则,双方都无利可图。

为了双赢,就要找出双方都能接受的办法,努力寻求一致性,以求获得一致认可的解决方案。因此,首先应寻找对双方都有独特意义的数字,然后在这些数字中,能准确判断出对双方印象都特别深刻的数字。

例2:一对夫妇到商场购物,在电脑销售部前,两人为购买什么牌子的电脑更合适而争执不休。后来,他们在拥挤的人流中走散了。他们会怎么会合?

从沟通的角度讲,夫妻争吵,或者两个合作伙伴单位在谈判中争执不休,是十分正常的事情,是好事。因为这是在沟通中各抒己见，双方都希望通过激烈坦诚的表述，让对方理解自己。很多磕磕绊绊的夫妻更能相亲相爱，白头偕老，因为沟通使他们加强了理解，加深了感情，这是沟通的力量。而客客气气，有意见闷在心里，积怨太多，一有风吹草动，就很难弥合。很多组织常常与谈判对手争论得尖锐激烈，谈判过去，谈判过来，有时争论中的一些话还很伤和气，但恰恰就是因为如此，这两个组织能够维持长期业务关系，是很好的合作伙伴。

因为争执使双方明白对方要求的条件和自己应该让步的程度，然后从双赢的原则出发，努力寻求一致认可的解决方案，寻找大家都能接受的条件。主要看最后的决策是否具有独特性、一致性，是否鲜明突出。

至于争执后走散了的夫妻，肯定都会想办法汇合的。要汇合，就要努力寻求一致性，这是双赢的基础。最后他们会发现电脑销售部是最合适的等候处，因为双方都有鲜明深刻的印象。

沟通中，持合作态度，彼此信任，双方都采取合作态度，寻找对方最容易和自己一致的决策，就会获得双赢，否则各自追求自己利益，就会双输。沟通的目的是追求双赢，双赢原则是人际沟通应该选择的最佳原则和方法。按双赢原则沟通，应该注意以下几个问题：

(1)认识冲突发生信号

许多沟通者已经陷入冲突了，自己却尚未意识到，结果是一旦意识到时，已来不及进行有效控制和沟通了。因此，沟通的过程里注意传播自己的意见，也应注意接受对方的意见，分析清楚两者之间的差异，尽早地认识冲突发生信号。

(2)持信息交流态度

持信息交流态度指沟通时应有对微妙的、隐含的信息的高度敏感性和真诚的、坦率的、明确的信息交流的方法。

社会学将涉及利益层面的冲突定义为“简单”冲突，例如事实、数据、目标等，均是可以通过信息交流进行沟通的，那是可以寻找、解释、推断、检验、澄清的，冲突可以化为特殊的处理方式，获得双赢。而观点、态度、人生观、价值观等的思想冲突，是“复杂”冲突，更需要耐心说服。持信息交流态度，是说服的第一步。

(3)合作而不是对抗

合作，而不是对抗，是获得双赢的基础。沟通中应避免会引起潜在冲突的语言和态度。双方要有自省能力，勇于做自我批评，有互助合作、互相依赖的与人相处方式，以及不卑不亢的待人态度，而不是盛气凌人，或者卑躬屈膝的待人态度。

那种只服从权威，只相信自己，只愿自己盈利，不考虑别人意愿的人，很难成功沟通，因为他办事无开放态度、无弹性，不愿意寻找过渡方案，看不到黑白之间的灰色，不愿意有意识地尝试以合作而不是对抗的态度处理问题。

(4)预先考虑处理办法

不打无准备的仗，预先考虑好沟通是否有可能失败，如果可能失败，那么，有可能失败在什么地方，应该怎样聪明地机智地应对那个局面。

最好使用角色扮演法，应该首先站在对方的立场上思考问题，模拟现实问题的情景，体会对方可能产生的情绪、动机和可能采取的行动。

## 第二节　人际沟通实务

### 一、倾听

倾听承担着主要的信息传播任务，是工商管理活动中信息沟通的重要工具，因为真正的信息交流重点不在信息传播者，而在信息受传者。

对白领职员进行的调查数据表明,他们每天除睡觉的时间之外,每10分钟有7分钟在进行信息传播。其中,倾听占的比例最大。这种状态如下:

传播信息:39%(写作—9%,讲话—30%)

接受信息:61%(阅读—16%,倾听—45%)

(一)倾听的目的和作用

倾听有如下目的和作用:

1.接收信息

管理者要做出英明的决策,在制定工作计划时,在明确地布置工作任务时,在指导员工鼓励员工保持旺盛斗志时,都必须知道自己企业发生的事情,必须认真倾听来自各方面的意见。推销员必须认真听取顾客对产品的看法和对自己工作的意见。倾听是一切领域主要的信息来源,是信息交流的重要手段。

倾听能够有效地扩大信息的开放区,认真倾听可以促使信息传播者继续讲下去,促使其尽可能地举出实际事例,以利管理者或业务员、推销员做出最准确的判断和最英明的决策。

2.鼓励对方

倾听是一种尊重,一种信任,一种鼓励,这种友好的相处方式能解除信息传播者对你的一部分或全部的戒备心理。你的倾听常常能鼓励对方也认真倾听你的意见。当对方也成为倾听者时,双方的信息就达到了沟通的目的。管理者的决策和指令是在倾听中得到实施和执行的。

3.改善关系

发生冲突,人际关系恶化时,必须以说服的讨论的方式使对方改变态度、观点和行为,同时心平气和地了解对方态度,努力寻找双方都能接受的办法。兼听则明,偏听则暗,认真倾听给说话者提供了说出事实真相,说出自己全部观点、看法、主张、思想和感情的机会,也给你自己理解对方的机会。倾听有助于你对他们的理解,你对他们意见的兴趣令他们感到双方的一致性,因此产生共鸣感、认同感。在愉悦的气氛里,双方距离拉近,逐步建立友情,建立友好往来关系。

4. 解决问题

双方的争议和冲突是不可避免的,解决争议并不完全意味着认同,但应经过认真仔细倾听。互相倾听是解决异议和协商问题的最好方法。

倾听表明对对方观点看法主张的理解,每个人都需要得到人们的理解,倾听本身就意味着尊重和理解。有了相互的理解,即使有分歧,也能找到解决问题的有效办法。问题解决了,合作也就有了保证。倾听的原则也是双赢的原则。

(二)倾听障碍

1. 心理定势障碍

指现有的心理状态和拥有的知识对以后的心理和行为将要产生的影响。心理定势直接影响人际信息传播。这主要是自我心理定势障碍。

自我先前的心理状态或知识对后来的心理和行为产生影响,形成自我心理定势,造成沟通中的倾听障碍。首因效应与近因效应、晕轮效应、定式效应、社会刻板效应等均是形成心理定势的原因。表现在与别人沟通时,关注自己而不关注对方,以自我为中心。例如需要别人注意自己,希望自己是谈话的中心,心里酝酿着自己的观点,急于发言,听不进别人的意见;听不进与自己不相同的观点和经验,对不同意见产生抵触情绪,排斥或拒绝倾听;产生优越感,认为自己地位高或自认为自己学识渊博,经验丰富,或自认为自己反应快(每个人的思考速度本来就比说话速度快若干倍)而不屑于花时间倾听别人的信息;愿意听地位比自己高的人的讲话,轻视地位比自己低的人的讲话;缺乏耐心,厌倦听说话人说话,放纵自己思维于谈话内容之外,想着自己的事,根本没有倾听。

2. 反馈障碍

反馈不当,是倾听障碍。并不是所有的信息受传者都掌握了信息反馈的技巧,当不能将反馈作为倾听的技巧时,当运用反馈的类型不恰当时,当没有掌握好反馈的时机时,当在不适当的时候加入了反馈时,反馈都会成为倾听的障碍。

(1)评价性反馈不当

评价性反馈不当一方面表现在急于对对方的语言做出评价,而不倾听对方信息;另一方面,表现在由对对方地位、品德、语言的评价而决定自己信息反馈的态度。反馈不当影响倾听。

例如下属因为自己地位低而不敢向上司提出意见,管理者认为对方处于下属地位而不愿倾听对方意见,只愿发布自己的命令。或者因为沟通双方是同事或竞争对手,出于对对方品德和能力的不信任而不愿提供反馈信息或不愿倾听信息。有时也因为双方文化的差异而对倾听的信息做出错误评价,使反馈进入误区影响倾听。

在需要评价时,命令似的评价会使人产生防卫心理,最好用陈述性的评价:“你的看法很明确,假如把有些因素考虑进去,你会怎么想呢?”

(2)解释性反馈不当

沟通过程中,试图解释对方语言的确切含义,打断对方谈话,影响自己倾听,结果自己变成说话者,成为信息传播者而不再是信息受传者。

例如,如果你接过对方的话来说:“那你的意思是不是……”,然后就开始解释。如果你的解释并不符合讲话者原意,对方会因此产生反感而不再说下去。

(3)支持性反馈不当

沟通过程中,如果不断表示对对方的赞赏、支持、建议,或者表示对对方的不支持、批评、劝戒,甚至威胁,结果都会打断对方谈话,中断倾听。

例如,听了对方信息后,笑着将身体挪近一点说:“后来呢?”,或说“对,我同意”,“说得好”,对方会积极说下去,但如果你说:“对,就是那样的,那事我比你还清楚。”对方就不会说下去了,你都清楚了,他何必说呢?

(4)探询性反馈不当

有时不满足于正在倾听的信息,试图获得更多的其他信息,想将问题扩大或缩小,或者想将正在倾听的问题深入下去,进一步探究问题的来龙去脉,但因其反馈不当,会影响倾听。

例如,严厉地盯着对方,迫不及待地问:“原因是什么?该谁负责?”对方会产生不安全感,会停止信息输出。

(5)理解性反馈不当

沟通过程中,希望把对方的每一句话都当场完整地记忆和理解,稍有不理解就打断对方谈话,会造成倾听障碍。正确的作法应该是带有安抚的同情和理解。例如,眼神和面部表情都十分关切地说:“这的确是个很严重的问题,我也有同感,我完全理解你的苦恼。”这样能够减轻对方的紧张情绪,使对方继续说下去。

3. 环境障碍

沟通时信息传播中的“噪音”,如声音、气味、灯光、环境的色彩或图案、双方相处气氛等,都会成为障碍。双方沟通中外人的突然插入,或者信息传播者和受传者在信息传与受的速度上不等同,也会影响信息反馈。

例如封闭的办公室,沟通方式刻板、严肃,造成威压中的不平等气氛,加上电话的干扰,容易形成紧张情绪下的沉重心理负担;在空旷的会议室或开放的事件现场沟通,人来人往,人头攒动,七嘴八舌,均难以倾听到隐秘区信息。不过,一个好的倾听者,应该具备能在任何情况下都倾听到第一手信息的技巧。

沟通者可以试着自测倾听能力，以帮助自己克服倾听障碍。英国传播学者斯坦顿(Nicky Stanton)提出了下面自测倾听能力的方法。

你是一个好的倾听者吗？请回答下列问题进行倾听障碍自测。回答"是"，得1分。

(1)你是否会选择某个位置以使自己能听得更清楚？

(2)身旁那些你不喜欢的声音不会影响你倾听吗？

(3)你是只关注对方讲话的观点，而并未注意到他的语调和动作吗？

(4)你注意到自己既在注视着讲话者，也在注意听他所说的话吗？

(5)你不注意听细节而听他的看法和事实吗？

(6)你一直都在注意沟通的主题和讲话者所表达的主要意思吗？

(7)你努力思考讲话者所说内容的逻辑和理由吗？

(8)你不是以个人的是非标准和感情因素来评价讲话者的话吗？

(9)当你认为讲话者说错了时，你没有插话现象或不倾听现象吗？

(10)你总是用语言符号或非语言符号不断鼓励讲话者吗？

(11)你回答问题或表述意见前，认真思考过吗？

(12)讨论时，你愿意让别人做出最后结论吗？

检测结果表明，如果你的每个答案都是"是"——你没有诚实地回答问题。

如果你的得分少于6分——你是以自我为中心者，你思想狭隘，缺少诚意，注意力不集中，无耐心，不善于同感理解，不善于倾听。

(三)提高倾听能力的方法

1. 为倾听做好准备

为倾听做好准备,倾听前应尽量思考讲话者将要说的内容,设法掌握沟通内容的背景知识,了解讲话者的性格、兴趣、爱好以及他所面临的状况。勉励自己在沟通时保持注意力和理解力,以便尽可能接受对方传播的全部信息。

2. 培养倾听兴趣

培养自己对讲话内容的兴趣。倾听时应对讲话者表示出兴趣。从讲话中收集对你的工作或令你产生兴趣的信息,并思考如何利用这些信息。例如,如何利用这些信息进行更好的服务,更好地促进产品销售,这些信息对激发本组织员工的斗志,对提高企业经济效益是否有益等。

3. 持开放态度倾听

持开放态度倾听,首先是在语言上接纳,对对方不要有成见,对与你的事实、态度、想法、信念、价值观相悖的信息,不要产生抵触情绪,不要认为对方是在威胁、侮辱,不要有抵触情绪和表现,不要过早对对方人格和观念下结论。

其次在非语言符号上予以接纳,例如,不去注意,更不去挑剔对方的长相、衣着、表情、言谈、举止、风采等非语言符号的运用,并且不因此排斥对方意见。自己身体可稍微前倾、点头,应注意避免昂头、交叉双臂、翘腿等傲慢、封闭的体姿语言。

4. 耐心寻求同感理解

同感理解是伙伴似的平等态度,是理解和参与,热情、诚恳,没有自卑也没有优越感的沟通态度。

商务工作者在任何情况下,都应试着与不同经历、不同地位、不同文化观念的讲话者,甚至陌生人产生同感理解。理解全部信息,理解感情色彩,理解非语言的辅助含义。只有这样才能客观地倾听信息。

即使对方的讲话令你反感,你也不要乱插话,要有耐心,要克制情绪。如果能够成功地克制自己的发怒,并且以和善的态度倾听,更深入了解对方,理解对方,用对方的眼光看待问题,设身处地为对方着想,就常常能把对方的敌意变成善意,把竞争对手变成合作伙伴。

5. 提炼对方的讲话主题

倾听时要善于把握对方谈话内容的论点和论据,尤其要善于把握对方在叙述事件前后的结论性观点,以及每个问题的提示性的或总结性的主题句,以明白对方的讲话主题。所谓“外行听热闹,内行听门道”的听门道就是这个意思。

6. 以批判的态度倾听

以批判的态度倾听是指在无偏见的情况下,倾听者对讲话者的辩解和他所使用的假设持批判态度,估量对方观点背后的证据价值和逻辑基础,不能轻信,不能盲从。

7. 集中注意力倾听

人的注意力有波动性和选择性,倾听时要保持注意力,不能因为对方的衣着、外表、气质、风度、声音、词汇等讲话的内容以外的东西所分心,讲话内容才是实质。也不要让其他的听者的言行使你分心。

8. 先听再记

倾听者应待对方讲完后再作大致记录,记要点,在不经意中记,不要给人刻意记载的感觉,以免引起对方的警觉,或者反感。必要时,要客气地征得对方同意后再记。

9. 反馈帮助讲话者

倾听者应尽可能表现出浓郁的兴趣,以信息反馈鼓励讲话者,运用反馈的非语言符号如微笑、扬眉、轻轻点头、注视讲话者。身体稍向前倾,移近位置,不一定真的靠得很近,稍稍挪动一下,做一种姿态,也是一种支持和鼓励的表示。

反馈的语言符号如应答“嗯嗯”、“啊”、“哦”、“是吗”等。表示理解了时说:“我明白了”,“你觉得……”,“你这个想法很重要,我理解你的意思是……”,“这个想法很好”,“你真有办法”。以解释对方的意思表示鼓励。

面谈时应避免沉默不语,心不在焉。倾听者一声不吭会被对方认为你没有认真倾听,或者认为沟通缺乏对等原则,没有信息回报,没有共鸣。给予信息反馈才表示投桃报李,互有往来。

如果不理解对方意思,可以巧妙地运用重复用语来提出自己想法。如:“你是说”、“你提到了”、“你曾认为”、“你叙述了”、“为什么”、“怎么”等,鼓励对方释放全部信息,表示你认真地在听,同时给自己听清楚的机会。

最好用描述性的反馈,而不用评论性的或否定式的反馈,绝不能用讥笑、贬低的反馈。

案例分析:

如下两种听者,什么办法能使他们倾听?请你首先准确地陈述前一个讲话者的观点,并且在对方表示满意后,再回答这个问题。

例1:一个管理人员对下属说:“不管你有任何问题,都可以毫不犹豫地来找我。”有一天,这位下属真的约好时间按时去办公室见那位管理人员。但是,下属的话还没有说完,问题就被扯到管理人员自己的事情上,结果沟通过程中所有的时间都用来谈管理人员的问题了。

例2:开会讨论时,他用迟钝的目光看着发言者,心里想着一会儿自己该怎样发言。可是门外汽车的声音老是影响他的思考。他觉得眼前的发言者实在不应该在这种场合穿那样豪华的西服。发言者刚坐下,他就对坐在旁边的人说:“你看他西装革履地在那里振振有词,其实他对自己所说的内容并不懂,我最不喜欢这种装腔作势的人。”

## 二、电话

(一)打电话的目的

电话沟通的目的是为了从口头语言中收集信息。通电话与面对面会谈的目的和有效性基本相同。不选择会谈而选择电话是为节省路途时间,节省交通成本和录音、录像等会议设备及其准备的时间。现代管理与商务活动,电话取代了多数的会谈。

(二)打电话的基本准则

1. 简明

简洁、明白、确切,让对方清楚你的真实意思。清楚地发音吐字,若你讲的是外语,必要时要把人名、地名的字母念出来。对方可能在记录,为使其明确,讲话的速度应稍慢。

2. 礼貌

目前可视电话还没有普及,因为不是面对面,看不见对方。要取得相互信任并形成礼貌和快乐的良好的第一印象,主要靠语调和用语,若生硬无理就难于沟通。虽然对方看不见你的面部,你仍然要微笑,你的笑容会自然而然地转化为快乐、鲜活而有礼貌的声音。若你讲话时皱着眉头绷着脸,就会使语调生硬。缺乏热情,令人生厌。用语应该不卑不亢,既不过分亲密、随便,也不粗鲁、无礼。例如对陌生人说"我的天呀,你是讲着玩的吧","呀,你没见过我呀,猜猜看我长得怎样?","我已经告诉你了,我对此一无所知!"等语言都是不合适的。

3. 机智

思维敏捷,反应迅速,判断力强,以最快的速度向对方提供信息。自己不能提供的信息,应以最快的速度诚恳地向对方表明可能提供信息的部门,以及自己的相关建议。

4. 积极

面部表情热情积极，声音热情积极，站立的姿势热情积极，语言富有时代感，用语新颖，避免陈词滥调和低级庸俗言辞是打电话者的良性沟通态度。你的积极、自信，你的活力与感染力会自然表现在声音中，给人良好印象，利于电话沟通。

（三）打电话与接电话的方法

1. 打电话

打电话前：准备谈话所需资料、电话要点和主要事实，注意电话价格，细心拨号。

打电话中：问候（“早上好”、“你好”），自报姓名或组织名称，报出你要找的人或组织的名称，清楚表达自己的意思和主题（“我需要关于××的数据，你能帮助我吗？”），偶尔停顿一下以获取反馈信息，记下对方姓名、地址、电话号码和主要电话内容，重要业务电话最后需确认要点和有关数据（“我一定转告他本周星期三上午 10 点你会再给他来电话”），由先打电话者先表示结束电话，最后表示感谢。

打电话后：备忘，归档，记下电话商议的未来活动日期。

2. 接电话

接电话前：明白所在组织电话系统运转规则，电话附近一直准备有纸和笔、内部电话目录、约见日志。

接电话中：报告自己姓名和所在部门（“重庆全顺商务有限公司，人事部经理”，“××先生的秘书”），问好（“早上好，公关部”），准备回答问题，听电话并记录，礼貌地应答（“好，我马上转告他”，“是，我明白了”），结束前向对方重复电话内容并确认涉及的人名、日期、地址、数据等。

接电话后：记事本上填写电话内容，通知相关人员，更新必要资料。

## 三、面谈或网上交谈

(一)面谈或网上交谈的定义及其目的

1. 面谈或网上交谈的定义

商务沟通的面谈或网上交谈是指受控制的、有计划的、在两个人之间或两个人以上的几个人中进行的,参与谈话者中,至少有一个人是有目的的,并且在谈话过程中,双方都有发表言论交谈的权利的谈话。

偶然相遇的寒暄以及其他自发谈话等,不在此列。

会谈是通过交谈协商达到某种目的,取得某种结果。要有明确的目标或意向认识,并使这个目标在会谈之初具体化、集中化。用问答方式来澄清或获取有关信息。

2. 面谈或网上交谈的目的

传播信息——发布与组织业务相关的商务信息。

寻求改变——利用面谈或网上交谈推销、训导、劝告,或进行绩效评估,以寻求观念或行为的改变。

解决问题——组织的招聘、面试、申诉、探讨等工作借面谈或网上交谈进行实施。

探询新信息——通过面谈或网上交谈进行个案调查、市场调查、消费者测验等。

(二)面谈或网上交谈的类型

1. 普通面谈内容

普通面谈内容包括描述性信息、知识性信息、行为状态性信息、态度及情感性信息、价值观信息。

面谈描述性信息要求被面谈者提供他所见所闻或所经历的事实。面谈知识性信息要求被面谈者对他所掌握的有关自然科学和社会科学的信息进行讲解说明,面谈行为状态性信息,要求被面谈者解释他从前和现在的行为，有时还包括他将来的行为。态度及情感性信息要求被面谈者对人物、事物进行评价，表明爱憎好恶的态度感情。价值观信息要求被面谈者表明人生观、价值观等意识形态方面的主张。

2. 业务面谈内容

业务面谈内容包括对业务问题的咨询、销售、数据收集，以及发布指令、聘用、解聘、劝告、训导等的信息。

普通面谈内容与业务面谈内容在工商管理过程中经常是交织在一起的，并没有截然分开什么时候，什么人，专门谈什么问题，一切根据工作需要而定。

（三）面谈的方法

1. 制定面谈计划

要根据美国著名政治学家、传播学奠基者哈罗德·拉斯维尔（Harold D. Lasswell）著名的传播模式："回答下面五个问题：谁？说什么？通过什么渠道？对谁？产生什么效果？"，即"五 W"模式（Who What Which Whom Whateffect）来制定面谈计划。

为什么面谈——希望达到什么目的？

对谁面谈——他有哪些优点，哪些弱点，他有能力进行这场面谈吗，他可能会有哪些反应？

何时、何地面谈——办公室、旅途、车上？可能被打断吗，自己在面谈中处于什么位置，什么态度？

面谈什么——面谈的内容是什么，寻求或传递什么信息，寻求改变什么行为或观念，想解决的问题的性质是什么，主题是什么？

通过什么方式谈——怎么提问，提问和被提问的信息类型是什么，以什么方式入题，是多听少说，还是少听多说，如何开头结尾，如何过渡照应，如何处理面谈信息的详略，桌椅如何安排，如何避免环境干扰？

会产生什么效果——面谈可能会有什么后果，在无法说服对方时的退路有哪几条，怎么选择退路？

2. 面谈开始

说明让你进行面谈的委派者（上司或组织），有时可以提高自己声望，引起对方尊重。说明面谈所需时间，概述面谈内容，以惊人的或引人注意的事实开始，说明问题，以各种技巧迫使对方作出回答或渐渐自动进入谈话。当被面谈者熟悉问题背景，没有合作态度而怀有敌意时，最好不从问题本身而从问题背景、原因谈起。

3. 进行面谈

面谈中的理解和倾听中的理解一样重要，都是一种对待自己和对待他人的态度。

进行面谈首先要理解对方，把对方作为平等的伙伴，没有自卑感，也没有优越感，没有居高临下、盛气凌人，也不是同情和怜悯的一种人际关系。这是一种自觉的有意识的参与沟通的行为，是对他人的关注。理解是人际信息沟通中，建立合作伙伴关系的基础和原则。

在平和的气氛下，按面谈计划考虑好的事项和面谈内容的性质轻松愉快地进行面谈。

面谈中的提问和调查有如下方法：

（1）直接或限定性提问

直接或限定性提问通常只有一个答案，提问时把答案限定在两种可能的答案上，或者限定在“是否”上，可以马上得到明确信息。

如：“你是重庆向阳红科技公司推销员吗？”，“你在北京工作过吗？哪个公司？干什么工作？”，“事故发生时你在哪里？为什么要离开长安公司？那时为什么不在现场？”，“这个周末你是否来加班？”

这种提问主要用于数据的核实验证,事件或事故的调查,资格审查等。但这种提问方式冷淡而沉闷,如同律师面对证人,不是讨论,而是审问般,完全没有协商或讨论的余地,不适合用于协商性面谈。而且,被面谈者可能由于你的提问而被迫选择"是"或"不是"的极端回答,而事实上他想要回答的也许是介于两者之间的答案。

(2)引导性提问

引导性提问是面谈者引导被面谈者回答期望他回答的比较明确的答案,甚至有时是在向被面谈者表明标准答案的提问。这种提问常常采用反问句式。

如:"这难道不是很容易完成的定额任务?","像你们车间这样的设备,没有理由完不成定额任务,你说是吗?","你不认为那是自由散漫,不遵守工作时间吗?"

这种提问方式是"父母"自我状态的管理者和推销员的面谈武器。他们用这种方式让被面谈者接受他们的想法或购买他们的产品,但也会由于答案太明显而使被面谈者感到受到轻视和攻击,因此心情沉重不愿意配合。

例如:"你在公司的工作业绩不怎么样,你说是吧?","那么重要的位置并不适合你,是吗?"谁没自尊心?傻瓜才愿意回答"是的"。有时这种提问简直是浪费时间,让被面谈者讨厌。如:"你今天来这里应聘,一定是想得到这份工作,是吧?"别人不想得到会来应聘吗?你问了等于没有问。

(3)别有用心性提问

别有用心性地提问是用富于感情色彩的语言暗示被面谈者做出自己想要得到的回答。

如:"你看我们应不应该原谅这种满怀私欲、厚颜无耻的家伙?","对这件可悲的事,对这个可耻的人,你怎么看?"

当被面谈者抗拒引导,固执地坚持自己的观点时,面谈者会使用这种提问来施加对被面谈者的压力。采用这种提问,有时还为了观察被面谈者应付攻击的能力,看其是否具有自尊、自强,是否能沉着、镇定、有理智地应答。总之,这是面谈者别有用心地使用的一种技巧和手腕。

(4)无限制性提问

无限制性地提问是让被面谈者在回答时有最大选择自由的一种提问。

例如:“请谈谈你自己”,“请谈谈你们的产品”,“你怎么看?”,“如何处理?”

这种提问能引出大量的关于个人动机、观点、看法、主张、信念和情趣的信息,能观察被面谈者的思辨能力与表达能力。但是,花时间在许多问题中去寻求一般性答案是不值得的。

(5)提示性提问

在无限制性提问无效,被面谈者感到茫然时,采用提示性提问,这是对被面谈者有帮助的提问。对那些有某种心理障碍,或没弄明白面谈者的问话者,可以使用这种提问。

例如:“谈谈操作程序或者诸如此类的相关问题”,“最好从你参加工作后谈起,谈谈在工作中你有哪些值得记忆的决定和成绩”,“可以谈谈你寻求这个职位的原因”,“可以从你大学毕业谈起”。

(6)重复性提问

重复性提问是将被面谈者的回答进行总结归纳,重复性地表述自己对回答的理解的提问方式。

如:“按你的说法,这样做不够合理?”,“如果我理解正确的话,你实际上并不愿调到分公司工作,是吗?”这种提问是一种很直接的反馈,双方都能及时检验自己的理解是否正确,能增强信任和面谈的融洽气氛。

(7)深入性提问

在前面的回答过于粗略时,或者需要进一步提出问题时,就进行深入性提问。

例如:“对他们欺压员工,作风粗暴,贪污腐化,道德败坏的问题,你能举个例子吗?”,“你认为这几个人中,哪个最严重?”,“还有哪几件事可以证明?”

这种提问容易引出更多的细节问题,如事例、数据、事件详细经过等信息,也可以把偏离主题的问题引向主题,把一般性的问题引向具体深入。但是,经常性地使用这种提问,会使被面谈者产生紧张感和受审问感。

(8)假设性提问

假设性提问是要求被面谈者回答在一种假设的情况下会产生的结果。

例如:“假如我们引进了这条生产流水线,会给工厂带来多少经济效益?”,“假如你发现你的一个下属因不遵守操作程序而影响了生产,你会采取什么处理措施?”

这种提问可以考察被面谈者的工作能力,促使其提出建议,同时能发现被面谈者的全部见解。但是,有许多事物是不好假设的,不能乱假设的。例如你提出“假如这座工厂被炸毁,你将怎么办?”之类问题,不只是很扫兴,而且会因自己的提问幼稚可笑而受到被面谈者轻视,最好不要提出这样的问题。

4. 结束面谈

提问结束,面谈目的已达到,如被面谈者已经接受你的建议,愿意购买你的产品,或已经提出你需要的建议,或你已经获取希望得到的其他信息,或面谈时间已到,面谈结束。于是,总结面谈结果,表明看法,感谢对方,商定下一次行动或面谈。

若是社交场合的面谈,可以用非语言符号的示意结束面谈,例如说话者用微微点头表示结束,或者用合起笔记本或看看手表来表示交谈结束。另外,也可用站起身来的肢体语言表示谈话结束,不过,这种动作一般不能用,会给人居高临下的感觉,影响沟通效果。

(四)面谈中怎样向上司提意见

面对来自上司的提问,承受种种压力,心情十分沉重。而自己对上司的意见和对工作的建议,总觉有如鲠在喉,不吐不快。面谈中向上司提意见,可以用如下的方法:

1. 兼并上司的立场

兼并上司的立场是承认上司做法的合理性,把自己的意见和建议融合到上司的立场上去考虑。

兼并上司的立场并没有排斥上司的观点,而是站在上司的立场上,帮助了上司,又维护了上司的权威,这是一种温和的方式,能够充分照顾上司的自尊,易于被上司接受。这需要提建议者具备综合能力和社会修养。并非每个人都能轻易针对不同情况,不断提出有效率的兼并上司立场的意见。如果自己做到了,久而久之,自己个人的领导能力也会逐步显示出来,甚至自己的职位也有可能得到快速提升。

有一位企业的总经理是搞技术出身,由于把工作重点长期放在研究开发的技术领域,因此对企业管理一知半解。出于对技术的钟情与依恋,他总是直接插手技术部门的事,把企业的组织体系搞得乱七八糟,下属无不怨声载道。

这位总经理的助理决定采用兼并策略建言倡行。他对总经理说,真正意义上的领导权威包含着技术权威和管理权威两个层面,你的技术权威已牢固树立起来了,若你再抽时间强化管理权威,工作就会更顺手。

总经理的助理巧妙地兼并了上司的立场,结果获得了成功。后来,总经理果然越来越多地把时间用在人事、营销、财务的管理上,企业的不稳定因素得到控制,公司运营进入了高速发展状态。

不久，总经理助理的职位得到了提升。

2. 将“意见”转化为“建议”

在适当的时候与你的上司沟通，向你的上司反映目前的工作情况，分析造成这种状况的原因，再结合本企业情况，提几点建议和解决问题的方案，将“意见”转化为“建议”，会产生积极作用。但提建议应注意以下几个问题：

(1)沟通时间

选择适当的时机利于沟通。上司也是个普通人，当公务缠身、诸事繁杂时，他未必有很好的耐心随时倾听你的建议，即使是你的建议极具建设性，他也很难顾及。

1 分钟内说完你的意见，他就会觉得很愉快，而且如果觉得“有理”，也比较容易接受。反之，倘若他不赞同你的意见，你也不会浪费他太多的时间，不会令他生厌，他会为此感谢你。上司一般对长时间的提意见都会感到不耐烦。

语言速度应该稍快，最好将你的语速保持在每分钟 250 ~ 300 个字的标准，不要太缓慢。

(2)言之有据

在沟通内容上，要以大量的数据材料为依据，否则就容易造成信口开河的负面影响。谈话时应密切注意对方的反应，通过他的语言符号与非语言符号所传达的信息，迅速判断他是否接受了你的观点，并视需要而适当地举例说明，以增强说服力。

向上司提意见本非坏事，但如果过于“热心”，说些上司不感兴趣的话，会使自己“冲”过头。当上司心情不愉快，或者对你有成见，或者认为你的建议缺少合理性时，也许会认为你是个“麻烦制造者”，不会接受你的意见，因此不要过于自作主张而忽视了人际环境。

(3)碰壁之后不气馁

一般而言，上司对你的意见和建议采取不认可态度的情况比较多。毕竟提意见的对象是你的上司，是否接受你的意见他当然需要慎重考虑。

当意见被“我不赞成”或“这不合适”或“等开会研究研究再说”或“上次会议已经决定，我一个人不好推翻决议”等借口驳回时，有些人往往心灰意冷。其实，因为一两次的意见被否决就责难上司，而放弃自己的努力是一种非常愚蠢的做法。上司的否定也是提意见所获得的附属品。要勇于为企业的利益碰壁，不要怕碰壁。

3. 不要过分谦虚

人们常常把谦虚看做是忠诚和顺从，视为影响升迁的“命门”。莎士比亚说：“企望往高处爬的人，应该踩着谦虚的梯子。”尤其在中国，因为几千年的封建统治注重的是儒家的忠诚、等级和恭顺，这对人们的道德观、价值观影响很深，上下级关系也因此变得十分复杂。

但是，过分谦虚会压抑自我意识，压制创造性，有时会使自己变得谦卑和无原则。上司和下属在人格上是平等的，是工作上的合作关系，只是工作分工不同而已，不要过分谦虚。

如果你认为在单位里向上司剖析自己，让上司对你从里到外有了完善的印象，你感觉很好。这是因为你太轻信自己的直觉。如果上司因此不理解你，可能会把你全盘否定，甚至有可能因为成见而利用职权把你扫地出门。尽管上司本人的位置也不可能坐一辈子，贬官的危险，破产的危险同样时有发生。

4. 不要自吹自擂

与过分谦虚恰好相反，是自吹自擂。由于对自己信心不足，便以此来确定自己在同事心中的位置，或以此引起上司的注意。懂得证明自己价值的人固然是自我意识强的反映，但是如果你推销自己的欲望时刻都一触即发，那么肯定会给同事和上司带来不好的印象。人们很可能认为你喜爱自吹自擂，反而忽视了你真正的长处。

5. 诚恳严肃

与上司沟通的语言应适度,态度应诚恳严肃。要注意说话的情态和语言的运用,应恰到好处地表达出你的意思,由于你沟通时的坦率、诚恳、庄重,即使对方不完全赞同你的观点,也不会影响到对方对你个人的评价。

你的态度与你真实的工作能力同样举足轻重。上司不是你的父母,更不是你的心理医生。如果你遇到一点小事情就手足无措,在老板面前泪眼汪汪,这证明你缺乏处理工作压力的应变能力,更令人怀疑你无法代表公司的形象。

不专业、不成熟的任何表现,例如向与自己毫无工作关系的人寻求同情、理解、协作和支持,甚至提出要实地观摩别人的工作实践,或者忸怩、脸红、哭泣,以及不得体的衣着式样、颜色,都会受到别人的蔑视,都会把你的专业形象扭曲,因为不专业的职业表现,以及过于脂粉气和"儿童"的自我人格状态的沟通,都是有损职业形象的。假如你因不注意而有失态之举,也不要紧张,应深呼吸一口气,给自己补充足够的氧气,数 5 秒,简单说句"不好意思",然后要立即恢复常态,投入工作,再以自己的端庄、严肃的工作作风逐步取得别人的谅解。

态度严肃却不能过于激烈。如果你总是在紧要关头,给大家澎湃的热情泼一瓢瓢冷水,那么,再民主的上司也会把你归为"另类",打入"冷宫"。上司总希望有人对他提出的方案发表意见,但是,如果在所有的会议上,你都激烈地提出反对意见,他会很不高兴。

## 四、招聘与面试

一个单位想找合适的人来工作,一个人想找合适的单位来工作,两方目的一致,心情相同。实现双方意愿的最好方法是招聘、应聘和面试。

面试问题,涉及到招聘方和应聘方,各自如何操作,我们可以从招聘和应聘这两个方面进行研究。

(一)招聘者沟通技巧

1. 招聘面试应遵循的原则

招聘面试应尽量公正、公平、客观,一般应遵循如下原则:

(1)目的明确

哪些岗位需要招聘工作人员,招聘的人数,招聘的标准,招聘的方式,对应聘者考察的内容事先明确。

(2)气氛和谐

招聘者首先要摆正自己的位置,双方不是主仆关系,而是合作伙伴关系。这是组织在寻求合作伙伴,而不是自己私人在购买奴隶。应从内心深处真诚地通过语言符号和非语言符号对应聘者表示出亲切、热忱和礼貌,有意识地创造轻松、愉快的氛围。在和谐、友好的气氛里交流信息。

(3)客观公正

招聘者在任何时候,任何情况下,都一视同仁地对待每一个应聘者,重视每一个应聘者的每一项信息。对应聘者的评价应客观、公正,无私心杂念,不带个人主观色彩,不含个人感情因素,不带个人成见,不使用以偏概全的评价模式。

(4)维护企业形象

招聘面试者是招聘单位的化身,代表企业形象。招聘面试者自己的语言、行为、态度直接影响着应聘者对公司的评价,也影响着应聘者对公司产品与各种服务的看法。

应聘人数与企业实际录用人数的比例由于国家、地区、行业、职业等的区别而不同,但有一点是肯定的,那就是应聘人数肯定比实际录用人数多,尤其是在经济萧条时期,例如金融危机等灾难前,失业人数多,应聘者就多,少则多几倍,多则多几十倍。招聘单位不能忽视落聘者对企业的看法及其影响力。落选的应聘者对企业的评价很大程度上取决于招聘面试者的形象和招聘方法。

2. 招聘面试过程与技巧

(1)确定招聘目标

确定招聘岗位,招聘人数,招聘方式(公开招聘、邀请招聘、面试、笔试、口试、网上对话等)。

(2)确定招聘标准

确定对应聘者考察的内容。分析招聘岗位的性质,根据其工作性质确定应聘者应该具有的素质和能力,应该具有的文化层次和业务背景等。分析哪种提问形式合适,确定提问方式和将向应聘者提的问题。

(3)编制面试规范

招聘面试事关公司人力资源开发,公司发展前景,应该十分慎重地对待。对应聘者的评价不能靠印象打分,必须具有科学性和可操作性。可以列出详细的面试提纲和评分表格。

招聘面试提纲,如表 6-2。

招聘面试评分表格可以将面试内容和面试情况按等级计分表示清楚,在一定程度上使面试判断具有客观性和可比性,同时又引入权数,可以调整各个面试项目的地位。

权数分与等级分的乘积,是各项的分数,各项分数相加的和,就是总分。这样评出的分数既全面,又重点突出。根据总分大致可以判断应聘者的素质和能力。招聘面试评分如表 6—3 招聘面试评分表。

另外,还应设置专门的面试备忘录,以提醒和控制招聘面试者进行规范化操作。

招聘面试备忘录的项目是招聘面试要点、目标、要求、程序、

**表 6-2　招聘面试提纲**

| 项目 | 评价目的 | 提问方式和内容 |
| --- | --- | --- |
| 基本情况 | 教育培训状况及经历;家庭和生活现状对应聘者的影响。 | 你有过哪些接受教育培训的机会?你过去的工作单位看起来很不错,为何放弃?你在工作中和在家中是否有所不同? |
| 求职动机 | 求职动机对未来行为影响;愿望要求合理性与可接受性。 | 获得这个职务对你个人有哪些方面的意义呢?你对薪金有什么要求?你希望本公司为你提供哪些条件? |
| 知识技能 | 专业水平;专业知识的应用能力;学习工作经历对应聘岗位的知识效用。 | 可以用几个形容词描述自己吗?你做这工作具有哪些优势?你做过哪几件最困难的事情?根据专业情况结合专业术语,询问专业理论及其应用问题。 |
| 个人成就 | 优势特长:以往工作建树及奖惩情况;以往工作态度、工作能力与创造性。 | 你觉得自己最有价值的经历是什么?过去的一年中,你最好的主意是什么?你做过的最值得骄傲的事情是什么?你喜欢独自工作还是与别人一起工作? |
| 基本品质 | 个人情绪调控力;人生观、价值观个人品质可能对应聘工作的影响情况。 | 你认为金钱重要还是地位重要?你在同事们眼里是怎样的人?你近来最生气的事情是什么?你发脾气时大家怎么对待你?今后五年内你有什么打算? |
| 兴趣爱好 | 业余爱好;参与社会团体或俱乐部活动状况及其对公关能力的效用。 | 那么多业余时间你怎么打发啊?擅长什么活动?朋友们聚在一起挺有趣,是吧?他们为什么喜欢和你相处?你最不喜欢和哪种类型的人聚会? |
| 思维能力 | 反应速度和应变能力;思维的逻辑性;问题分析的深刻性;讨论问题的说服力。 | 显得很随意地提及社会新闻、经济现象引发应聘者的阐述。 |
| 表达能力 | 语言表达的条理性、准确性;衣着、神态和举止等非语言表达的适度性。 | 结合前面的谈话进行综合评价。 |

**表 6-3 招聘面试评分表**

编 号:

| 姓 名 | | 年 龄 | | 应聘岗位 | |
|---|---|---|---|---|---|
| 性 别 | | 文化程度 | | 总 分 | |

| 序 号 | 面试项目 | 权 数 | 等 级 | 得 分 |
|---|---|---|---|---|
| 1 | 基本情况 | 4 | 3 | 12 |
| 2 | 求职动机 | | | |
| 3 | 知识技能 | | | |
| 4 | 个人成就 | | | |
| 5 | 基本品质 | | | |
| 6 | 兴趣爱好 | | | |
| 7 | 思维能力 | | | |
| 8 | 表达能力 | | | |
| 备注 | | | | |

招聘面试者签名:

年 月 日

现场记录。现场记录的重要问题,可简略归纳记入评分表的备注栏。

(4)进行面试

按上述招聘计划进程,循序渐进,逐项实施招聘方案。按面谈和网上交谈的方法和提问技巧考察应聘者。严格执行招聘原则,不徇私情。

(5)确定招聘对象

进行比较分析后,按工作岗位需要和面试考察情况进行筛选,确定招聘对象。

(6)通知招聘结果

对所有求职者都发给通知告诉招聘结果。国际上通用的方式是寄发通知函件,或直接明确告诉结果,或用优美委婉的言辞叙述本公司意见。日本的许多公司或学校寄发的通知函件比较委婉,例如若不予录取,就说:“雪花飘飘,白雪皑皑,春草不能发芽,请待来年。”

(二)应聘者沟通技巧

求职者为赢得应聘成功,必须做好如下准备工作:

1. 了解组织

(1)该组织所有制是国有还是私营?

(2)该组织是大集团还是一个小公司?

(3)该组织有哪些子公司或分支机构?

(4)该组织有多少员工?其基本人员结构如何?

(5)该组织出口商品吗?出口什么地方?

(6)该组织年营业额是多少?

(7)该组织在股票交易所上市吗?

(8)该组织近年股票是上升还是下降?

(9)该组织所属行业发展前景可能是扩展还是缩小?

(10)该组织劳资关系记录怎样?

(11)该组织近期是否受政治事件或经济事件影响?

(12)该组织近期是否在新闻报道里出现?为什么?

(13)该组织总裁是谁?其社会影响力如何?

(14)该组织在什么地方?

(15)该组织认真地进行员工培训和职业发展建设吗?

2. 了解自己

先进行自我沟通,了解自己,重要的是要以别人的眼光来看待自己。

(1)你最有价值的经历是什么?

(2)你最喜欢什么？金钱还是地位？为什么？

(3)人们喜欢你吗？喜欢什么？不喜欢什么？

(4)你有哪些特长？你有哪些不足？

(5)在工作中同事怎样看你？

(6)你在工作中和家中是否不同？

(7)人家认为你是一个不好相处的人吗？为什么？

(8)你最近一次发脾气是在什么时候？

(9)你可以用三个形容词描述你自己吗？

(10)在过去的一年中,你最好的主意是什么？

(11)在过去的三年中,你做过的最困难的事情是什么？

(12)你有足够的经验做这个工作吗？

(13)谈谈你自己和你的家人。

(14)家人支持你应聘这个岗位吗？

(15)你最值得骄傲的成就是什么？

(16)在五年内你愿意干什么？十年、二十年内呢？

3. 收集信息

信息来源:组织本身(向组织索取资料,或向公关人员询问);当地公共图书馆或大学图书馆;电视、报纸;个人交往(不同渠道,不同个人)。

4. 接受面试

(1)保持自我

早到,不迟到,深呼吸,镇定、从容回答问题,保留申请表副本,按填写回答,不能所答非所问。

(2)突出良好自我形象

要表现自己的长处,既有能力,又有创造力。讲述,而不是背诵曾经努力工作过的环境特点,能证明自己品质和特点的事情。自然流畅地讲述自己参与过的实践及自己的经历。突出几点:有责任心,工作努力,有工作能力,聪明灵活,渴望学习新技能,能够很快学到新技能。

(3)实事求是

讲述自己好品质时要诚实。表明自己抱负时要理智,谈目标时要与面试时间结合,时间长度表示自己思考的条理性。

5. 应避免的行为

(1)避免无自信心的开始

避免消极的无自信心的开始,忌讳消极无力的语言,如"大概我还没有任何经验,我不知道我是否适合这工作"之类。回答时避免不恰当的语言,要尽可能用专业术语,华丽空泛的形容词反而弄巧成拙。以适度的语言,衣着的整洁得体,言行举止的高雅、端庄、礼貌有教养,展示出自己的自信与自强。

(2)避免迟钝的单调的叙述

避免反应迟钝,答不上时就应尽快把问题引向自己能答的问题,不要慢慢吞吞地显出无奈样子。

回答时应避免高亢激昂或低沉单调的声音。高亢激昂会使招聘面试者因感到有威胁而紧张;低沉单调会使招聘面试者因感到沉重而厌烦。避免语调平淡,讲话要有抑扬顿挫,应注意音高、音量和速度的变化。

例如,招聘者问:"你什么时候可以来公司上班?"你毫不犹豫地笑着说:"现在就可以上班。我连今天的中饭都带来了。"对方会很欣赏你,这充分显示出你的机智、幽默和责任心。并非要你立刻上班,并非每一个人都能立刻上班的,也许有的人参加应聘的时候还没有在原单位办理辞职手续。如果一个人说自己要办理完毕在原工作单位的辞职手续后才能来上班,招聘者一般不会表示反对,因为这也是责任心的一种表现,但他不会用很多时间来等你办手续。

(3)避免反客为主

避免反客为主,本末倒置不能摆正自己的位置。例如:"请问你们有什么问题要问我吗?”,“请问你们公司的规模有多大?中外方的比例各是多少?请问你们董事会成员中、外方各有几位?你们未来五年的发展规模如何?”提出的问题已经超出了应聘者应当提问的范围,肯定会令招聘面试者十分反感。

(4)避免埋怨攻击原工作单位

面试时有可能被招聘者问及离开原职位的原因,若是因为上班路途太长、专业不对口、随迁搬家、结婚等人们都可以理解的因素,你可以如实道来。应避免埋怨或攻击原工作单位。

首先应避免埋怨原工作单位人际关系复杂。现代企业讲求团队精神,你对人际关系胆怯和避讳,可能会被认为你在人际交往中缺乏协调能力,从而妨碍了你的从业取向。

其次是避免埋怨原收入太低,分配不公平。这样回答会使对方认为你是单纯为了收入而来,很计较个人得失,并且会认为你是持“如果有更高的收入,我会毫不犹豫跳槽”观念者,一旦形成了对你的思维定势,会影响对你的评价。现代竞争很注重努力和结果的结合,效益薪金、浮动工资制度是很普遍的,旨在用物质刺激手段提高业绩的效率;同时,很多单位都开始实施员工收入保密的制度,如果这是你离开原单位的借口,你将失去求职竞争优势。

再其次是避免埋怨原上司有毛病。在社会中生存、发展,就得与社会上各种人打交道,什么上司都可能碰上。挑剔上司,则说明你缺乏工作的适应性,你与客户或合作单位的协调就不会顺利。

还要避免埋怨原工作压力太大。现代企业讲究快节奏,许多人都处于高强度的工作生存状态下,有的单位的招聘启示干脆直言要求应聘者能在高强度压力下完成工作任务。

6. 其他应注意的问题

适时到达,争取早到,外表整洁稳重,根据面试者的反映把握分寸,未经许可不能吸烟。

记录要征得招聘面试者同意,礼貌友好,不卑不亢,始终不能忘记微笑,微笑握手,微笑感谢。

面试失利时,不能慌张,要设法掌握面试的主动权。

无论你是一个多么高明的求职老手,对于自己“钟情”单位的面试,虽表面能从容不迫、侃侃而答,但内心仍是步步为营、小心谨慎。其实,只要掌握一些看似微不足道的“细节”,你就能潇洒自如,维持面试的良好气氛。

要善于向招聘面试者提问,但在不该提问时不要提问,忌讳面试中打断招聘面试者的谈话而提问。一个好的提问,胜过简历中的重彩浓墨,会让招聘面试者刮目相看。也有些人面试前对提问没有足够准备,轮到有提问机会时却不知说什么好。

应聘者千万不要与招聘面试者过分“套近乎”。具备一定专业素养的招聘面试者对此最忌讳。因为面试中双方关系过于随便或过于紧张都会影响招聘面试者对你的评判。如“我认识你们公司的××”,“我和××是同学,关系很好”之类,过分“套近乎”也会在客观上占据面试时间,影响自己对专业经验与专业技能的陈述。

聪明的应试者可以例举一至两件有依据的事情来赞扬招聘单位,从而表现出您对这家公司的兴趣。

7. 结束面试

面试结束时,应聘者可以表达自己对应聘职位的理解,充满热情地告诉招聘面试者你对此职位感兴趣,并询问下一步是什么,面带微笑和招聘面试者握手,并感谢接待及对你的考虑,然后微笑着立即离开。

面试结束应巧妙收场,不要逗留。很多求职应试者面试结束时,因成功的兴奋,或因失败的恐惧,会语无伦次,手足无措,或纠缠不休,迟迟不愿离开。这会引起招聘面试者不愉快。怎么才能把握好适时离场的时间呢？一般来说，在高潮话题结束之后或者是在主试人暗示之后就应该主动告辞。

应聘者作完自我介绍之后，招聘主试人会相应地提出问题，然后转向谈工作。招聘主试人会先把工作性质、内容、职责介绍一番，接着让应试人谈谈自己今后工作的打算和设想。然后，双方会谈及福利待遇问题。这些都是高潮话题，谈完之后，你就应该主动作出告辞的姿态，不要盲目拖延时间。

招聘主试者认为该结束面试时，常常会说："我很感激你对我们公司这项工作的关注"，"谢谢你对我们招聘工作的关心，我们一作出决定就会立即通知你"，"你的情况我们已经了解了。你知道，在做出最后决定之前我们还要面试几位申请人"。

应聘者听了诸如此类的暗示语之后，应该主动站起身来，露出微笑，和招聘主试人握手告辞，并且谢谢他，然后有礼貌地退出面试室。

适时离场还包括不要在招聘主试人结束谈话之前表现浮躁不安、急欲离去或另赴约会的样子，过早地想离场会使主试人认为你应聘没有诚意或干事没有耐心。

越是优秀的应聘者，对担任招聘面试任务的工作人员越有威胁，如果对方人品素质不高，是"武大郎开店"，应聘者的后果是可想而知的。如果见势不妙，应聘者可以越过"开店的武大郎"，大胆面见高层领导。仍无结果，更要不卑不亢，扬长而去，拂袖而走。"天生我才必有用"，此处不用你，自有用你处。当代人应有当代人的胸襟胆略和生存意识。

8. 求职申请函件

写申请书

称呼（亲爱的某某先生）

正文——写信的原因（我写信申请贵公司招聘广告中的……工作），理由（我除了具备你们要求的条件外，我还……，如果能将

我作为候选人,我将十分高兴)

落款(你的真诚的……)

附件(申请表、证明材料)

填申请表

申请表应包括以下内容:

(1)基本情况:

姓名,年龄,出生日期,出生地点,婚姻状况,地址(住址、通讯地址、住宅电话号码或 E—mail),现工作单位。

(2)教育培训状况

初中开始所上过的学校或培训班,上这些学校或培训班的起止时间,所获得资格证书(成绩),获得资格证书的时间。

(3)主要经历

职务,担任这些职务的单位,担任这些职务的起止时间。

(4)本人条件

特长、优势(可作一个简短的自传),曾通过哪些考试(考试级别,如英语 A 级、6 级等),有过哪些建树,适合哪些工作。

(5)一般兴趣(其他活动)

业余活动,是哪几个俱乐部成员,任职情况,学校社区、社团活动,任职情况。

(6)证明人:姓名,工作的单位,职务。

(7)证明材料:指身份证,毕业文凭,以及其他证明材料。

证明材料不可将原件交给招聘者,只能交复印件,面试时自己带上原件,出示于招聘者核对,留复印件给招聘者,自己一定记住将原件带走。自己的证件不能交给任何人。无论对方有任何理由,任何借口,都不应该收下你的证件。这是原则,否则后患无穷。

个人简历模式填写说明:

1. 各项内容如教育背景、工作经历等,均可依个人情况酌情增减。

2. 填写工作经历

工作经历是简历的核心内容。

(1)由近至远

先写工作日期,后写工作单位和职务,先写近期的,然后按照年代的顺序依次写出,因为最近的工作经验很重要。

(2)重点说明工作具体内容与经历

一定要把与求职目标相关的最主要、最有说服力的工作经历说清楚。

(3)工作成绩

要把最具证明性的为公司创造利润的相关成绩说清楚。在陈述了个人的资格和能力经历之后,不要过多提及个人的需求、理想等。

(4)语气要坚定、积极、有力

3. 附件,出示学历、工作能力等证明材料的复印件。

下面是两份个人简历模式。

例一:毕业学生求职简历

**个 人 简 历**

个人概况:
求职意向:______________
姓名:________性别:________
出生年月:________年____月____日　　健康状况:______________
毕业院校:____________________________
专业:________________________________
电子邮件:____________________________
传呼:________________________________
联系电话:____________________________
通信地址:____________________________
邮编:________________________________
教育背景:

_______年_______年______________大学______________专业
_______年_______年______________大学______________专业
主修课程:
________________________________________________
注:如需要详细成绩单,请与我联系
论文发表情况:
英语水平:
基本技能:听、说、读、写能力
标准测试:国家四、六级;TOEFL;GRE 等
计算机水平:编程、操作应用系统、网络、数据库等
获奖情况:
________________________________________________
实践与实习:
_____年___月_______年___月_________公司__________工作
_____年___月_______年___月_________公司__________工作
工作经历:
_____年___月_______年___月__________公司_________工作
个性特点:(描述出自己的个性、工作态度、自我评价等)
附件:(序号逐一列出附件数,每件名称、内容)
1.
2.

## 例二:有工作经验者求职简历:

### 个 人 简 历

个人概况:
求职意向:____________________
姓名:_______性别:_______
出生年月:_______年___月___日　　健康状况:______________
年龄:_______岁　　学历:_______________________
毕业院校:________________　　专业:______________
工作年限:_______年
联系方式:
电子邮件:__________________　　手机:_______________
家庭电话:__________________　　传呼:_______________

通信地址:____________________ 邮编:__________________
教育背景:
_____年_____年___________大学_______________专业
_____年_____年___________大学_______________专业
工作经验:
_____年___月_____年___月_______公司_____部门_____职务
_____年___月_____年___月_______公司_____部门_____职务
英语水平:
基本技能:听、说、读、写能力
标准测试:国家四、六级;TOEFL;GRE 等
计算机水平:编程、操作应用系统、网络、数据库等
业余爱好:
___________________________________________________
个性特点:(描述自己的个性、工作态度、自我评价等)
___________________________________________________
附件:(序号逐一列出附件数,每件名称、内容)
1.
2.
3.

## 五、非语言沟通

谈话除了使用语言符号外,还应注意非语言符号的使用。这个问题在非语言符号部分已经讨论。

(一)沉默

俗话说:"沉默是金","沉默是墙"。

一方面,沉默是沟通障碍,也是一种社交惩罚。沉默是尴尬的,有时甚至是一种威胁。沉默传递的信息可能是厌倦、不同意、抵制、满意或不满意、没有任何信息反馈。

另一方面,沉默是在倾听,在鼓励对方继续讲下去,在表露某种感情和态度。

必须巧妙运用沉默;必须善于打破沉默。

沟通时,不善“破冰”(即打破沉默),而等待对方打开话匣,或又出于种种顾虑,不愿主动说话,结果使谈话出现冷场,不能达到沟通目的。有时,有的人即便能勉强打破沉默,语音语调亦极其生硬,使场面更显尴尬。实际上,无论是沟通前或沟通中,双方都应主动致意与交谈,这样会留给对方热情和善于与人交谈的良好印象。

沟通时要防止沉默,保持积极应答状态,对方常常会提出或触及一些让自己难为情的事情。很多人对此面红耳赤,或躲躲闪闪,或撒谎敷衍,而不是诚实作答、正面解释。比方对方问:你为什么5年中换了3次工作?有人可能就会大谈工作如何困难以及和上级的不协调等,这并不合适。正确的做法是告诉对方:“从事不同的工作,丰富了我的知识面,自己也因此学到了许多,也成熟了很多。”

(二)时间与空间

时间反映不同的价值观和态度,缺席,迟到,提前走,都是信息。使用时间的方式上,会对人际沟通造成严重影响。

空间,表示人际距离(见非语言符号),同样影响人际信息沟通。人际沟通时,要根据对对方的熟悉程度决定空间距离。

空间表示地位。办公室里,空间直接与地位相联系,一个公司办公室面积,办公桌尺寸均与地位相关。

另外,空间表示文化差异。欧洲人把办公桌摆放在中间,表示权利由中央向四周扩张;美国人把办公桌摆放在办公室边上,把中间留出来作过道和临时会客的地方。美国人讲究实惠实用。如果有谁非请自至,主人会生气,那是因为自己的私人空间受到了侵犯。

(三)身体语言符号的运用

身体语言符号也称体语,是非语言符号里使用频率最高,是表现力最直接、最生动的语言。如面部表情、眼神、姿势,均反映自信程度和情感状态。沟通时,双方的每种动作都可以传递心理信息和生理信息。

商务活动中,沟通对象的天真、质朴、蠢笨、冷酷、世俗、奸诈、虚假,均透过面部表情展示得淋漓尽致,提供出褒义贬义的各种因素任自己在决策时使用。

推销员的衣着一般没有固定的样式。当他要向富人推销商品时,他就身着昂贵西服,以绅士的模样、白领阶层的情态出现,路上无论向他问路的人,还是向他致意的女士,都是意气风发、彬彬有礼的阔人。当他要向穷人推销商品时,就穿上破衣烂衫,衣衫褴褛地出没于穷街陋巷,此时走在街上向他问路的、借火点烟的,都是流浪汉。"物以类聚,人以群分",相互间不明底细,就靠体语划分清楚后决定聚散。豪华饭店门前立有"谢绝衣冠不整者入内",从这个意义上讲,非语言符号,尤其是衣着与体语,在沟通中尤其显得直接而冷酷。

握手是最重要的一种身体语言。怎样握手? 握多长时间? 这些都非常关键。因为这种手与手的礼貌接触是建立第一印象的重要开始,所以,你一定要使你的握手有感染力。

以下几种握手的方法是不合适的:

用两只手握手,在中国的亲友间、哥们之间、老客户之间经常采用这种握手方式。但是,用这种方式握手在西方人看来不够专业,会让人觉得你热情而友好,同时也会让人觉得你对待沟通对象仿佛是在对待你年长的祖父。

如果拉拉扯扯地握手,并且拉动沟通对象的整个手臂,或者用力过猛让他们全身晃动。这种握手只有和老朋友分别很长时间重逢时才可以。尽管它表示你很友好,但却说明你不能以非常正规的、商业化的方式待人处事。

用力握手时长时间地拖住沟通对象的手,偶尔用力或快速捏一下手掌。这些动作说明你过于紧张。而沟通时太紧张表示你缺少自信,无法胜任这项工作。

轻触式握手显示你很害怕而且缺乏信心。你在沟通对象面前应表现出你是个能干的、善于与人相处的职业者。

在对方还没伸手之前,就远距离地伸长手臂去够沟通对象的手,表示你不止紧张而且害怕。沟通对象会认为你不喜欢或者不信任他们。

和沟通对象握手态度要坚定,双眼要直视对方,要自信地说出你的名字。即使你是位女士,也要表示出坚定的态度,但不要过分用力。要保持你的整个手臂呈 L 型(90 度),有力地摇两下,然后把手自然地放下。

专业化的握手能创造出友善的、平等的、彼此信任的商务沟通氛围。你的自信也会使人感到你能够胜任而且愿意做任何工作。这是创造好的第一印象的最佳途径。

# 第七章 工商管理中的组织沟通

现代社会是一个有严密组织的社会,强烈的协作意识和熟练的协作方法是现代社会对人类的新要求,这在组织控制的过程中,尤为重要。社会的发展,使组织一体化与非一体化的矛盾日渐明显。如何建立有效的信息沟通系统,以适应组织内外信息环境,以消除信息沟通的障碍,是组织沟通的核心问题,是管理组织的核心问题。组织沟通与管理行为,组织沟通中提高管理者的信息传递效应,以及组织内外信息沟通实务是本章研究的主要问题。

## 第一节 组织信息沟通理论

### 一、组织内部信息沟通

(一)组织角色与组织沟通

1. 组织的概念

概念问题是一个敏感问题,每个学者都从自己的理解角度进行界定,然后不能认同其他定义。其实许多只是语义表达的区别,并无实质性重大分歧。我们认为,一般意义的组织是指由于生理的、心理的、物质的、社会的限制,人们为了达到个人的和共同的目标而进行合作的过程中形成的群体。管理学意义的组织是指按照一定的目的和程序而组成的一种责权角色结构(The

Structure of Roles)。

组织结构(Organizational Structure)就是表现在组织各部分排列顺序、空间位置、聚集状态、联系方式及各要素之间相互关系的一种模式。组织结构在整个管理系统中起“框架”作用。在这个框架中,进行正常的人流、物流、信息流,以实现组织目标。信息流是人流、物流的基础。组织内外要正常地进行信息流动,必须遵循组织沟通的科学原则。

2. 组织沟通的概念

现代社会对人与人之间协作意识和协作行为的要求,组织内的不协调因素和现象,都在组织中起作用,许多学者的研究都立足于解决这个问题。从被称为科学管理法之父泰罗为代表的古典管理学派开始,到现代管理学派的行为管理理论,管理科学理论,以及被称为现代管理丛林的理论,管理学界一直十分注重组织协作问题。而当代管理学家们,面临信息爆炸时代,更加注意合作与离散的难题,并且发现,设计与管理复杂组织的核心问题,就是如何进行有效的信息沟通,如何消除内部的沟通障碍,如何建立组织有效的信息系统,以面对来自社会环境中的激烈竞争。

美国组织社会学家巴纳德认为,各种组织都具有三种普遍要求:协作意愿、共同目标、信息沟通。因此组织沟通是管理的最基本最重要的职能。

组织沟通是组织传播者(团体责任人、演说报告人、教师、政府首脑……)把大量分散的人组织起来进行信息传播或通过传播把人组织起来的信息沟通过程。这正如美国组织传播学者G. M. 戈德哈伯说:“组织沟通是由各种相互依赖的关系结成的网络,为应付环境的不确定性而创造的交流信息的过程。即组织内部成员间及组织与环境间的信息互动。”

组织理论学家们也普遍认为,组成组织的过程实际上就是信息沟通的过程。组织成员通过适当有效的信息交流来维系组织的稳定与发展,也是组织信息沟通的过程。

组织沟通要素包括组织成员的相互依赖,组织的信息,信息流通的网络、过程和环境。组织沟通系统包括个人信息系统、二人信息沟通系统、小群体信息系统和组织信息系统这几个层面。

组织信息沟通的网络显示组织中的人际信息沟通具有群体性,组织中有联络者,组织内部信息互动频繁。组织各群体间有联接者,组织内还有不入任何小群体的孤独者。而沟通行为都是受管理行为的制约和影响。

(二)组织沟通与管理行为

对组织的管理就是通过决策、计划、组织、领导、激励和控制等一系列职能活动,合理配置和优化运用各种资源,以达到组织既定的目标。其实质就是通过信息协调系统的内部资源、外部环境与预定目标的关系,实现系统的功能。

管理水平和管理效果与管理过程中信息流动的质量、流动的方式,以及对信息的利用水平密切相关。

1. 组织沟通的管理功能

信息沟通贯穿于整个管理过程。信息沟通是管理的纽带。信息沟通是管理者的主要任务。管理学家明茨伯格(Henry Mintzberg)把管理者任务归纳为三大任务十种角色:人际关系任务;信息任务;决策任务。

明茨伯格认为管理者肩负一个组织的职权和地位,因此产生了各种人际关系,各种关系相互提供信息,以便做出决策。管理者必须设计并维护一种环境,使组织内外的人们得以在这个环境中协调工作,从而有效地完成组织目标。这个过程,实际上也是组织信息沟通的过程。

管理者的任务也是组织信息沟通者的任务。具体应该是:

(1)协调人际关系

管理者作为该组织的头面人物,必须代表组织主持或参与各种社交应酬活动;作为领导者,要指挥下属完成工作任务,力求使下属的需求与组织的目标相配合;作为组织的联络人,要保持组织内部和组织外部的联络与沟通。

管理者与上级和下级,与顾客和供应商,与传播媒体,与同级人员或同级组织的交往,主要沟通形式是组织信息传播。

(2)集散信息

管理者作为内部环境和外部环境信息的收集者,必须不断地监视环境的变化,通过各种信息联络网,使信息畅通无阻,以巡视、约谈、谈判和会议等各种方式,了解情况,收集信息;作为信息的发布者和传播者,必须将接受到的信息与组织共享,其中的大部分信息,需要与相关的组织成员共享;作为组织的发言人,必须对上级负责,对社会负责,必须向上级和外界介绍应该介绍的情况。

这些信息传播过程都是组织沟通的过程。

(3)保证决策及时正确

管理者必须通过组织信息传播实现组织沟通,确保决策的及时正确。管埋者作为企业家,应该不断创新,不断丌拓前进,及时制定并实施组织战略计划和行动方案;作为组织出现失控现象时的调解员,作为资源分配者,作为谈判与决策者,都要借助组织传播所获取的信息使工作得以进行,同时又是在进行组织沟通活动。

管理者作为信息的收集者、信息的发布者和信息的传播者,需要进行自我沟通、人际沟通和大众沟通,而其间以组织沟通为主。与此同时,每一样决策也都是以组织沟通所获取的信息为基础的。

管理过程就是组织沟通的过程。

(三)组织沟通网络

1. 组织内部沟通网络模式

组织网络的主要模式有:

(1)链型网络

链型网络里,信息传播者与受传者之间信息的沟通是单线联系,信息自上而下,或自下而上进行流动。信息只在他们与临近员工之间传播,然后,他们各自再与其他相近的成员进行信息传播,这种网络信息沟通的范围和自由度很小。而且,由于是单向人际沟通方式进行,信息经过层层的传播,传播者根据自己的好恶进行筛选加工的情况不可避免,因此,信息在传递途中丢失或失真的可能性较其他几种网络的可能性更大。

(2)塔型网络

塔型网络指信息传递至上而下,逐渐扩展,形成塔形模式。即组织领导人通过向直接管辖的几个下级传播信息,这几个下级再向他所管辖的几个下级传播信息,如此逐级传播下去,信息受传者逐渐增多。

(3)环型网络

链型网络首尾相连,形成环形网络。相邻员工间进行直接的信息沟通,不相邻员工间,间接进行信息流动。管理者不论处于什么位置,都能接受到反馈的信息。管理者只要向其中一个成员发出指令,信息都会反馈回来。

(4)全方位网络

塔型网络指组织管理者作用不明显,每个成员与其他成员都自由地相互沟通,无中心人物,组织成员处于平等地位,享受完全的信息传播自由,形成全方位的沟通结构,由于沟通渠道多,信息传播最快,协作度最高。

2. 组织内部信息沟通类型

组织内部信息沟通类型可以从不同的角度分类。

按组织沟通的功能分类，费斯廷格（C. A. Festinger）将沟通分为工具式沟通和心理式沟通两大类。工具式沟通指传递关于知识、经验、意见、组织任务的正式信息，以影响组织成员思想、态度，进而改变其行为的沟通形式。这是将沟通作为获取功利的沟通。这属功利型沟通。心理式沟通指通过表达情绪状态，解除紧张心理，获得对方产生共鸣和同情，以改善关系的沟通形式。这属情感型沟通。

按组织结构层次可以分为个体与个体的沟通，个体与团体的沟通，团体与团体的沟通。组织沟通里包含人际沟通。这两种分类前面均已经进行过阐述。

按沟通的性质，可以分为正式沟通与非正式沟通；按沟通的方向，可以分为上下沟通与平行沟通。

（1）正式与非正式信息沟通

正式沟通指通过组织规定的渠道进行组织工作信息的沟通，如组织之间的公函往来，组织内部规定的会议、请示、报告、制度、上级指示、文件下达等等。正式沟通目的、对象明确、直接，对组织成员约束力强。

非正式沟通，指与组织关系不大的信息沟通，如组织成员之间的私下交谈、小道消息的传递等等。容易表露真实的思想和动机，能够获取正规渠道不易获取的信息，气氛轻松，有利于感情交流，但信息真实性差。

正式沟通是组织沟通的主流，非正式沟通是正式沟通的补充。管理者要善于发现非正式沟通中的谣言传播，要及时查明澄清，不能轻信。

（2）纵向与横向信息沟通

按组织内部的沟通方向，兰斯伯格（H. A. Lansberger）将沟通分为纵向沟通与平行沟通。赫吉（J. Hage）则进一步细分为下行沟通、上行沟通和交叉型沟通三类。

下行沟通是上级向下级传播信息的沟通形式，如发布命令、指示、规章制度，报告，讲演等。其信息内容包括：组织目标信息，工作指示信息，告诫提醒任务与关系的信息，工作程序与操作实务信息，工作绩效信息。下行沟通是一种权力的影响，管理者的官僚作风和生硬态度会成为下属的负担和压力，信息失真会造成工作损失，渠道不通会造成沟通障碍。因此，平等热忱清楚明白地传递信息，激发员工的主人翁责任感，是使沟通渠道畅通的保证。

上行沟通是下级向上级传播信息的沟通形式，是管理者了解和掌握情况的重要途径。

上行沟通的信息内容包括：下属组织的决策与工作活动信息，组织成员个人的需求，组织成员个人的表现等。沟通形式如请示、汇报、报告、申请等语言沟通，沟通渠道和形式多样，如设立意见箱，召开座谈会，进行倾听、会谈等。上级只有认真谦虚地倾听，并且愿意倾听此不同意见员工的看法，才能获取于工作有利的良好的意见建议等。

交叉沟通又称为斜向沟通，指组织的某部门的成员与另一不同部门不同级别的成员的沟通。还有如团体与团体，团体与个体等的沟通，也是交叉沟通。其沟通信息包括：部门的工作情况，各自的团体目标与组织目标，涉及两个团体共同利益的问题，团体间冲突的解决办法等。

横向信息沟通指组织内同级别部门间的或个人间的沟通，或不同组织同级别部门间的或人际间的沟通。主要用于业务协商、谈判，或增进团结，加强合作与了解。

上述各种沟通形式，都是信息传播者与信息受传者的信息互动，沟通都是双向的，为着沟通成功，必须也应该都有信息反馈。或者一方主动给予反馈，或者一方主动探寻反馈。尤其作为商务工作者，探寻反馈和建立反馈方式，以及奖励反馈，是获取沟通成功的重要手段。

## 二、组织外部信息沟通

(一)组织与环境信息沟通

1. 组织与环境的信息关系

组织环境指在既定的组织存在的前提下,由各种机构、团体以及个人组成的更大范围的空间。组织受到环境的各种信息的影响和制约,同时,组织信息又作用于环境,组织的活动可以满足环境的信息需要。

例如火锅店是一个既定的单一的组织实体,但作为来自组织环境如顾客、供应商、竞争对手等范围很广的组织和个体的各种信息,都会影响到火锅店的运作。

孤立的与外界没有任何关系的组织系统实际上是不存在的。组织在物质、能量、信息的各方面与环境都存在着交换的关系。一个生产企业要向社会采购原料,但同时也要向社会推销产品;要向社会提供产品,就要收集社会信息,为实现组织目标利用信息。环境向组织提供人力、物力、财力的同时,更提供有关的信息,组织与环境的关系,根本上是信息交换的关系。并且,环境信息的反馈,对组织活动起着调节作用。

2. 组织环境信息的内容

组织是社会的一个细胞,无论是组织的一般环境还是间接环境,都影响着组织活动。来自环境的信息如政治形势,宏观和微观的经济信息,文化背景、意识形态、社会价值观、风俗习惯、生活方式等文化信息,战争因素、军备、国防投资等军事信息、法律系统的性质、法律、执法、立法等法律信息,教育层次、教育内容、受教育人数、教育的普及程度、重视程度等教育信息,人口的数量、地域分布、年龄性别结构、知识结构等人口信息,自然资源的质量、数量、可获取性等资源信息、生态环境信息等等,都使组织活动受到制约。只有及时准确地获取上述信息,才能消除组织所面临的不良影响。

格鲁尼格和亨(Grunig & Hunt)为了描述组织所必须应付的上述各种环境,提出了四种分类,认为最直接地影响组织的环境信息主要来自四个方面:

(1)授权型:政府,管理机构,审查、办发许可证的机构。

(2)功能型:原料供应商,雇员,职业中介机构,顾客,财政管理机构。

(3)规范型:贸易协会,行业组织,竞争者。

(4)普通型:当地社区,传播媒介,公众。

组织所处的复杂环境由上述不同特性不同种类的信息传播者,同时又是信息受传者组成,组织是"和谐平稳"还是"动荡不安",都有上述几方面影响。金泽尔·克雷默和萨顿(Ginzel Kramer & Sutton)在1993年提出:尽管组织信息的受传者会在很多层面上不断地变动,但我们最重要的问题还是,要辨别清楚对组织是支持性还是敌对性的环境成分。特别是当组织危机面对公众时,这种区分就显得尤为重要。因此,组织必须时时与组织环境进行信息沟通,管理者在沟通过程中的任务十分重要而且十分艰巨。

(二)组织外部信息沟通功能

1.组织间的协调

组织要在复杂的社会环境中生存和发展,组织之间必须形成持续的相互关系。这种错综复杂的组织关系,形成组织之间相互谅解,相互沟通信息,相互交换资源的"超系统"。怎样发展和维系这种组织之间形成的"超系统"组织的关系,林和范·德·维恩(Ring & Van de Ven)于1994年提出了组织信息沟通模式,认为组织之间关系发展要经历三个阶段:协调阶段、承诺阶段、执行阶段的信息沟通。如图7.1组织间信息沟通合作关系发展过程框架图。

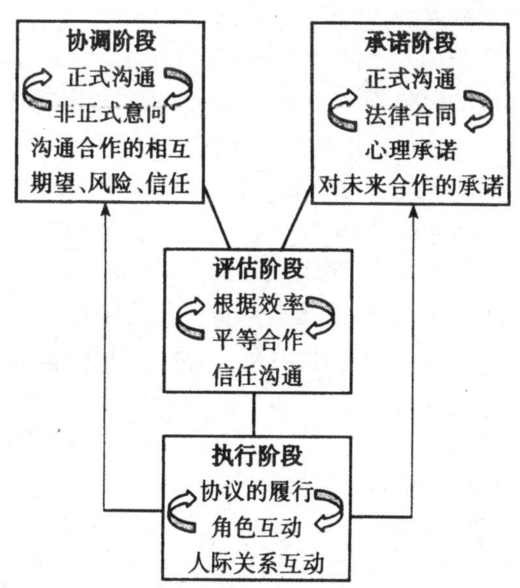


**图7.1　组织间信息沟通合作关系发展过程框架图**

第一阶段，即协调阶段，双方形成对组织间合作前景的期望。这一阶段包括正式的协商和非正式的意向作为各方代表人会谈时，试图确定"与交易相联系的不确定性、各方将扮演的角色性质，以及对方的可信度"等等问题。

第二阶段，即承诺阶段，各方对"今后合作关系中互动的义务与规则达成一致"。

第三阶段，即执行阶段，组织各方履行协议的内容。在整个过程中，组织关系的发展将从完成任务的效率和组织各方平等与否两方面来评估。

这三个方面所构成的沟通过程，实际上是组织之间的交流。第一是物质的交流，第二是信息的交流，是组织之间象征性符号资源的（信息）的流动。这两种交流并不是各自独立的，组织之间的物质流动伴随着能动性信息的流动。

对上述组织间联系的层次，兰斯伯格（H. A. Lansberger）同样作了三个层次的区分：第一，组织间联系，指在不牵涉特定的组织角色或个体时，组织之间发生的物质和信息交流；第二，代理式联系，一个角色充当组织的正式代表，与对方组织代理人进行相互沟通；第三，个体间联系，指某组织个体之间的物质和信息交流，各方面都站在组织而不是站在自己的立场上进行沟通。

当一位推销员去拜访其他组织的一位代理采购员，在讨论今后是否有可能的销售计划时，就有可能发生代理式的组织沟通。当两家公司合力开发当地市场时，是属于组织间的物资交流，而这是建立在组织沟通的基础上的交流。并且，这种关系发展起来的组织沟通形式将是多方面的，例如贸易协会、代理机构联盟等，都有助于推动组织之间为着共同的某项组织目标，如合作项目、连锁经营等的实施及其成功。同时，这些做法也有助于推动组织内个体与较大社团目标的实现。

总之，无论怎样分析组织之间联系的层次和内容，这种错综复杂的组织关系，都是借助组织信息沟通进行组织间的协调，只有形成组织之间相互谅解，物质交换才有可能实现。

2. 组织形象的创立与维护

现代企业不是去适应环境，而是为了实现其长远目标，通过自身的存在与言行来塑造环境，创立与维护在公众中的积极的组织形象，或者令大众对企业形成一个叙述性的、评价性的，令人产生倾向性心理的良好印象。这种良好的公众形象有助于企业发展的长远目标的实现。

诸如“生产增长，效率提高，质量提高，技术创新，良好声誉”

等之类叙述性或评价性语言大量出现于组织对外的年度报告和组织内部的文件上，实际上也是为着组织形象的创立与维护而进行的组织信息沟通。

借助组织沟通创立与维护组织的公众形象的事例不胜枚举。美国保险业就常常精心策划公众信息运动来引发诉讼危机，然后又使其合法化。尤其在组织面临危机时，组织形象的维护尤显重要。例如发生疯牛病和口蹄疫后的英国，“挑战者号”爆炸后的美国宇航局，购进大肠杆菌肉食品的汉堡王，2001 年上半年以来，实际上是提高了电话收费标准却又喋喋不休地大肆宣传降价的我国电信垄断行业等。

因为组织面对表示支持和表示敌对的各种因素，及时做出各种反应，调整各种解释，实际上都是在积极观察环境信息，及时掌握外界反应，并及时进行信息调控，以及时在变化中的环境里维护组织形象。

3. 沟通服务取代促销

信息经济和服务型经济的商业环境，要求企业向顾客提供的不止是实物商品，更包括向顾客提供有效的信息服务。服务形式和行为以及带给顾客的满足程度，直接影响企业竞争力和企业利润。

20 世纪 90 年代以来，营销界已经开始由以企业为主控核心的“4P”（产品、价格、通路、促销）进入以消费者为核心，强调与消费者沟通的“4C”（消费者欲求、消费者获取满足的成本、购买的方便性、传播达到沟通）了。尤其进入 21 世纪后，通过信息传播达到沟通目的实现促销愿望的营销手段，定会逐步取代传统的促销活动。

我国长期的计划经济使很多企业忽视了向顾客提供有效服务的重要性，现在许多公司选择了十分积极的态度，向公众承认过去的服务不周，保证今后提高质量。我国许多城市的公交行业在这方面做得很成功。通过宣传售票员李素丽热心服务的事迹，改善了服务态度和服务质量。虽然提高了票价，但车上售票员的热情宣传殷勤周到并未使乘客人数减少。

组织外部沟通功能，在很大程度上取决于为顾客提供服务时的信息沟通态度。当然，提供服务有时会涉及到员工的情感操劳以及相关压力，员工的紧张情绪除了靠员工的自我沟通来解决外，还涉及到组织的不切实际的工作要求，这要靠组织管理人员与员工的沟通及其对员工的信息反馈来解决，也是组织沟通的一个重要方面。

综上所述，组织外部沟通无论是微观角度的向顾客提供服务，组织代理人以人际沟通的形式接待顾客，还是宏观角度的组织形象的建立与维护，或者与其他组织建立资源流通或信息交流的联系，都是为着实现组织目标。而这一切的外部沟通事件，在很大程度上都取决于将组织与外部世界连接起来的沟通者，组织界限沟通者在组织沟通活动中，以及对组织生产运作起着不容忽视的作用。

## 三、影响组织沟通效率的因素

### （一）组织准则与从众性和凝聚力

#### 1. 组织准则

组织准则即组织规范，指在保证组织活动条件下由组织成员共同建立和遵守的行为标准或规则。组织准则包括组织正式规定的如员工守则等，还包括未经组织权利系统确认的成员间约定俗成地形成一种默契的非正式规范，大家都心照不宣地遵守的规则。

组织准则既可约束组织成员的积极性，又可发挥组织成员的积极性和创造性。组织管理者应善于发现和改善不合适的组织准则，以求信息传播和人际关系的良性发展。

2. 组织凝聚力

组织凝聚力指组织本身对其成员的吸引力，以及成员之间相互的吸引力。凝聚力产生向心力。凝聚力强的组织，信息传播频繁，信息传播效果好，人际沟通和人际关系就和谐。

（二）组织信息沟通者

1. 信息传播与信息受传

组织信息沟通者的任务是从环境中获取信息，经过组织处理后再向外部进行信息输出。组织的采购人员收集信息，销售人员向外传播信息。在这个过程中，他们一方面受到自己组织工作目标的压力，另一方面，要受到外部组织的协商对手的压力。双重冲突的压力下，还由于远离组织在外工作，难以避免组织内部的猜疑与不信任，沟通起来，瞻前顾后，格外费力，因此尤其要注意沟通技巧。

2. 信息选择与信息整理

信息筛选与信息整理的过程必须判断正确，不能错误地肯定，也不能错误地否定，否则会给组织造成严重后果。许多时候，进入组织的信息需要协商，但更多时候，接受环境信息只是需要仔细筛选、过滤。

例如对采购的原材料的验收，对出厂产品的检验，对应聘者的考核等等。其中对信息的错误肯定与否定，都会给组织造成不良后果。再如，对一个能力强的应聘者的拒绝，就可能会给竞争对手增加一个得力成员。从组织的角度过滤信息，可以避免自己的决策和组织的决策的失误。

3. 信息查询与信息收集

组织信息沟通者在瞬息万变的环境中，必须谨慎地查询和收集信息，高质量的信息可以决定组织的生死存亡，组织沟通部门对任何可能影响组织的信息必须保持高度的敏感。

需要查询与收集的信息主要有两类：

一是运作信息，日常决策所需的数据、资料，监测收集较容易，因为知道信息源在哪里。例如投资公司所需的有关股票、货币市场新动向的信息，以及国际国内的经济法规，企业并购的趋势等各种信息。

二是不可预知信息，这种信息一旦发生就有可能对组织产生不可预知的影响。例如食品结构中的某种物质对人体影响的信息，食品业就要有意识地跟踪某些医药杂志，查询影响组织运作的信息，因此，随时都要保持高度的信息敏感性。

4. 代表组织提供信息

代表组织向外界发布有关组织自身的信息以形成或影响他人对组织的认识行为。组织的职业公关人员、游说者、宣传代表以及广告策划者等，任务就是经营组织形象。不止是他们，哪怕是售票员、收银员，任何一个角色都会影响公司形象。而处于前台的高层管理者，更是关键人物，正如比尔·盖茨是微软公司的象征一样，组织的每一个人都代表公司形象。

5. 保护组织

组织沟通者还承担有保护组织免受外部环境的侵扰，代表组织承受外部压力的职能。

如果公司总裁或总经理事无巨细都一概包揽，公司又怎样发展？例如美国微软公司的总裁比尔·盖茨，他有时间天天接待每一个来访者吗？

对外沟通者的任务还包括对组织核心机制的保护任务。例如接待员、秘书、组织发言人、组织公关人员等，甚至包括警卫。他们的任务是防止外界侵犯、干扰组织核心，尤其当组织处于危机时刻，他们要代表组织沟通信息，代表组织应付公众，以保证管理人员集中精力处理各种事物，应付各种危机。

组织沟通者面对组织内外的各种状况，要完成上述各种沟通任务,就必须进行组织内外信息的良性沟通,以实现组织目标和组织计划。同时,组织沟通者还必须协助组织领导认真策划并实施切实有效的沟通实务,如会议、讲演、谈判、商务文件、视图与数据等。

## 第二节　组织沟通实务

组织沟通的方式很多,美国传播学者凯瑟琳·米勒(Katherine Miller)于1999年将当前的组织沟通方式与当前沟通技术分为九种:

电子邮件(E-mail),计算机使用者在终端创建书面文档并通过计算机将其发送给其他使用者。其传输的信息可以恢复、存档或删除。

语音邮件,通过电话留言或恢复语音或语音合成信息。可以对信息进行编辑、存储、发送。

传真(FAX),通过计算机或传真机将文本的图像发送到另一地点。

音频和视频会议,与会者在不同的地点参加集体会议。可以传输声音、图像和图表资料。

计算机会议,可以同步或不同步参与特定议题。参与者可以向个人或全体与会者发送信息。可以对与会者进行投票统计和保留会议记录。

信息管理系统(MIS),通过电脑系统将组织的信息加以存储、合并,以供制定决策时恢复和使用。

集体决策辅助系统(GDSS),通过配置计算机和通信技术来维护数据源、增大信息容量,为个人或团体提供决策构架。

局域网或广域网(LANS,WANS),特定团体或大量组织成员的个人电脑联网,因此共享计算机资源。

因特网与万维网(WWW),因特网是世界范围内计算机电信设备连接的复杂系统。万维网是在因特网基础上以多种途径提供图表、信息资源的系统,并且由此可以登陆其他万维网站。

这九种方式和技术都是我们日常用着的,组织内有专门的技术人员进行操作。而管理者最直接最经常使用的沟通方式,主要还是讲演、谈判、会议、会见、商务文件和视图与数据。下面我们对这几种方式分别进行研究。

## 一、讲演

### (一)讲演的概念和讲演的沟通作用

1. 讲演的概念

讲演是指在多数人面前,就特定话题,面对公众公开发表讲话。主要指信息沟通者进行的演说、报告、会议发言、开幕词、欢迎欢送或答谢词等。讲演与演讲,是同义复词,意义相同,人们根据自己习惯使用这个词语。

平时组织成员间的非正式交谈,或口语化的闲谈,只叫谈话,不是讲演。

2. 讲演的沟通目的

美国传播学者们经调查研究表明:

工作时间占人们全天时间的70%,其中,讲演占30%,仅次于占45%的倾听。美国传播学者菲利浦斯(G. M. Phillips)认为组织传播中的讲演可以达到9个作用:

(1)与人们分享经验;

(2)在人群中对进行中的事件进行评价;

(3)与若干人交流看法;

(4)在若干人中解决问题或做出决策;

(5)鼓励人们去行动,对某事件或某行为表示赞美或指责;

(6)在行动之前探讨多数人看法;

(7)就观点进行论辩;

(8)批评或反对某种观点;

(9)进行非正式社交。

3. 缺乏讲演能力的不利因素

组织沟通中,无论是正式沟通还是非正式沟通,无论是管理人员还是普通员工,由于缺乏讲演能力,常常造成沟通障碍。说不好的确会造成许多不利因素,例如:

(1)不能说清自己意见;

(2)由于说了一些与主题无关的话或愚蠢的事,使自己看起来像个庸才;

(3)由于不能提出机智的问题,就无法得到最重要的信息;

(4)人家怀疑你在造谣或散布谣言;

(5)人们会认为你是一个责诘者、发难者;

(6)过于高深莫测、趾高气扬或屈尊俯就,会削弱人们对你的信任感;

(7)想要表达自己看法时,会失去争辩机会;

(8)被认为是一个令人讨厌的人。

(二)讲演的准备

很多人害怕公众演说,怕讲演是感到紧张、害羞。其实只要做好讲演准备,做到胸有成竹,讲演并不困难。

1. 首要问题

(1)讲演时间

讲演者准备何时进行讲演,对方要求讲演者何时进行讲演?要确保足够时间准备讲稿、讲演方法和演示材料。

讲多长时间?时间越短,越要精心准备。怎样在最短的时间里表达观点,最能检验讲演的技巧和水平。若你只请我讲几分钟,我要用两周时间准备;若你请我讲一小时,我用一周时间准备;若你不在意我讲多久,我现在就讲给你听。

(2)讲演地点

自己是否熟悉环境,听众是否熟悉环境?环境的状况,在讲演前要亲自去现场参观和询问。有不满意的要及时提出来,尽早安排。例如:房间大小、类型,原有用途,座位是平地式还是阶梯式,计算机、幻灯、投影仪等设施是否齐备,音响效果怎样,灯光怎样,都是考虑因素。

座位的安排以与听众距离近为好,容易形成信息互动。也可采用半圆形布局,比教室型更亲切自然。窗户要通风透气,避免穿堂风使听众不适。灯光明亮,不要把灯光放在讲演者背后,造成剪影。开关的位置要适中。计算机、投影仪应接通电源,并且开关顺手。自己会挡住屏幕吗?讲台有麦克风吗?自己站立还是坐着,凳子在哪,怎么坐?相关细节都应观察和调整。

(3)听众

听众是属于哪个群体?讲演者要大致了解听众的思想状况,文化程度,知识结构,年龄性别结构,职业状况,愿望要求,急需解决的问题,以及他们对讲演内容的了解程度和所持的观点、态度、主张等。

(4)讲演原因

自己进行讲演是出于例行公事,还是完成专项组织任务,还是由于自己的特殊地位或特殊学识。讲演者明白讲演的内容对企业的意义,对社会环境的意义,对听众的意义和对听众提供的参考价值,讲演时就会有针对性。

(5)讲演方法

讲演者在思考讲演的技巧和方法时,要考虑怎么讲的问题,是正式讲演,还是座谈,还是引导讨论。如果讲演过程安排有讨论的时间,可以不讲全部内容,以便留下时间给听众讨论,以使自己在讨论时能提出有针对性的问题,使自己在答问时有新内容可说。同时,讲演时提问的时间,提问的方式等也应列在讲演时间的考虑之中。

2. 适应环境

讲演者在讲演前应该对讲演环境进行实地考察,理想环境与实际环境不协调时,要对环境进行修改和协调。

讲演场地的大小最好适合于听众的人数。如果上司要求的听众人数多,而场地小,或者说服上司增加讲演次数,或者调整场地。灯光、音响、座位等,都应当预先调试和适应。

罗素·康威尔的著名讲演《如何寻找自己》被誉为世界上最成功的讲演之一,他先后讲过近六千次。他每次讲演都要提前到达该城镇讲演现场考察,而且还要去该城镇的邮局、旅店、学校甚至理发店同人们交谈,了解他们的经历及其目前所拥有的发展机会,然后才发表演说,对那些人谈论适合于他们的题材和他们熟悉的当地的题材。

(三)讲演者的修养

一个成功的讲演者,应该具有良好的修养。讲演的修养集中表现在"德、才、情"这三方面。

1. 德——思想品德

一个讲演者如果人品不端正,讲的话就没有人喜欢听。鲁迅先生一生作过五十多次讲演,每次都受到青年听众热烈欢迎,除了其高超的讲演艺术外,重要的是青年们景仰鲁迅先生的人品和文章。

"德"的修养包括如下四个方面:

(1)献身精神

具有为真理为正义献身的精神。讲演者对自己的观点和看法应该敢于明确地讲出来,而不是瞻前顾后,遮遮掩掩。古希腊哲学家就曾批评含糊其辞,躲躲闪闪,听众不知所云的讲演语言是"懦弱思想的避难所"。闻一多先生能冒着生命危险出席李公朴先生的追悼会,成功地发表《最后一次讲演》,正是因为具有献身精神。纵然遭到敌人杀害,但他"拍案而起,横眉冷对,宁可倒下,不愿屈服"的大无畏精神和他的讲演光照人间,永垂青史。

(2)讲真话

讲演者没有实事求是之心,只有哗众取宠之意,讲假话、讲空话,谎言欺众,只会引起听众的反感和愤怒。

(3)尊重听众

相信听众,尊重听众,听众才会产生共鸣。如果讲演者以父母人格的自我状态讲演,居高临下,目中无人,听众只会嗤之以鼻;如果好为人师,站在讲台上训人、教育人,将自己当诸葛亮,把别人当阿斗,听众只会有反感,而不会有共鸣。

(4)自信和冷静

自信和勇气来自自己对事业对生活的信心和顽强的作风;冷静,依赖于理智。用理智、勇气和冷静来克制紧张和急躁,讲演就能顺利进行。

2. 才——才识、表达能力

"才",不是指天才,而是指才识和表达能力。才识高,表达能力强,是讲演成功的重要基础。才疏学浅,表达能力再强,也讲不出深刻内容。讲演内容可以涉及百科全书,古今中外,乃至人情世故。

讲演需要的最直接的才识包括五个方面:

(1)专业知识

不仅了解本社区、国内、国际法规政策,了解当前社会情况,具有一定社会经验,还要精通经济、管理、本专业知识、本企业生产流程和产品等方面的知识。

(2)文艺知识

文学艺术源于生活,是生活在作家头脑中的反映,具有认识作用、思想教育作用、美感教育作用。加强这方面的修养,才能增强讲演的生动性和形象性。

(3)语言知识

讲演者对讲演时使用的语种的语音、词汇、语法、修辞等都应精通,应选择自己最熟悉的语言进行讲演,最好用自己的母语演说。自己对母语最熟悉、最精通,也最能展示自己的爱国主义精神,这是自己力量的源泉,自信心的保证。一个不爱祖国的人,不尊重自己民族语言的人,很难想象是个有爱国心、自信心和自尊心的人。

讲演时间杂许多口头禅,嗓音不清,咬字不正,用词不当,颠来倒去总是几个词,总是一种语调,毫无变化,不管内容如何,都不可能讲出好效果。

(4)逻辑知识

要掌握思维的规律和方法,否则会出现语无伦次,条理不清的现象。

(5)表演知识

讲演者应该具有一定舞台经验,多少具备一点表演才能,将有声语言符号和身体态势非语言符号所承载的信息内容同时输出,听众接受起来更有兴趣。

总之,自然科学与社会科学都熟悉,讲演才有可能左右逢源,头头是道,才有可能解决听众的实际问题。

3. 情——热情、爱情、真情、激情

“情”即感情。讲演者应该用热情、爱情、真情、激情打动听众,感染听众。用情感启发人、鼓舞人、调动人的感情。讲演者必须是“有情人”,懂得爱、恨,并且与听众感情息息相通,脉脉相连。讲演者真诚的“五讲”、“四美”、“三热爱”,“三个代表”,定能鼓动听众共鸣。

“德”、“才”、“情”,是讲演者应该具备的修养,这三者是相辅相成的,有德无才不行,有才缺德不行,有德有才无情无义也不行。有德、有才、有情的人,听众才喜欢。

(四)讲演信息的开发

1. 信息收集

讲演题目选定以后,就要注意收集信息。美妙的语言加激昂的声调并不是讲演。真正成功的讲演观点鲜明,例证信息和情感动人。因此,需要花大量时间查阅收集信息,尤其是数据信息和例证信息,甚至包括趣闻轶事。没有例证,就不能打动听众。富有哲理的概括,冷静的分析,热情的鼓动,都需要大量信息的支撑。

2. 理顺思路

考虑讲演内容的逻辑关系,理清思路。深思熟虑的基础上,可以与朋友或同事讨论讲演主题。还可以携带笔记本或卡片,随时记录灵感。

3. 安排结构

根据逻辑性和系统性需要来安排材料的结构,处理好段落与层次、开头与结尾、过渡与照应、详讲与略讲。讲演内容的结构安排要具有逻辑性和说服力,清晰、完整、跌宕、灵活。

(五)讲演的方法

1. 开场和结束的方法

(1)开场的方法——形成良好的第一印象

听众坐定即开始讲演;不必表示歉意,充满自信,不必为自己的知识、主题、讲演技巧甚至自己的衣着风度感到惭愧,要避免软弱无力的措辞(如"请容忍我"、"据本人拙见"之类是讲演禁忌语,也不要用陈旧的俗套"今天我很荣幸"之类);开场白有新颖性和吸引力;简短并让人有兴趣听下去;循序渐进,不要过早进入讲演高潮。

开场的讲演方法很多,例如:简洁地说明主题或标题(不必深入谈);叙述讲演目标和计划(最好用演绎推理的方式,比较安全);以非正式话题开场("几天前,我遇见……","××曾和我谈论过关于……的问题");提问,提与讲演主题相关的问题,并推测("如果我们要占领那个市场,我们必须……吗?","如果我们要发展经济,必须以牺牲环境作为代价吗?");讲一则趣闻或笑话(需幽默可笑的,若索然寡味并不可笑,仅自己在憨笑,听众无共鸣,状况会很难堪);罗列事实或数据告知并吸引听众注意;引证(规章制度,政策法规,组织目标,名人名言);号召煽动("不让化工厂关门,我们住在附近的人就没法活下去!","坚守,并努力完成我们公司的目标,就能医治创伤,把企业做大做强!","难道企业的发展壮大与员工职业培训无关?难道培训员工是浪费企业金钱和时间?")。

开场白只是一个介绍而已,不要太长,也没有固定样式,讲演者只要展开想象力,选一个突出自己个性的方式,尽快顺利进入主题就行。

(2)结束的方法

总结(概括总结讲演提要而不是重复和再度解释);引证或以简短而切题的故事(证明主题);选择(就问题提出解决方案);号召激励(提出鼓动性口号,或提出令听众受益的方法);唤起良知(唤起正义感,用于抨击某种观点或行为的主题时)。总之,结束时,要使自己意尽,干脆、有力,又要让听众余兴未尽,或者尽兴而归。

2. 讲演中的技巧

几乎每一个国家领导人都能够进行精彩的讲演,曾任美国总统的尼克松在他所著的《领袖们》一书中,对每一位领袖的讲演技巧都进行过描写。例如:

对曾任法国总统的戴高乐的描写:他讲演的口才是出色的,他的低沉而爽朗的声音,和他安详自若的风度结合在一起,使他给人一个鲜明的父亲般的形象。他操法语就像丘吉尔那样华贵而豪放。这是一种古典的、近乎古代的法语。他口齿清晰准确,语音回荡,我想,甚至没有学过语言的人,也会理解他的意义。他常靠情节、背景、精湛的表演技巧,以及由他自己编造的双关语等,去争取各种观点完全不同的人的支持,因为他的讲话,兴趣不同的人都可以有不同的理解。

对麦克阿瑟,这位美国名将,叱咤风云的军事家和讲演家的描写:他是一位天赋的有鼓动力的演说家,有着听众着迷的口才,像丘吉尔那样工于辞令,使成千上万听众倍受鼓动,并使大多数自由主义者折服。在议会联邦会议上,他发表"老战士决不会死亡"的演说,派头十足,谈吐有力,简直令人陶醉。他的讲演一次又一次被喝彩声打断。但他饱含感情地用"老战士决不会死亡,他们只是渐渐地消失"的话语向大家告别时,许多议员眼里噙着泪水,如醉如狂地欢呼着,跳跃着。当麦克阿瑟庄严地走下廊道步出会议大厅时,掌声还经久不息。

对周恩来总理的描写:周恩来的敏捷机智大大超过了我所知道的其他任何一位世界领袖,这是中国独有的、特殊的品格,是多少世纪以来,历史发展的中华文明的结晶。他待人谦虚、沉着、坚定。他优雅的举止,直率而从容的姿态,都显示出巨大的魅力和泰然自若的风度。他从来不提高嗓门,不敲桌子,也不以终止谈判相威胁来迫使对方让步。他在"手里有牌"的时候,说话的声音反而柔和了。周恩来的这种坚定自若,与赫鲁晓夫的滑稽可笑和勃列日涅夫的矫揉造作恰成鲜明对比。在谈话中,他的四个特点给我留下不可磨灭的印象:精力充沛,准备充分,演说技巧高超,在压力下表现得泰然自若。

最近,全球传播媒介对我国总理朱镕基的报道也很多,称他讲演时机智、大度、潇洒,高度赞赏他的人品和能力。

美国前任总统克林顿离任后到处发表演讲,虽然他的要价很高,每讲一场要收取 10 万美金的出场费,但邀请他讲演的国家和地区络绎不绝。最近他在我国的一次讲演也深受欢迎。除了他讲演的内容之外,其精湛的讲演技巧也是为大家称道的。

领袖们精湛的讲演技巧可以归纳为态势、表达、穿插和声音几个方面。

(1)态势技巧

首先以风采引人,以非语言信息镇场。

讲演者一步入讲台,就会引起听众注意。按听众的心理活动,通常是“一看、二听、三研究”。

“一看”,是看讲演者仪表神态,风度气质。第一印象,很重要。听众审美观各不同,张三以新鲜奇异为美,认为有浪漫色彩,合时代潮流;李四以朴素自然为美,认为是现实主义。人们对衣着、发型、装饰品的要求各式各样,色彩缤纷,这显示出人民的生活水平和时代风貌。但讲演的标准最好还是以整洁、舒适、色彩调和为宜。衣着过分离奇古怪会把听众注意力转移到自己身上,那样听众就不再注意讲演内容了。首先要保持自我,精力充沛,神采奕奕,仪表端庄,注视着你的听众,以非语言符号引人。如果紧张,作一个深呼吸,放松。

刚参加工作的年轻员工,常会怯场,脸色发白,激动不安,肌肉紧张,四肢颤抖,手足无措,这等于宣告讲演失败。管理者对他们不要过多责备,可以让他们在组织内多锻炼一下,消除怯场后再安排出去搞公关活动。

“二听”,是听讲话的语言、语调。要正确发音,不能拼命喊叫。讲演者要以声音动人,以热情感人,可以以态势助说话,手势要有目的性、有个性、确切精练、自然活泼。

用眼神交流信息的技巧很多,例如,环顾法可以控制会场,照顾全局;专注法,将眼光停留在某一角落或某一部分,用眼神来启发、引导、鼓励听众,或用眼神来制止个别听众走神、骚动等;虚视法,似看非看,其实什么也没看,可以用来克服怯场。这样,声带的负担就会减轻。

“三研究”，是研究讲演者的观点、思想、态度、感情。这主要指听众研究讲演的内容和表达的方式。

(2)表达技巧

要使讲演内容令人信服，语言必须简洁、坚定、有力，并且要注重停顿、重音和语调。

停顿包括语法停顿和心理停顿。

语法停顿的技巧较多，例如短句一口气说出。使用长句时在主语之后略微停顿，然后再继续说下去。定语与中心词之间不要停顿。心理停顿的技巧在于有意识地突然停顿。美国第十六届总统林肯，在讲演时就习惯用这种心理停顿方式，有的教师讲课也喜欢用这种停顿方式。

重音主要用于意义上和感情上需要强调的时候，起加强气势的作用。

语调的处理要有高有低，讲究抑扬顿挫。

(3)穿插技巧

讲演时拐个弯，插入别的事情或启发人兴趣的话，说个笑话，讲点趣闻，讲个故事，唱支歌，运用各种笑，以自己的讲演内容、语言和情态引人发笑等都是很好的穿插。

讲演的内容和穿插中的非语言符号的恰当运用，以及由此而烘托的热情、和悦气氛，能加强讲演中的信息互动。

(4)声音技巧

讲演的气势烘托不是拼命喊叫，而是在正确发音的基础上用手势、表情、眼神等非语言符号说话。讲演时不能不断地过量地喝水。讲演过程不宜喝过量、过烫或过冷的水，否则会损伤喉咙和声带。

即使你是刚参加工作的员工，只要你明确讲演的目的，做好讲演的准备，努力培养自己讲演的修养，认真开发讲演的信息，安排好讲演的结构，注意使用讲演的技巧，并且用自己最熟悉的母语进行演说，大胆自信地讲出自己的看法主张，最终能像领袖们一样赢得讲演的成功。

## 二、商务谈判

(一)谈判概说

商务谈判是指双方或多方就某些重大经济问题交换意见。沟通信息，以达到协调一致。

谈判的具体内容是双方面对面地就某一种需要，寻求一个解决问题的答案，问题的解决要依赖于另一方的参与及参与的各方都尽可能地争取自己的最大利益。但另一方的最大利益就意味着一方的最小利益。最后是双方各自妥协的结果。

谈判过程：

谈判的准备阶段—提出方案—协商和妥协—签约

(二)谈判准备

1. 人员构成

(1)人员组织构成

主要负责人

主要负责人的职责是挑选谈判小组成员，制定谈判计划，组织并实地指挥谈判方案的实施，落实记录，调动全体成员的积极性和创造性，补充或纠正主谈人在谈判中的偏差与失误，以确保谈判成功。

主谈人

主谈人必须思维敏捷，口齿伶俐，承担的任务是说服对方接受自己的方案。

陪谈人

陪谈人指陪同谈判的职能专家和记录人员，如工程师、律师、经济师、会计师、翻译等。其任务是负责回答谈判人的咨询，提供信息和参考意见，记录，需要时，出面回答问题，但必须与谈判人保持一致意见。

(2) 人员性格构成

独立型与顺应型

谈判中要有性格外露、善于交际、处世果断、乐于承担独立性较强的工作的，具有独立性性格的人；也要有性格柔和、为人随和、善于从事按部就班工作，独立性较差的人。二者结合，有利谈判事务的处理。

活跃型与沉稳型

活跃型人精力旺盛，思维敏捷，情感丰富，但情绪容易波动；沉稳型人性格孤傲，不善交际，但有耐心，办事稳健。谈判需要这两者的结合。

急性型与精细型

急性型人待人热情，但易激动，浮躁；精细型人做事细心，能冷静分析处理问题但琐碎。两种类型的人在谈判中各有所长。

上述不同性格的人，在谈判中同时发挥各自的作用，就能保证在谈判席上，面对各种情况都能应付自如。

(3) 谈判人数

单人谈判：单个业务员为单项采购或商品推销，与对手谈判成交签约。

双人谈判：共同对付所有的讨价还价，心理上有安全感、容易平衡，远离公司本部，“将在外，军令有所不受”，自主性较强，有问题可以进一步与对方相互协商讨论。

五人谈判组：由管理人员、工程技术人员、法律人员、金融人员、翻译员等组成。

大型谈判团：大型谈判团多达数十人，阵容庞大。大家围绕一个既定目标谈判。参加人员成分复杂。在我国计划经济时期，参与企业经济谈判的不只是企业领导，甚至连政府部门也常常派不少人参与其间。当然，人太多，意见不容易统一，这对谈判有时不利。

2. 商务准备

(1)资料准备

生产规模，项目总投资额，各自的出资方式，资金来源，贷款利息，产品内外销售比例，以及利润、税收、利益分配原则，产品性能、技术和设备的先进程度，技术转让的方式，人员培训等，列出要对方告知的内容和自己需要回答对方的内容。

(2)谈判模式和谈判作风的选择

除了了解对方，收集和研究谈判相关材料，了解需要和进行假设，了解对方上述商务信息外，还需了解对方的文化习俗，以及对方的谈判模式和谈判作风，并确定自己的谈判模式。

一般谈判模式：强硬型，软弱型，合作型。

强硬型谈判的特点是态度主动强硬，很少让步。例如表现为气势逼人，情绪冲动，并且故意施加压力，引起对方愤怒，使其思想混乱，顺从退让。使用这种谈判类型的一个重要条件是自己要有充足的时间。因为自己不受时间约束，就可利用对方的急切心情故意停滞、拖延，使对方空耗时间，疲惫不堪，最后做出让步，接受条件。

软弱型谈判的特点是只想把生意做成，并无过高要求和过高条件，不会漫天要价，不断让步，忍气吞声，委曲求全。

合作型谈判的特点是谈判的双方都很现实，都采取合作而不是对抗的谈判方式，都采取双赢的谈判原则。

有争议时，都很礼貌、小心、谨慎，在一些焦点问题上，双方共同寻求解决方案。

3. 法律准备

谈判前，准备好法律文书、注册证明、专利说明书等，以便有法可依,有据可查,依法办事。

4. 战术准备

大型谈判,需要作好演习。应预测谈判过程,必要时进行集体“彩排”。同时拟订好谈判计划(目标、进度、地点)。

(三)谈判过程

1. 营造气氛

谈判时双方应开诚布公,友好自信,轻松自如,以协商的口气营造融洽气氛。

2. 提出彼此谈判方案

对有关问题进行回顾总结,提出彼此谈判方案。

3. 实质性谈判

以双赢原则为协商基础,以合作型谈判为模式,谈判的过程中不断重新评价对方让步的条件,对谈判目标进行修正,然后决定下一阶段的行动,明确谈判结果。

4. 结束

谈判最后的回顾,最后的让步,签订合同。

(四)谈判策略

谈判者为了赢得自身利益,根据谈判双方所处的地位和条件,常常采用许多策略。归纳起来主要有如下几种:

1. 时机性策略

时机性策略讲究等待和制造时机,其方法如下:

一是忍耐,不操之过急,始终等待获取最大利益。尤其推销员应该明白何时该停住,如同律师应该懂得对证人盘问到什么程度应停止;

二是出其不意,突然改变。例如语调语言突然由冷静平稳而变为语惊四座,先声夺人;

三是采取假动作,声东击西,假装朝别处行动,转移对方视线,增强对方不安全难合作心理,使其让步。

2. 方法和方位性策略

谈判时的方法和方位策略很多。例如：

一种方法是纵横交错，即故意把许多事情扯到一起，使对方分不清主干还是枝节，但又不过分纠缠；

其二是蚕食法，即“意欲取其利，则每次谋其毫厘”的方法。这又被称为意大利香肠法。当对方把香肠牢牢抓紧时，你不要去求多，而是一小片一小片地去要，但始终不露真实的企图。逐步蚕食如同催眠术，让对方的心理和生理都在催眠下进入你要求的状态，最后获取你要求的谈判条件。

3. 代理人策略

代理人策略是指谈判者本身并不出面，而委托代理人出面谈判，但对代理人只授其有限的权限，要求其不得自行做主。谈判对方意识到代理人权限有限，再争也是白争，就不会得寸进尺，漫天要价了。

（五）谈判的误区

虽然各方根据自己的情况采取了上述谈判的策略和方法，但有时并非行之有效，甚至有时得到了相反的结果。而从当代良性商务沟通的角度看待，有些策略恰恰是谈判的误区。

事实上，真正能促使谈判成功的重要因素有三方面：

其一，明确自己的目标，并对自己的目标充满信心；

其二，弄清对方的目标，并让对方相信你在尊重他的目标；

其三，寻找对方能够接受的条件和方式提出自己的方案。

但是，在谈判中人们往往忽略了这三方面的因素，因此进入了谈判误区，使沟通终止，谈判失败。一般有如下几种误区：

1. 惟我独尊

谈判首先应该明确自己的目标，并对自己的目标充满信心，但只尊重自己要求的条件，只明确自己希望达到的目标，而忽视对方的需求，就忘记了谈判的第二个重要因素，即对方的需求和目标。那样惟我独尊的谈判是会导致谈判失败的。

如果因为害怕对方不能接受自己的条件而采取压制、欺诈等策略，以为对方防不胜防，自己的需求会得到满足，反而会引起对方的防范，很难接受你希望的条件。

2. 对方优先

未事先想清楚自己的目标，或者没有勇气让对方明白自己的目标，谈判中任人摆布，谈及别人的需求时，首先考虑的是别人的目标而忽略了自己的需求，把对方摆在第一位，把自己摆在第二位了，而一旦谈判结束，造成了难以挽回的后果时，又反过来谴责对方待自己不公平。

3. 固执己见

谈判中双方不去寻找对方能够接受的条件和方式，不把共同都能接受作为谈判的基础，只专注于自己的目标，提出自己的方案时，固执己见，寸步不让，毫无商量的余地。双方都不愿花精力和时间站在对方的立场上来考虑问题，对方的意见和建议一点也不能听进去，这样的谈判也是不能进行下去的。

4. 漫无目的

双方都没考虑好具体谈判目标，不明白自己想要什么，也不去弄明白对方想要达到什么目的，就像一对盲目的初恋情人，坐在一起漫无目的地谈判，双方都谈得精疲力竭，还没谈出结果。然后双方都浑头浑脑，不知所措。

其原因在于忽略了三个重要因素中的前面两个重要因素，即自己的目标和对方的目标。没有这两个起码的基点，去商量共同能够接受的条件和方式，去提出自己的方案，等于去建立空中楼阁。

5. 感情因素

无论是爱还是恨，任何感情因素都会影响谈判的正常进行。由于双方都在感情因素的支配下，受社会认知效应和人际关系发展效应的影响，不能头脑清晰地理智地解决冲突，达成协议。感情因素很大程度上是谈判的误区而不是谈判的动力。谈判者必须把“我的感觉”转为“我的目标”，才能走出误区赢得谈判成功。

6. 胁迫欺诈

前面的时机性策略中的出其不意，突然改变语调、语言，突然由冷静平稳而为语惊四座，先声夺人，虚张声势，甚至利用其他因素进行威胁、逼迫，以及弄虚作假，欺骗讹诈。这都会引起对方的反感和抗拒，对方或者扬长而去，拂袖而走，终止谈判，或者对你进行报复，对你永不信任，解除合作关系。而且，根据合同法规定，双方必须在平等互利，等价有偿，共同协商的基础上签订合同，以胁迫欺诈手段签订的合同法律上将被视为无效合同。

7. 急于求成

一俟双方坐定，就迫不及待地摆出解决方案，急于求成是谈判的又一个误区。

你应该让对方知道你在倾听他的观点，并理解了他的观点。同时，你应该花时间逐渐弄清对方的真正意图，以及对方目标与你的目标之间到底有多大的差距，并考虑好人家都能接受的切实可行的解决方案，才能一步步提出自己的意见。当对方对你的方案还不理解时，你就合盘端出，摆在人家面前，要人家按照你的意见办，那是毫无理由的，令人反感的，人家的意见还没有陈述清楚，你那样做，谈判也是很难继续进行下去的。

谈判是一门艺术，构成谈判的诸要素是谈判成功的基础。

（六）会谈礼仪

谈判也是会谈。可以是两人或者多人参与，可以在任何场合谈判。而会谈则是比较正式的、正规的、具体的业务洽谈。双方对沟通目的，沟通的主要内容，双方期待要解决的实质性的问题，都很重视,很清楚。会谈参加的人数较多,各方都组建有会谈班子。会谈班子的人员各司其责。

会谈主要有双边会谈、多边会谈、小范围会谈。会谈的实质是谈判,谈判的有关问题可参见前文。这里主要介绍会谈礼仪和注意事项。

1. 双边会谈

按照我国会谈的礼仪习惯,首先应尊重主人的安排。所谓"客听主安排"就是这个意思。双边会谈一般使用长方形、椭圆形、圆形或者方形的会议桌。宾主相对而坐。主人坐正门一边,客人坐正门的对面。主谈人居中。翻译员坐在主谈人右侧或后面。记录员坐在后面。

具体座位安排如图 7.2 双边会谈。

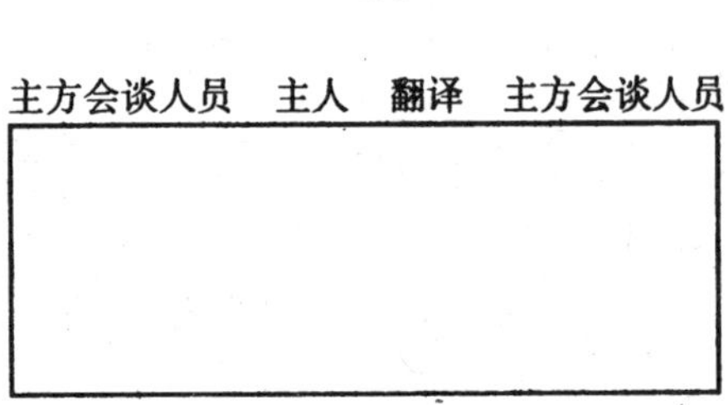


**图 7.2　双边会谈**

2. 多边会谈

多边会谈参加会谈的单位是多方,参加的人数较多,无主次之分。多边会谈常被称为圆桌会议,因为座位一般都摆成圆形或方形,与会者围桌而坐。如图 7.3 多边会谈。

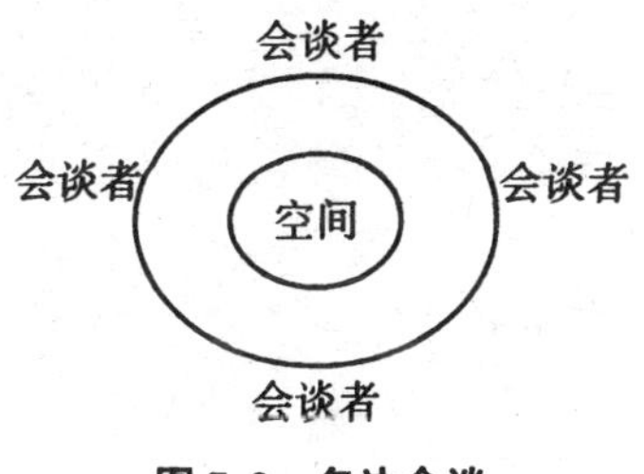


图 7.3　多边会谈

3. 小范围会谈

小范围会谈参加人数很少，主要是主宾双方参与。可以用长方形桌，也可以用沙发。我国古代以右为上，主宾坐在主人的右方，主方与会者坐在主人的一侧，客方与会者坐在客宾的一侧。翻译员和记录员坐在后面。如图 7.4 小范围会谈。

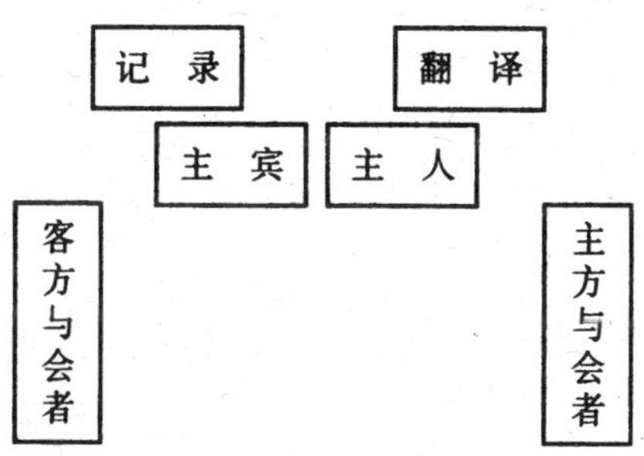


图 7.4　小范围会谈

4. 会务相关事宜

为使会谈顺利进行，会谈双方均应注意与会者会务礼仪和相关事宜。

会谈的主方是接待者，应安排好会场，并事先将会谈的时间、地点、主方出席者、会议安排的有关具体事项等通知对方，以利对方准备。

客方到达时,主方应该在会谈大厅门口迎接。会谈结束时,主方应送客人至门口或车前握手道别。待客人车辆离去后,方可回室内。

采访记者的只能在正式会议开始前几分钟进场,会完就全部撤离。会谈进程中,任何人不得随意进出。

## 三、会议

### (一)会议类型与功能

1. 会议类型

(1)按参加会议成员分类

按参加会议成员可分为两类:

全体会议:全体会议指组织的全体成员都参加的会议。

局部会议:局部会议指组织的部分成员参加的会议。一是组织内某团体全体成员参加的团体内部会议;其二是组织内几个团体的全体成员参加的会议;其三是来自不同团体的组织成员个人,或者团体代表参加的会议。

(2)按会议目的分类

按会议目的分类可分为四类:

信息共享会议:会议目的是使参加者了解有关组织活动、任务和工作等方面的信息。

问题解决会议:会议目的是解决组织内部有关问题。

技术创新会议:会议目的是激发工作上的新构想、新技术或者新方法。

教育培训会议:是指对参加者进行新能力、新知识和新技术培训的会议。另外,还可分为秘密会议、公开会议、例会、不定期会议等。

2. 会议功能

(1)集思广益,共同决策

让更多的人参加会议,便于集思广益,解决问题。成员参与管理,共同决策,有助于增强组织成员的责任感和使命感,激励工作热情。

(2)了解情况,减少阻力

使组织成员了解组织活动和工作现状,了解目前组织决策和计划的目的意义,有利于组织成员主动积极配合组织计划的实施,以减少工作的阻力。

(3)满足尊重需要

组织成员的尊重需要和实现社交的需要均因被邀请参加会议而得到满足。因为这显示出组织成员在组织内的地位和身份,所以参加会议会有一种成就感。同时在会上与会者可以相互认识,增进沟通和了解,扩大社交面,增强人与人之间的认同感和友谊。

(二)会议计划与筹备

按美国传播学奠基者哈罗德·拉斯维尔(Harold D. Lasswell)的“五 W”传播模式进行会议的计划与筹备:“描述沟通行为的一个简便方法就是回答下面五个问题:谁? 说了什么? 通过什么渠道? 对谁? 产生什么效果?”因为这五个环节的英文表述中各有一个 W 开头的单词(Who What Which Whom Whateffect)

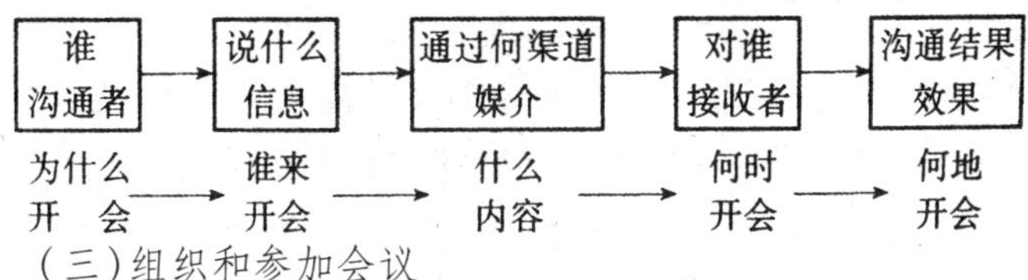


(三)组织和参加会议

1. 主持会议

主席职责:决定讨论主题;明确讨论范围;确保与会者围绕

主题依次发言;公正、公平,尽力避免与会者争论中产生敌对情绪;确保其他成员了解会议进程。

(1)会议议题与解决问题过程

识别问题主题,交换和开发合理化建议;评价不同方案,预测各方案可能出现的结果;选择行动计划,确保每人明确自己的职责。

(2)促进讨论

提问的措辞避免“是”或“不是”的答案;提出简短的问题;抓住紧扣主题的问题;采用只涉及一个方面的问题。

(3)作出决定

得出结论或作出决定的方法如:正式投票;表示一致同意;恰如其分地导引出解决问题的最佳方案。

2. 决策方法

(1)权威决策法

权威决策法由会议主席做出决定,优点是快速、高效,但成员可能没有表态,或者可能不赞成。

(2)投票表决决策法

投票表决决策法比较公正,但要注意投票时机,这是关键,弄不好可能因此分裂群体成员。又由于少数人会不同意,可能会因此不愿承担责任。

(3)趋同决策法

趋同决策法是根据群体的大致趋向决策。成员高度性参与,但时间过长,因为要逐一听取所有成员意见,尽管他们实际上尚未形成明确观点,因此有时难以做出决策。

(4)达成一致的决策法

达成一致的决策法是与会者每个人都完全同意。这样就难以达成一致,实际上没有必要取得一致。

3. 与会者职责

(1)与会者自我检测职责：

与会者的职责是对会议持积极态度；思考会议能够为自己提供的机会。

(2)准备：了解会议主题，准备资料和发言。

(3)准时出席

(4)按要求发言

(5)记录会议决定及需要采取的行动。

4. 秘书或记录员职责

(1)准备：从以前的记录或新信息源收集资料，起草会议议程，交主席批准，发送会议通知和议程。

(2)会议期间：提前到达，准备会场，提供所有必要文件，记录会议情况，协助主席进行会议讨论。

(3)会后：起草备忘录，交主席批准，两天内发送与会者，根据备忘录和监督执行者要求发布指示。

(四)会议议程和相关程序

1. 选出主席和工作人员(必要时)

2. 会议通知(秘书宣读)

3. 上次会议纪要(秘书阅读，主席签字)

4. 备忘录提出问题

5. 达成的协议(秘书宣读)

6. 主席致开幕词

7. 前面会议遗留事项

8. 财务或各种问题

9. 委员会和工作单位报告

10. 依次发言名单

11. 并列在议程中的其他事项

12. 下次会议日期

13. 其他次要问题

14. 感谢主席

15. 主席答谢

16. 主席宣布会议闭幕

(五)视听和备忘

1. 视听会议

不同地区的人员,不用花费更多的时间在旅程上,就可以借助视听设备坐在一起开会,这就是视听会议。许多全国性的企业或者国际性的企业以及其他各种组织,都有自己的演播室。这有利于组织信息的尽快传播。

(1)视听会议的优点

成本低:即使自己的企业没有演播室,租用演播室召开一个小时会议所需的经费,也比把员工从各地召集到一起来开会要节约 10 ~ 12 倍的经费。

即时:可以在较短的时间内通知开会者,并很快可以开会。

(2)视听会议的缺点

视听会议的缺点一是氛围不足,没有全体人员在一个环境中相互用语言与非语言传递信息时大家都感觉得到的气氛。

二是交往机会少,没有会前会后自由选择交谈对象进行交谈或谈判的机会。

三是会议呆板,因为是与会者轮流发言,每个人不得不眼巴巴地等待着摄像机对准自己时再发言。

(3)视听会议的程序

组织者任务:

会前把会议时间、主题、议程、与会者大致情况等资料通过传真或电子邮件发给各位与会者。

与会者上线后马上点名。

讲话先报出自己的和对方的姓名,以便与会者明白发言者及你的评论。

注意未发言者，引导其参与。

一定的时候进行小结，以确保与会者跟上会议进程。

参与者任务：

注意力集中，认真倾听。

等到上一个发言者把话讲完了再发言。

提问时，点明答问对象。

即使没有现成的答案，也要对别人的提问进行应答。

未经会议主席许可，不得在同一地点举行附带会议，也不能使用你的电话的弱音和密码键。

2. 制作备忘录

(1)会议前

与主席商定专用格式，是用过去的还是重新设计。

(2)会议期间

记录会议时间、地点、资料(件数、名称)。

记录出席会议人员，接收请假条或“缺席致歉”。

以会议议程为指导，识别讨论题目。

宣读上次会议的备忘录所记载的有关问题及其协议。

跟随会议进程进行有重点的详记或略记。

记载中即时澄清含糊不清的观点，或确认问题重点。

(3)会议后

与主席和发言者核对记录。

及时打印备忘录。

将备忘录送达会议主席和与会者及其他应该到会而未到会的人员手中。

将备忘录送组织存档部门存档，可自留副本。

核对会议决定的执行及其他后续行动。

## 四、视图与表述

文本表述数据是指用文字语言罗列数据，陈述数据的意义，选出最具独特意义或关键意义的具体数据，陈述数据与事件的关系，进行数据的分析比较，突出某个数据的关键作用。但不如图表的表述那样清晰。

视图用于商务数据的表述，可以吸引注意力，提供即时准确的信息，并且能够传递整体趋势的信息，帮助读者理解某些因素之间的关系，生动，区别显著，便于记忆。

（一）表格表述的方法

相同信息，表格比文本表述效果更好。

1. 每一数列要有简明清楚的命名。

2. 对比数列要在一行内从左至右依次排列出。

3. 使用小数，不能使用分数。

4. 仔细考虑表格的布局，最好不用色彩显示。

例如本书第 97 页表 3-1“1999 年京沪穗互联网广告投放情况”和表 3-2“电视广告投放额与前网站的比较”。

（二）曲线和图表的表述方法

1. 表述连续信息

表示连续性信息最好用曲线图，曲线图是指运用一定比例的点连接成线，显示阶段时间内连续上升或下降的走势的图形。例如图 7.5 是简单的曲线图。还可以有复合曲线图、分隔复合曲线图、散点图、直方图等，采用哪种形式更好，要根据具体商务信息的表述需要而定。

制作图表的规则：

（1）选择适当比例；

（2）使用粗线，使用粗线以利区别，纵坐标要有 0 值点，同

时注意0值点的使用；

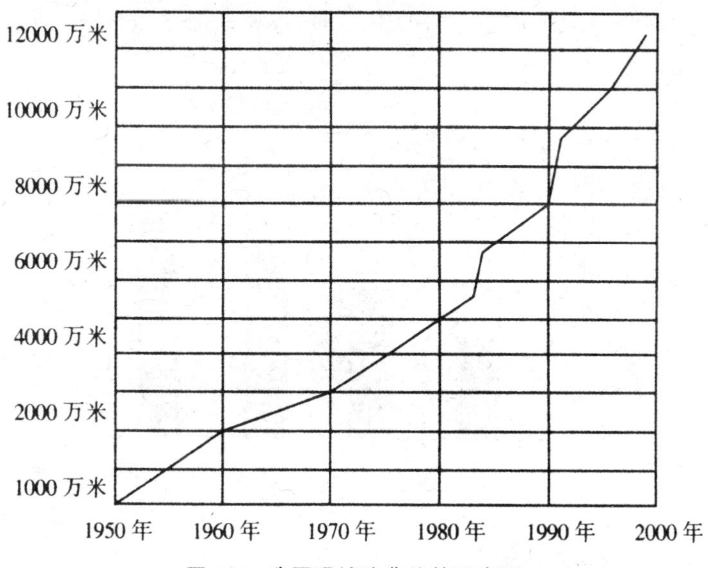


**图7.5　我国呢绒消费趋势示意图**

（3）阐明信息性质和两坐标使用的单位；

（4）横向排列；

坐标轴刻度、主题、曲线名称等排列，除非受空间限制，否则一律横向排列。

2. 表述离散的不连续的信息

表述离散的不连续的信息最好用条形图、圆形图、图标示图、统计地图等。条形图又分累计条形图、复式条形图、浮动条形图等。累计条形图如图7.6。

制作条形图规则：

1. 同曲线图一样要使用0直线；

2. 条形的宽度要统一；

3. 条形不宜太宽或太窄，间距不宜太窄；

4. 要选择合理的比例。

水平条形图从最上面的条形画起,竖直条形图从最左面的条形画起。

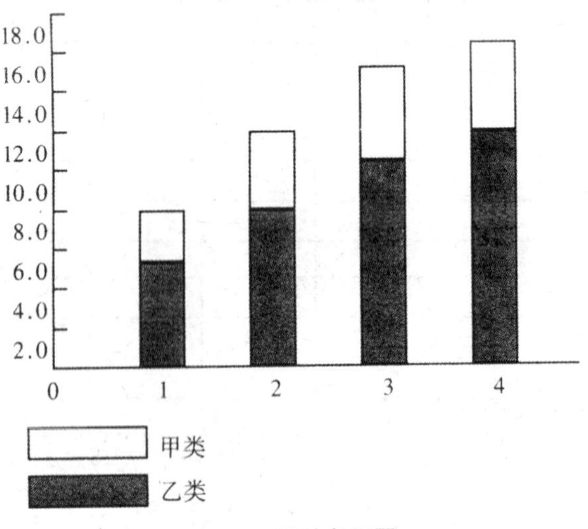


图 7.6 累计条形图

(三) 非统计信息的有效表述

1. 公共或定向性信息

在商店、办公室等公共场所,提醒和指引游人的最简单最明确的办法就是采用象征性标志或卡通画。对约定俗成或众所周知的标记的使用,要谨慎,不能凭自己的兴趣设置,否则容易引起误解,会被人笑话,有时甚至会造成严重后果。例如男女厕所的标记,就不能随便设置。

2. 命令或解决问题信息

(1) 流程或处理过程图

流程图是以图形为工具,有效地表明处理过程,使读者或受训人员等信息接收者在一开始就按规定步骤完成操作任务。

(2)决策树

决策树是一整套的指令和决策过程。功能与流程图相似，只是多了决策处理因素。决策树由简单的符号、箭头辅之以其他标准符号组成。

3. 表明关系信息

涉及显示设备构成、组织组成或各个因素间的关系时，常常使用"家族树"图表，例如线形图、局部剖面图、装配图、组织结构图等，如图7.7直线型组织结构图。

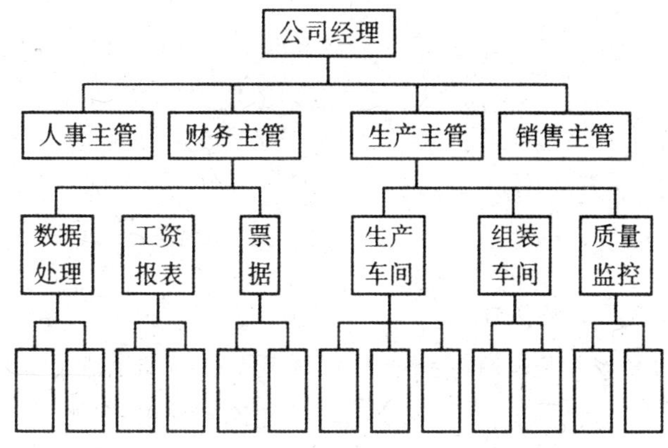


**图7.7　直线型组织结构图(家族树)**

(四)特定表述

1. 介绍

(1)介绍他人

非正式场合

非正式场合的介绍主要指朋友间或者熟识的人之间相互介绍朋友。介绍的目的是使被介绍的双方相互了解，应礼仪性地介绍姓名、头衔、特长、成就。介绍时应强调双方的共同点，使相处时气氛活跃。

被介绍者应作出礼貌的应答：起立，走向对方，微笑着注视对方，握手，打招呼并重复对方的名字。

正式场合

正式场合的介绍主要指组织沟通或大众沟通时的介绍，目的是让听众了解对方情况，如姓名、身份、荣誉、专长等。身份的介绍主要指职位、头衔、职称；荣誉的介绍指被介绍者所获的最高荣誉；专长的介绍指被介绍者最突出的成就。若介绍讲演者，还应介绍其讲演的主题，讲演的重要性，以及令听众感兴趣的信息，让其愿意听下去。

跨文化沟通的介绍应注意称呼的问题。中国和韩国的人名是姓在前，名在后。而大多数西方国家则是相反，是姓在后，名在前。

(2)自我介绍

有时候，自我介绍比证件、名片之类的东西更重要，它可以“先声夺人”，很快给对方留下良好的印象。

成功的自我介绍，不仅依靠声调、态度、言行举止的魅力，而且还要考虑适当的时间和地点以及当时的氛围。例如，时机的把握。所谓好时机，一方面不破坏或打断对方的兴趣，另一方面又能够很快抓住对方的注意力。在需要等待的时候，一定要等待，而且努力使自己当好对方谈话的听众。

一定要自信。话题涉及对方时，应尽可能以礼貌的自然流畅的语调赞美对方，让人感觉你是从心里发出的，而不是过分奉承和吹捧。

尽量表示友善、诚实和坦率。这不仅要从你的话语中自然流露出来，更应该从态度和眼神中体现出来。

清晰地报出自己的名字。你尽可能用诙谐的方式加深对方对自己的印象乃至形成难以磨灭的印象。

可以表示自己希望认识对方，使对方觉得他对自己很重要。

表示自己对对方很尊重,且很荣幸结识对方。

当然,自我介绍并不一定要很完善,有时候可以留有余地,有时候需要借助旁人来介绍自己,有时候需要采取间接的行动方式,这就要看你是否有灵活处理各种交换方式的能力了。

自我介绍方式很多,因自己性格和当时具体环境而异。但有许多不适当的自我介绍应避免。如:

急于表现自己,在不适当的时候打断对方的谈话;

夸大表现自己,长篇大论,夸夸其谈,说得太多;

不敢表现自己,遮遮掩掩,唯唯诺诺,畏畏缩缩,生怕对方摸清了自己的底细而小看自己;

不愿表现自己,盲目崇拜权威,吞吞吐吐,含糊不清,语言让人不得要领,陈述问题不能给别人一种清晰的印象,甚至使得别人连你的名字都没有听清楚。

2. 营造气氛的语言

相聚时,为了营造活跃、亲切的气氛,使大家在欢乐、祥和、温暖的情景里愉快沟通,需要考虑语言符号和非语言符号的使用。这应该注意以下几方面的内容。

(1)寻找共同感兴趣的话题

大家聚在一起时,无论是主人与客人,还是业务同行间,相互都应设法寻找共同感兴趣的话题,例如回忆一起度过的美好时光,一起成功处理的事件,或者谈论熟悉的社会问题,诸如物价、股票、新闻等等。

(2)讲大家熟悉的事情

每个人都有自己独特的社会背景与心理背景,每个人都有自己独特的心理感悟和哲理启示,以及自己独特的成长历程、信念、理想,这些材料相互都是熟悉的,一起拉拉家常也是最好的放松方式。

(3)维持稳定与平衡

介绍时或一起聊天时,应注意维持稳定与平衡的关系,不要厚此薄彼,不要破坏谈话的气氛。尽可能用幽默风趣的语言,如语言、表情和动作故意夸张,令人发笑,在亦庄亦谐中使各种关系处于友好稳定状态。

3. 握手

握手也是表达信息,是介绍自我的方式。

握手要注意几点:

报出自己姓名即伸出手。应由地位高的人先伸手,地位低的人应等对方伸出手来后再伸手去握。

伸手前应先脱手套。

男士应等女士先伸手后再伸手去握。若女士没有伸手,则不可勉强。主人对来客应先伸手,表示欢迎。

伸手时手臂应弯曲,大拇指向上,双方拇指在关节处稍接触后轻轻下弯,其他四指包住对方手掌。

握手要紧握但用力不宜过大,否则失礼;而用力过小,显得敷衍,不够礼貌。握手时间不宜太长,摇两三下即可,不宜抓着不放,使劲摇晃。

和一群人握手,依次顺序是:先年长者后年轻者,先地位高者后地位低者,先女后男,不能同时握手或交叉握手。

握手时要微笑、专注。漫不经心,边握手边与另外的人答话交谈,都是不礼貌的行为。

# 第八章　工商管理中的大众沟通

## 第一节　大众商务沟通理论

1945年11月,联合国教科文组织(UNESCO)发布宪章,在其中的第一条里首次使用了“大众传播”(大众沟通)的概念。之后,西方学者对大众沟通的界定进行了许多研究,也产生了许多争论。比较重要的问题是对大众沟通的界定,以及大众沟通的特征和对舆论的导向等。

### 一、大众沟通概述

(一)大众沟通的概念

大众沟通是指特定的社会集团通过各种大众传播媒介向分布广泛的、素不相识的、对象不确定的多数人进行信息传播活动的过程。

大众沟通的信息传播者、传播媒介、信息内容等,都有特定对象,信息受传者众多,但其具体对象和数量不确定。

(二)大众沟通的特征

大众沟通的特征:

1.广泛性

因为借助媒介传播信息,达到沟通目的,所以信息受传者广泛、分散,且成分复杂、隐匿。

复杂,表现在人数多,受传者是不同的年龄、文化程度,不同的兴趣爱好、风俗习惯,属不同的人种,不同的国家;

分散,表现在受传者分散在地理条件有差异的不同地区,各自在社会上扮演着不同角色,传播者难以对其控制;

隐匿,指信息传播者在明处,信息受传者在暗处,双方意见不易沟通。

2. 单向性

信息传播者单向地通过传播媒介向信息受传者传播,信息难以反馈,沟通效果难以检测。

3. 超越性

大众沟通的方式能使信息超越时空,不同的地域接受到信息后可以经录音、录像后反复播映,信息传递不受时空的限制。

4. 组织性

信息传播者是从事信息生产和信息传播的专业化媒介组织,如报社、杂志社、出版社、广播台、电视台、制作发行公司等。西方媒介组织以公共法人和企业法人形态为主,我国采取企业经营方式的公有制事业机构形态为主。总之,都是有组织的信息传播行为。

5. 及时公开性

大众沟通由于有前面几个特点,其信息传播快捷、及时,具有公开性纪实性的特点。

(三)大众沟通的功能

大众商务沟通的本质功能就是报道企业商务信息,促进企业形象和产品形象的建立,促进销售。

1. 报道信息

大众沟通可报道本企业面向公众公开的各种信息,如产品的类型、价格等等。

2. 舆论导向

大众沟通可以操纵舆论信息流,获得舆论导向,达到既定商务计划目标。

3. 教育大众

大众沟通有利于普及思想观念和科技文化,促进社会发展,塑造企业形象。

4. 提供娱乐

大众沟通在传递企业信息的同时,可以达到"寓商于乐"、"寓教于乐"的目的,好的商务信息和传播技巧,为群众喜闻乐见,可以整合表达多种社会功能。

## 二、大众商务沟通与舆论控制

"舆"在我国春秋末期就已出现,当时指的是车。"舆人"指造车的人,后来被赋予抬轿人的意思。后来又出现了"舆人之诵"、"舆人之谋"、"舆人之谤"等概念,都是指下层百姓对朝廷旨意的议论。现代对舆论有特定的界定。

(一)商务信息良性舆论产生条件

1. 舆论的含义

舆论是指有意见分歧的情况下出现的多数人意见的总和。是以总体面貌出现的意见。

舆论有三要素:争议,意见,对立。

争议指对大家都关心的人、事、物有不同看法,指对同一对象意见不统一。

意见指多种不同的意见,有多数意见和少数意见之分。

对立是指因为有了争议而产生的意见分歧和立场对立。

2. 舆论产生的条件

社会联系、社会变动和信息传播是舆论产生的基本条件。

(1)社会联系

以信息传播为媒介,人类相互交往,传递信息,沟通思想,统一认识。个人、群体、组织、国家,社会关系的网络是舆论产生的重要条件。

(2)社会变动

人类社会的历史是不断变动的历史,这个过程是持续不断的。其间既有社会形态的大变化,又有社会现象的细微变化。如自然环境变动、人口变动、经济变动、文化变动等。其变动是各种因素相互作用所致。而变动总是先以舆论为前导的。另一方面,社会变动也构成了舆论产生的客观社会基础。

(3)信息传播

信息传播是舆论产生的最重要条件。信息传播是形成舆论的渠道,舆论的形成离不开信息传播。通过信息传播,提供议论、评价的信息,舆论主体通过自己的心理感受和相互沟通交流,形成舆论。

现代社会,大众沟通是舆论形成的重要途径。大众沟通以信息量大,覆盖面广,信息传播及时迅速而左右舆论,这是其他传播途径和其他沟通形式所不能替代的。

(二)舆论的形成过程与途径

1. 舆论的形成过程

舆论产生于分散的、彼此没有联系或很少联系的个人意见。这一阶段,个人意见处于自发潜在状态。这时,社会个体根据自己的个体社会体验,对某一社会现实做出判断、评价,经过人际沟通、组织沟通进行信息交流,使无数个体的意志开始融合,并相互寻找共同点,转化为社会共同意见,成为一种显现状态,从而形成了舆论圈。舆论圈由共同见识的人构成,它一旦形成,就会不断扩散,辐射出更多的舆论圈。圈与圈之间意见不一致,就形成了对立。不同层次、不同社会环境的舆论圈连成一个整体,各个局部分散的意见转化而为多数人的共同意见占优势起支配作用,舆论便形成了。

因此,舆论形成的标志是社会的公认,舆论获得社会公认,就具有权威性,达到公众愿意接受、信服和遵从的地步。这绝对不是表面的服从和自我忍受,而是公众自觉地接受舆论的支配,服从舆论的选择。

2. 舆论的形成途径

(1)自下而上

自下而上的舆论途径是先由某个成员造出有关问题的舆论,向上提出意见。

(2)自上而下

自上而下的舆论途径是先由上级就某件事情提出意见,传播给群众,与群众沟通,形成舆论。

(3)水平方向

水平方向的舆论途径是横向水平面传播信息,范围有大有小,信息在一个组织或一个团体,在一个阶层或一个省市市民,或一个国家的国民之间传递,终致形成舆论。

(三)商务沟通对舆论的控制

大众沟通以其信息量大,覆盖面宽,传播迅速而强有力来左右舆论。尽管这种影响有一定限度,但它对舆论的形成有着其他方式所不能替代的作用。控制舆论的形式多种多样,例如下面的三种方式。

1. 开展沟通活动

大力开展组织沟通实务、大众沟通实务,借助如报刊、广播、电视、网络等信息传播媒介进行宣传。或者直接通过媒体出面讲话,或者召开记者招待会。记者招待会上记者的提问虽然五花八门,但招待会主人是在传播自己的信息,说自己想说的话,表述自己的意见和主张。还可以召开新闻发布会议,政府或政府官员常常借助传播媒介发布新闻信息，美国总统从罗斯福开始，历届总统都要利用电台或电视台发表讲话，表述意见和主张，再由记者传播开去。

企业也可以就产品或企业的信息直接发布某些消息，或者发布某些背景材料。许多企业首席负责人也常常出面进行讲演，宣传企业信息，进行大众沟通。即使只是吹吹风，同样能达到造成舆论、影响舆论、控制舆论的作用。

2. 制止流言

为了控制舆论，必须制止流言。

（1）流言及其产生原因和传播过程

流言，指对某一社会事实进行的误解或歪曲的传播过程。即在社会中流传的却没有人声称对此负责的信息。

流言不同于无中生有，它有一定事实依据。由于第一传播者尚未辨清这个事实，再加上自己本人的情感因素，以口头方式扩散，经过多次传播后使事实面目全非。

流言不同于传说，传说的内容与历史相关，是过去的信息，流言则与现在相关。

流言不同于童话、寓言或其他滑稽故事，不是信不信由你，而是竭力使你信服。

流言不同于谣言，流言并无恶意。但是，尽管流言没有恶意，也会造成恶劣后果。谣言怀有恶意，是有目的地歪曲事实真相，企图达到某种目的。

法国“流言信息研究基金会”前主席卡浦费尔教授认为，流言不等于“未经证实的消息”，不能将流言归入虚假或真实之类概念讨论。流言传播的有些事实只能假定是他人所证实的，何况生活里传递流言的往往是最信任的人。中国人关于流言的认定一般是用“无风不起浪”、“麻雀飞过都会留下影子”等俗话加以认可。

流言产生的原因很多,人们对自己感到稀奇的事物容易产生流言,大众沟通渠道不畅也会产生流言。就社会而言,主要原因是社会变动、自然灾害、社会危机。战争、经济衰退等是社会的最大危机。我国由于经济体制转轨,个别不法分子趁机制造假冒伪劣产品,致使个别制造真货的企业也遭受流言。另一方面,就企业和个人而言,社会地位上升时,一举一动都会引发流言,并且流言最容易在市井中滋长蔓延,而当一个企业或一个人处于无足轻重的地位时,流言相对会少一些。因此人们“躲进小楼成一统,管它冬夏与春秋”。但企业却不能躲起来,“只埋头拉车,不抬头看路”,路会越走越窄,最后产品销路会被堵塞,企业也就因此没有了出路。

流言的类型很多,主要有憎恶型和恐怖型。憎恶型流言源于社会危机、社会偏见、个人偏见;恐怖型流言源于传播者所处的恐怖、动荡不安的社会环境。

(2)对流言的预防和制止

预防和制止流言的方法是使社会安定,使信息传播畅通。安定的社会环境靠政府,但也要靠公民的共同努力,人人都有责任创建一个祥和安定的社会氛围。要使信息传播畅通就要使用灵活的沟通手段。

出现流言时,企业应该组织力量研究流言产生的原因,可能产生的后果,以及人们听信流言的深沉心理,然后主动与消费者沟通,经常沟通。组织信息沟通者应该准确地把握分散在大众内部的潜在的不满、愤怒、愿望、要求等,将其转化为大众的明确需要,针对其需要改进自己工作,也针对其需要进行沟通。沟通的方式和内容也应该有的放矢。

企业应该有一个常设性的有效宣传的组织,实施宣传方案的目的并不只是制作宣传广告,还应包括研究消费者对企业产品潜在的不满和要求,预防流言。

大众信息传播媒介是政府与百姓间沟通的工具，同时也是企业与消费者之间的沟通工具。大众沟通中的信息传播虽然会产生流言，但也能制止流言。

对那些不利于组织，不利于企业，不利于政府的信息，有关方面最常用的办法是对有关的事件进行封锁，制止不利信息泄漏，以控制舆论。

## 三、商务沟通引导大众流行

### （一）流行的特征和形成

1. 流行的含义

流行是指在一个时期内，社会上流传广泛，盛行一时的大众心理现象和社会行为。所谓时尚、时髦，就是指一时流行的大家崇尚的形式。

2. 流行的特征

（1）对某种生活模式的追求和效仿

社会上流传广泛、盛行一时的对某种生活模式的追求和效仿，如斗鸡、赛马、打太极拳、武侠热、吃喝风、穿皮大衣、穿牛仔服、穿真丝裙、喝口服液、买彩票等等。

（2）具有历史的连续性和现代性

流行往往具有历史的连续性和现代性特征。例如20世纪90年代流行30年代的式样和色彩，宣泄出浓郁的怀旧情绪。又如清代《儒林外史》揭露的丑恶的腐败现象，现在的腐败分子又不顾党纪国法，重新上演。美好的事物和丑恶的事物都有可能由于历史的延续性和现代性而得以流行。

（3）传播面广，追随者多

由于流行信息传播面广，追随者出于从众、服从、模仿、暗示、流行等等因素，使某种生活模式在无组织性的群体中流行起来。

(4)代表人们的感受和鉴赏力

流行代表人们在某个时期内,比较一致的审美倾向,如感受和愿望等,受社会环境和文化思潮的影响较深。

3.流行的形成与变迁

(1)以一定条件为基础

流行是以一定社会政治、经济、文化条件为基础的。原始部落、农业社会和等级社会中,没有现代意义的流行现象,有了经济条件和选择自由时才有可能去追随流行,才有可能去社会时尚中表现自我。

如美国西部最早的淘金者选择牛仔裤,因为它有实用价值,坚固耐磨,穿着随意、方便。后来,西部大开发成为美国人进取精神的例证和骄傲,西部牛仔的青春、活力、粗犷、豪放、开拓和进取感染着人们,成为人们心中的英雄,而牛仔服也因此成为青春活力和开拓进取精神的象征。人们争着购买牛仔服,无论男女老少,无论在任何场合,都喜欢穿牛仔服。这时,人们已经不是为了去开发西部,而是为了表现个性,因此,牛仔服成为流行服装,由美国流行至全球。

20世纪60~70年代末,我国无论男女老少都喜欢穿蓝制服或军装。在那个中国人遭受十年浩劫的极左年代,穿蓝制服表示艰苦朴素,与当时政治上提倡的“拒腐蚀,永不沾”相呼应,表示“对资产阶级思想的抵制”;穿军装则表现自己的革命态度。

改革开放以来,人们争相展示着自己的个性和风采,色彩斑斓的服饰款款流行。衣着越来越大胆,新潮,是因为社会政治、经济、文化为流行创造了条件。

(2)社会心理特征和社会追求的结果

由于个人受非社会控制的刺激后就会进行模仿,通过模仿、仿效和再现他人的一定外部特征和行为方式,掌握了这种方式,并在思想上给予认同,再在行为上进行实施,于是逐渐形成一股风潮,席卷进来的人越来越多,在外部特征和行为方式上相同的人也越来越多,流行得以形成。

(3)大众沟通的结果

没有信息的沟通就谈不上流行。街上自由、流畅的生活风貌,博览会、展销会、时装表演、电影、电视、广告,一切传播媒介,都在传播时尚的信息,流行是大众沟通的结果。

(二)商务沟通对大众流行的影响

企业商务信息的传播应该以影响大众流行为目标,流行可以刺激消费,刺激生产,提高经济效益。

1. 商务沟通促成流行

企业与大众进行沟通,其商务信息的传播表达了社会情感。饮食、服饰、文娱、体育,都可以借助商务信息的传播表达共同的社会情趣。唱片公司和影视媒介借助各种广告形式推出各种歌曲,是商业行为,同时又表达了人们的社会感悟。例如歌曲《一无所有》,声嘶力竭,表达了部分人落魄失意又不甘沉沦的心境,是改革开放途中迷惘而又正在寻找出路的进取的人们的声音。《十五的月亮》,传统的唱法表现爱人的约会与等待,改编后的唱法唱出军人对爱情生活、亲人、祖国的热爱,也唱出了人们的亲情,这些歌曲因此形成流行,流行促进商品的销售。

大众商务沟通形成社会风气。由于商务信息的传播,有些广告语甚至成了人们的口头禅,直接影响着人们的购买力。如一则广告中一句简单的"味道好极了"的广告词,已经被人们用于各种场合。有些电影的名字连同其情节早已被人遗忘,而它的主题歌却一直流行。

大众商务沟通增加了人与人之间的同质程度,共同的偏好促成新的生活方式形成。人与人之间的认同感、凝聚力,因信息传播而得以增强,新的生活方式,新的价值观,社会生活习惯的变革,都因商务沟通而得以实现。

2. 流行导致生活方式变迁

(1)生活方式的含义和特征

生活方式指消费者如何享用消费资料的方式。广义的生活方式指包括生产方式在内的人类全部的社会生活现象,是人类的政治、经济、劳动、文化、艺术、精神、家庭生活的总和。

生活方式具有社会性,受社会制约,是在一定的社会环境中形成和发展的。不同的社会形态有不同的生活方式。

生活方式具有历史性,随社会的发展而表现出历史的稳定性及其延续与变迁。一种风俗习惯可以延续若干世代,历经若干社会制度而不衰变。

生活方式具有差异性,由于生产方式的不同,不同的国家、不同的民族、不同的阶层、不同的社区、不同的人都有自己固有的生活习惯和偏好。

生活方式具有独立性与综合性。一方面,生活方式表现为人的多方面的角度多层次的生活需要与生活活动。人生理想、生活能力和生活态度都显示出来;另一方面,它又落后或者超前于生产方式的变化,既促进生产方式的变革,又成为生产方式变革的开始和外在反映。

商务沟通进行的信息传播所引起的流行使生活方式得以超越其固有特征而形成生活方式的变革。

(2)生活方式的分类

生活方式的分类尤其是消费生活方式与劳动生活方式之间因职业、年龄、社会制度的区别而有所不同。从文化的划分层次看,生活方式分为三个层面:

表层,构成生活方式之一的生活资料及其外部特征,如言行举止、服饰、发型等。

中层,与文化制度相对应的人们具体的生活方法、生活样式和生活中的行为规范等。

深层,与文化的意识层面相对的,人们的精神风貌、生活态度、价值观等。

大众商务沟通从生活方式的分类入手,把商务信息的传播与人们生活方式各个层面的各种因素相连,进行有针对性的宣传鼓动,必然导致消费方式的改变和购买方式的改变。我国20世纪90年代至21世纪初,为了拉动内需,促进消费,在生活方式的引导上,大众传播媒介功不可没。

(3)生活方式变迁的特点

大众沟通导致生活方式变迁。生活方式变迁有如下特点:

一是由表及里,衣着、饮食、住房、娱乐,表面的生活现象逐渐由低层次走向高档。近年我国先富起来的一小部分人由以往的吃饱穿暖变为追求高层次生活条件,要求漂亮的衣着,营养的饮食,宽敞的住房,高档的用具,形形色色的娱乐活动。

二是自发性变迁。在符合社会道德规范以内的生活方式,社会一般不会干预,如服饰的颜色、式样,个人的行为举止,都因自己的经济、文化和社会地位的不同而自发地变迁。这种变迁一方面受国家和传播媒介导向影响,而另一方面,还在于自身的生活状况与素养,两者相结合形成的改变。

三是具有继承性和借鉴性的变迁。随着改革开放的深化和加入WTO,国际国内的交流日益频繁深入,通过直接交往和传播媒介的大众沟通,异国、异族的生活方式成为借鉴的对象,本国的生活方式成为继承对象,生活方式走向多元化。其间,企业在对多元化生活方式的理解、服务与商务信息传播方面走在前面,进行引导,是很有必要的。

(三)商务沟通与生产和消费

1. 当代物质消费特点与商务沟通的关系

大众沟通所进行的商务信息传播使精神和物质呈现出现代格局,表现为如下几方面:

(1)生活空间扩大

随着我国西部大开发战略的实施和城市化进程的加快以及人事制度、户籍制度等的改革,随着经济体制的转轨,商务信息在大众传播媒介中的引导,商务信息的沟通促进了生产,也促进了消费,更促进了人们的生活方式选择,使人们的生活空间逐渐扩大。城市各行各业的人们根据实际情况频频更换工作,农民则慢慢脱离农村,走南闯北,从事各种副业活动或进入第三产业。人们面对城乡的各种娱乐设施的建设,不再囿于家庭生活的小圈子,走出去进行假日的观光活动,有了更多的社会交往。尤其改革开放提倡民主、和谐、宽松的政治气氛后,人们彼此在交往和信息沟通中开启封闭多年的心扉,不再担心隔墙有耳,不再惧怕"抓辫子、打棍子"之类极左做法,畅所欲言中感受天高地阔,享受多姿多彩的服饰和美味佳肴,观赏精彩的文娱体育活动。

(2)生活观念发生变化

中国处在社会主义初级阶段,是一个没有经历过社会启蒙运动的国家,人们文化水平普遍低下,精神生活一贯贫乏,小农经济意识严重。除了如今良好的改革开放政策外,还在于大众沟通,是信息传播使得舆论兴起,形成流行,使人们精神消费和物质消费的选择大胆而多样,使生活方式变得新型而文明。

如今,广播、电视、报刊,各种大众沟通媒体上频频出现的"观念更新"、"信息技术"、"知识经济"已成为流行语,"艰苦朴素"、"节俭为荣"已成过去式。高档次、高消费、超前消费、豪华、竞争、攀比,已是生活观念和生活方式变迁后的生活现象。

生活观念发生变化表现在人们更加重视精神文化消费、享乐消费、人情消费。影视、音响、歌厅、舞厅、请客、送礼、下馆子,都在成为人们追逐的目标。消费水平，消费方式很大程度上是商务沟通的结果。

(3)生活快捷多样

商务信息的传播鼓励消费，人们开始拼命地干，拼命地挣钱，拼命地购物，拼命地玩。街道上到处是行色匆匆的人群和色彩斑斓的物品，购物场景随处可见。快捷多样，丰富多彩的生活方式正在流行。

2. 商务沟通对生产和消费的影响

商务沟通促进消费选择，是社会沟通的中介，社会协调和变革的辅助剂。商务沟通在社会生产和消费中充当着各种角色，起到了良好的作用。

(1)导向

商务沟通引导流行形成于每个社会角落，是制造和传播流行信息的工具。

通过信息传播，企业和传播媒介向人们介绍多方面的知识，进行社会教育和社会启蒙，给予生活经验，示范生活方式和方法，引导生产和消费的选择，起到了导向作用。例如山东的鲁花花生油公司，在电视上进行食物烹饪宣传，对人们如何用植物油进行煎、炒、炸，进行示范，既引导了消费，又宣传了本企业产品，促进了企业的生产及与消费者的沟通。

(2)信使

商务沟通充当信使，使人们不断收集信息，促进流行的兴衰更替。消费者对产品信息和生活知识的获取，借助大众传播媒介的商务沟通，即使足不出户，同样能够清楚地了解各种商务信息，同样能够进行购物选择。商务沟通对生产和消费起到了信使的作用，在企业和消费者之间架起了桥梁。

(3)伙伴

大众传播媒介在现代社会里已经成为人们生活不可或缺的

生活伙伴,人们生活中的消遣、求知、求购、求职,一切均可利用传播媒介完成。

大众沟通中的商务信息传播对促进消费选择,对于提高人民生活水平,促进文明、健康、科学的生活方式起着重要作用。

## 四、大众商务沟通的受传者

### (一)信息受传者概述

1. 信息受传者的概念

信息受传者是各类沟通活动中的信息接收者。例如报刊的读者,电话、电报的接收者,广播的听众,电影、电视的观众,因特网上的网民等等。

2. 信息受传者分类

信息受传者类别很多,按人口学分,可分为男、女、老、中、青、少年、儿童;按受传者素质分,可分为高级受传者和普通受传者;按受传者对信息的关注程度分,可分为广泛受传者和专门受传者。专门受传者指只接受某种单一信息如足球、象棋、赛马、钓鱼等信息的受传者。

3. 信息受传者的地位和权利

信息传播者应该了解信息受传者的权利和地位,这有助于沟通活动的顺利进行。

(1)知信权

知信权指获取信息的权利。联合国《世界人权宣言》中指出:人人有通过任何媒介和国界寻求、接受和传递信息和思想的权利。

世界上每个人,作为人格平等的社会个体,作为信息受传者将寻求并获得关于客观世界和人类社会变动的各种信息,这应当被看做是获得最基本人权的重要内容。

一个人如果得不到与自己生产和生活有关的社会信息，就无法对事物进行认知，无法在生活上和工作上做出准确的判断和决策，这将会使自己的生活陷入惊恐不安之中。因此，知信权是人生存的基本权利。

(2)传递信息权

信息受传者并非单方面的信息的被动接收者，他有自己的思想、观念、看法和主张，他希望在沟通活动中，在接受信息时加入自己的思想，再传播开去。受传者拥有信息，拥有传播信息的愿望和权利。例如近年的听众点播、电话采访、电话直播等，都是在为信息受传者发布信息创造条件，同时也是传播者获取信息反馈的重要途径。

全世界在这一权力的实现上是不平衡的。发达国家的跨国公司垄断了发展中国家的信息传播机构，将大量的时间、版面用来报道自己的或自己感兴趣的或对自己有利的信息，而发展中国家的信息却难以及时传播出去，无法与人们进行沟通。这在一定程度上影响了发展中国家的形象和建设。这实际上是对信息受传者知信权和传递信息的权利的一种侵犯。

某校的某学院在网上发布了本院 MBA 教师的信息，其间的一部分信息是属于教师的私人信息，如年龄等，同时上面提供的有些信息还是不准确的。并且在发布前和发布后都没有征得教师的同意，也没有告诉教师。在网上发布，就是向全世界公开。这实际上是对教师隐私权、知信权和传递信息的权利的一种侵犯。

(3)交流权

信息受传者享有充分的信息交流权。社会的进步，民主权利的实施，要求每个人都有权参与社会管理，参与决策过程。每个人都应该拥有通过有效渠道及时表述自己意见、建议的权利。参政、议政的权利也是信息交流权、讨论权。受传者享有这种权利,对提高社会生活质量,对稳定企业的、社会的局面都是有重要意义的。有的单位,尤其是国有企业,部分领导搞“暗箱操作”,容易导致腐败,不利于调动员工工作积极性。企业传播的商务信息是否有真实性、科学性,信息受传者也有权知道,有权议论。

(4)批评权

受传者有权监督并批评信息传播者,批评权指纠正传播者错误行为的权利。社会性的传播机构,专业传播者,非专业信息传播者,都应该对自己传播的信息负责,对信息受传者负责。尤其专业传播机构和传播者,是在代表受传者进行沟通活动,对来自受传者的质询和批评,应该积极地给予真实的回答,并及时纠正自己错误的沟通行为。

(二)受传者接受信息的动机

1. 人的需要层次

人的需要层次(生理、安全、社交、尊重、求知、求美、实现自我)使信息受传者产生信息需要。按心理学的划分,人的需要层次是逐级上升的。

心理学家马斯洛认为人的需要层次共分为七个阶段:

生理需要:呼吸、饮食、衣着、居住、休息、医疗、性生活。安全需要:保证、稳定、依赖、保护、秩序、法律等安全感。社交需要:归属需要(团体、交往、友谊等);爱的需要(爱情、关怀、被接受)。尊重需要:自尊(自尊心、自豪感、自主性);他尊(权利、威望、荣誉、地位)。求知的需要:好奇心、了解、探索。求美的需要:匀称、整齐、美丽。自我实现的需要:追求自我成就、实现人的潜力。

随着社会的发展,人类的进步,人类文明程度的不断提高,人的需要层次中社会性因素逐渐增多,生物性需要因素逐渐减少,人们遇到的问题也就越来越复杂。这使人的信息需要和信息沟通行为永远不会停止。

广泛的多样的富于社会性和发展性的信息需要使人类奋力进行信息沟通以接受未知信息，凭借接受到的各种信息进行社会认知与自我认知，面对自我，完善自我，再通过自我信息沟通以超越自我。如图8.1马斯洛需要层次图。

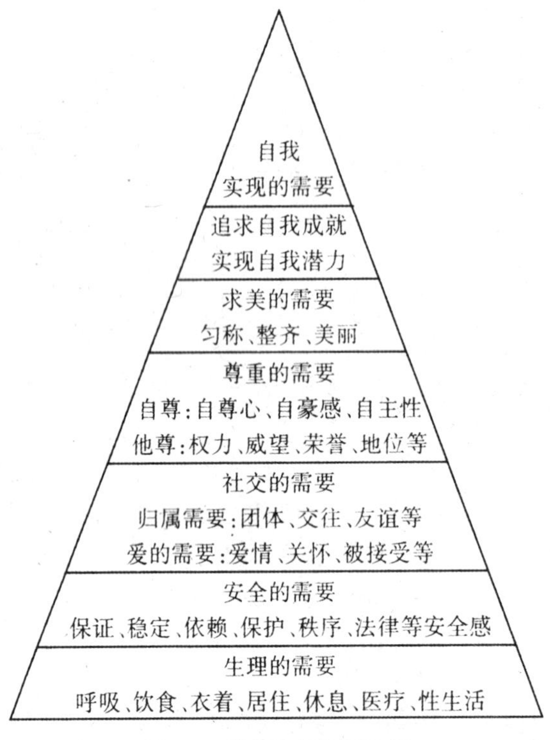


**图8.1 马斯洛需要层次图**

由人的需要层次，决定了信息受传者对信息的如下需要：

1. 对信息内容的需要

信息受传者要求获得有助于问题解决的特定信息。如信息具有科学性、实用性等。

2. 对信息类型的需要

信息受传者要求占有各种信息，对不同类型的信息如知识、消息、数据或事实资料；口头信息、文字信息、图像信息；图书期刊等文献信息，都强烈需求。

3. 对信息质量的需要

信息受传者要求信息准确、可靠、完整、全面而不是模糊、错误、零散、片面、虚假的信息。用户对产品的不满意，更多的并非数量，而是质量。

4. 对信息数量的要求

信息受传者要求信息数量适度，易于接受。如果信息受传者接受的信息数量超过了其信息处理和利用能力的限度，就被称为“信息过载”。

（三）信息受传者在沟通活动中的控制因素

1. 信息受传者在沟通活动中的主动控制

（1）选择性控制

选择适当的信息源进行查询，选择恰当的方式获得对信息源最大限度的理解。从某一个信息集合中，把符合需要的一部分挑选出来。不同人在不同的时间、地点和环境下有不同的信息选择标准。其标准核心是相关性和实用性。

（2）选择性理解

理解信息是一个思维过程。理解需要解释和表征。解释是寻求被解信息与解释信息及解释中所包含的信息导致原有信息向纵深发展或与原预期事物相反的信息。解释的过程与受传者心理因素有关。

注意对信息受传者的解释和受传者自身对信息的解释，是信息传播者在信息加工改造过程中的核心环节。

（3）选择性记忆

这是受传者接受信息的心理过程的最后一个环节。经过选择性的注意理解后,留下的信息在大脑信息库中又面临新的选择。无意识记忆有时能够终身不忘,就是由于选择性记忆的结果。选择性记忆包括三个阶段:信息输入—储存—输出。

2. 信息受传者在沟通活动中的被动控制

(1)遵从性心理

信息受传者在沟通活动中由于群体的影响和群体的压力,再加上某些心理因素,容易产生遵从性心理。

(2)不同的文化背景

由于信息受传者不同的宗教信仰、不同的文化教育水平、不同的精神生活方式和物质生活方式以及不同的生活环境,信息受传者在沟通活动中的被动控制状况也就各不相同。

(四)传播者与受传者的关系

1. 信息共享

沟通关系是由一些双方共同感兴趣的信息符号聚集在一起而形成的。沟通过程是信息传播者与信息受传者分享信息符号、分享信息的过程,传播者与受传者分享那些代表信息并导致彼此了解,从而会聚到一起的符号。

2. 信息反馈与行为互动

信息反馈具有迟延性、间接性、零散性、积累性的特点。

信息沟通过程中,信息传播者的信息传递与受传者的信息接受相互依存,相互影响,形成互动。

信息传播者只有尽量提供那些符合受传者需要的信息,才会为受传者接受,才会达到预期的沟通效果。信息传播者与信息受传者双方都是一个信息反馈与行为互动的积极的过程。

## 第二节　大众商务沟通实务

### 一、商务新闻报道

(一)新闻报道的作用

新闻报道有利于提高商务新闻价值,加快报道速度,加大信息力度,强化企业及其产品在消费者心中的地位,是促销的沟通方法之一。

(二)新闻报道的方式

1. 事实报道

事实报道只客观说明需要说明的企业事实、产品事实,如记录事件发生、发展的过程和结果等。事实报道不加任何解释和评价,也不进行任何暗示。旨在让消费者从事实报道中获取企业商务信息,领悟企业意向。

2. 专题报道

专题报道指围绕一个主题,多方位地展开报道。其中又分个别专题报道和系列性专题报道。

3. 分析报道

分析报道指不仅进行事实报道、专题报道,而且对事实和专题进行解释和分析评价,造成一种冲击力和影响力。

4. 现场报道

信息受传者在企业进行的大众商务沟通中使用较多。为增强商务信息报道的真实性和可信度,拉近企业与消费者的距离,树立企业形象和产品形象,让记者或企业领导或与事实有关的企业员工手持话筒“出镜”,结合画面向听众或观众讲述企业有关信息。这种方式没有任何渲染和评价,只有客观事实、数据和有关画面的客观陈述。主题内化于陈述之中。

## 二、影视商务节目

(一)影视商务节目的形式

1. 口播新闻

口播新闻指以播音语言为主体,辅以图片资料或屏幕文字的商务新闻。一般用于传播时效性强的动态性的商务信息,不需多花时间制作,迅速,时效快。

2. 图像新闻

图像新闻指用新闻画面与播音相结合的商务信息报道。

3. 电视访问

对本企业具有权威性和说服力的事件,由管理人员和相关员工出面,接受记者访问的录像新闻。

4. 报刊、电视或网上谈话

报刊、电视或网上谈话主要选取消费者关心的与本企业有关的重要内容,通过电视屏幕或网络,由企业管理者或权威人事进行讲演,或者召开座谈会进行讨论。

(二)影视商务节目的画面

商务节目影视画面主要取决于时间和距离。用于影视商务节目时,需要与广告公司或其他传播媒介商量拍摄的有关情况,影视画面付费通常是用秒钟来计费。

1. 远景

指远距离拍摄景物,包括范围很大的景物。受传者理解画面需要的时间较长,拍摄和播放的时间应不少于 8 秒钟。

2. 全景

全景指场景的全貌,包括特定人、事和环境范围。涉及到的空间较大,人物较多,需要的时间也较多,全景画面时间长度应不少于 7 秒钟。

3. 中景

中景指能够清楚地展现人物动作和感情的画面。画面时间长度应不少于 4 秒钟。

4. 近景

近景以拍摄人物或企业的产品为主,以景物为辅。产品的细小的地方都能看清。因形象较大,容易理解,画面时间不少于 3 秒钟就行。

5. 特写

特写指对产品和人物进行细致入微的描述,内容单一、集中。能使观众一目了然,因此只要不少于 2 秒钟就可以了。

## 三、广告

### (一)广告的策划程序模式

广告策划的一般程序模式如图 8.2:

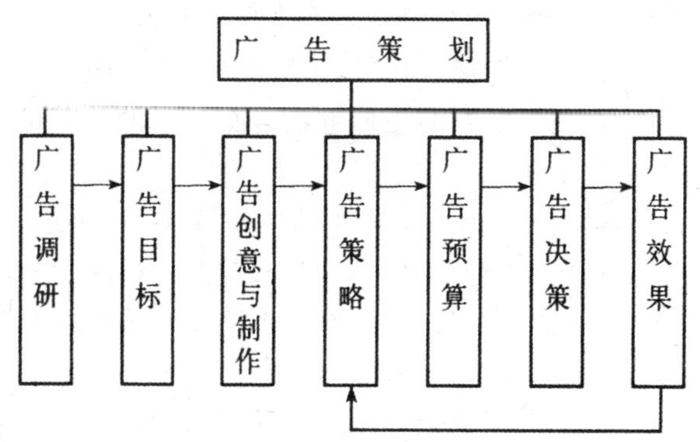


**图 8.2　广告策划程序模式**

(二)广告策划的程序

1. 广告调研

广告调研是指广告经营部门以及与广告有关的单位或部门为了征求、制作、发布和管理广告而进行的调查研究活动。

(1)广告环境调研

广告环境对广告有直接导向作用与制约作用,广告必须服从于环境的需要。策划广告时要调研如下环境信息:

自然环境:包括气温、季节、气候、地理位置等信息。如环境的气温,直接受其影响的产品很多,暖气和降温设备、清凉饮料、啤酒等的销售,都受气温制约。研究自然环境对广告时间、地点的选择有重要意义,否则会造成经济损失。

国际环境:各国政治、经济、军事现状,对外贸易政策,国际性贸易组织,国际会议议程,国际重大赛事,国际间的友好往来和战争、军事争端,都是广告策划应该考虑的问题。

产业环境:产业间的竞争,同类产品间的竞争,投资在产业间的转移,各产业的兴衰变化,都是广告策划应考虑的问题。

企业环境:本企业的竞争者,竞争者和自己各自在本行业中的地位,在社会中的地位,占有市场的份额都应调研。

商品环境:商品所处的生命周期,竞争力的强弱,品牌间的竞争情况,应予调研。

广告环境:广告环境指广告设计与广告媒介环境。对特定的消费群体,特定的商品,应有针对性地考虑文字、画面、音乐、表演和媒介的选择。同时,广告媒介的政策和现状,时间的安排情况,都要调研清楚。

政治经济环境:国家法令、法规、法律,政府政策等,也在广告调研之列。例如,国家严格控制国营单位进行集团购买时,一部分商品和市场的服务就会出现暂时的萎缩。而控制令一解除,情况会复原。同样,公款吃喝、公款旅游的政策也直接与餐饮旅游业相关。

(2)广告主体调研

广告主体调研要确定产品的主要销售对象、个性内涵和产品的精神价值。

确定产品的主要销售对象即确定产品卖给谁,销售对象是哪些群体,是哪些个人。例如中国杭州的“娃哈哈”的销售对象定位在有小孩的家庭,尤其是家庭主妇。待打开儿童市场后,他们再向成人市场扩大。

个性内涵即确定产品本身的特征和品质。例如原料成分、产地、用途、外观造型、色彩、包装、商标和产品档次等。由于个性内涵不同,定位也就有所不同。又如中低档产品的广告设计就不能过分豪华;设计饮料、酒等广告,要突出原料和工艺;设计时装广告要突出款式的新颖;设计药品广告要突出药的效力、成分、服用方法及其与其他药品的区别。

确定产品的精神价值即确定产品能给人精神生活带来的利益。电视机、录像机等产品可以直接给消费者带来精神享受,而其他产品所能带给消费者的精神享受要靠广告制作者进行精心的挖掘。例如旅游景点的石头,我们可以赋予石头精神意义。云南石林的阿诗玛、长江三峡的神女峰等等,它们都只不过是高高耸立的石头,只是人们将其人格化,并赋予其人的生活故事和精神境界罢了。

2. 确定广告目标

确定广告目标即确定为什么做广告,做什么广告,怎样做广告,要达到什么效果。这个步骤即是实施美国著名政治学家、传播学奠基者哈罗德·拉斯维尔(Harold D. Lasswell)提出的著名的“五W”传播模式:“描述传播行为的一个简便方法就是回答下面五个问题:谁?说了什么?通过什么渠道?对谁?产生什么效果?”

3. 广告创意制作

目标确定后，就进行广告创意与制作。要表现广告主题，必须进行精心的创造性的构思，使广告能够得到充分的、艺术性的表达主题。在此基础上，广告制作者应根据创意，考虑运用哪些技术和方式，去完成广告表达，以实现预期的广告效果。

4. 广告策略

广告策略主要是研究怎样突出广告主题，体现广告创意。目的是选择合适的广告媒介，以恰当的表现方式和恰当的广告时机，在合适的范围内进行广告宣传，达到预期的广告目的。

5. 广告预算

广告的设计制作，媒介的使用，广告时间的确定，覆盖范围的大小，都涉及广告经费，都受经费制约。

6. 广告决策

广告决策指对广告各种方案分析对比后进行选择，确定最优实施方案。

7. 广告效果检验

广告效果检验可以在广告发布之前或之中、之后，并且不是一次性而是多次性进行。旨在通过检验，对广告的效果和必要性进行评估，以便对广告策略进行调整和充实。

（三）广告的目标

1. 广告目标的含义

广告目标指某一特定时间内，广告主对特定信息受传者所要完成的特定商务信息传播任务，即广告主所要达到的目的。

2. 广告目标的内容

广告目标包括扩大产品的销售规模；提高产品的知名程度；保证已经占有的市场份额；树立良好的企业形象和品牌形象；引导流行，改变传统的消费习惯。

（四）广告创意与创作

1. 广告创意的含义

广告的创意是指对广告创作对象进行想象和创造，使广告内容与形式能够很好地结合起来。包括对题材的选择，主题的提炼，形象的典型化，文字的精练，图画的意境和体裁，表现方法与表现风格等的综合思考和想象。

2. 广告创意的过程

广告创意的过程包括收集材料，进行准备；对材料进行分析和创造性的想象；进行提炼和构思，使想法成型和完善；比较和实验，如果验证结果满意，就叫广告设计部门完成广告作品。

（五）广告的策略

1. 产品定位策略

产品定位策略是确定本产品销售的时间、地点、对象。

（1）实体定位

实体定位指在商务信息传播中突出产品的新价值，与同类产品相比所具有的优越性，以及顾客从中得到的利益。主要包括以下几个方面：功效定位，主要与同类产品相比较，突出本产品效力；品质定位，强调本产品的良好品质，如美国的百事可乐。强调产品是天然原料所作，不含卡非因，对人体无害；市场定位，是确定本产品在市场上占有的份额；价格定位，是突出本产品的价格优势，价廉物美。

（2）观念定位

观念定位，是突出产品的新意义，改变消费者的消费习惯。主要包括两个方面。

其一是逆向定位，借助竞争力强且在市场上有很大名气的竞争对手的荣誉来引起消费者对自己产品的关注和支持。例如有的广告声称："我们仅处在第二位，只在某某方面比他们更强，我们还将努力提高。"这在表面上是自甘落后，而实际上是突出自己的强项，美化自己的形象，以改变消费者观念，赢得消费者。

其二是是非定位，把商品市场加以区分，以确定自己的位置。例如美国的七喜汽水，定位时巧妙地把饮料分为两种类型，声称自己是“非可乐型”，因此打破可口可乐和百事可乐垄断市场的局面，为自己争得一席之地。

其三是跨文化定位，在商务信息传播时注意不同国家不同种族的文化习俗、生活方式，寻找合适的广告语。

2. 产品周期策略

产品生命周期的长短不同，广告目标、广告对象、媒介选择和广告策略就有所不同。

(1)产品导入成长期

产品刚进入市场，消费者还感到陌生，广告策略以告知信息为主，突出与旧产品的差异，是为引起消费者的注意和兴趣。

(2)广告中期

广告中期指产品已经进入成熟期，获得了消费者信任，销售额在上升，同类产品正参与竞争。这时期广告应以巩固市场为目的，以强有力的诉求，和优于同类产品的信息导引消费者认准自己的品牌。

(3)饱和期与衰退期

供求饱和的情况预示产品已进入饱和期与衰退期，这个时期的目标是维持产品市场，不断提醒消费者购买。内容上应突出售前与售后服务，时间上可以间隔性地、定时性地发布广告。

3. 目标市场策略

目标市场策略是指为满足特定人群的需要而选择一定的市场范围，以达到预定目标的策略。其中包括如下几种策略：

(1)无差异目标策略

无差异目标指在一定时间内，针对同一目标市场，以同一主题为内容的广告。有利于各种媒介同时用同一内容发布商务信息,重炮猛轰,迅速提高产品知名度。

(2)差异目标策略

差异目标指在一定时期内针对细分的目标市场,做不同主题、不同内容的广告。因为这时市场需求分化突出,各细分的子市场各有不同的特点,因此在广告设计、制作、主题、媒介选择等方面都不同。

(3)集中性目标策略

集中性目标策略是指把广告商务信息传播的力量集中在细分后的一个或几个子市场上的策略。一般应挑选对自己销售有利的,能发挥自己优势的,自己力所能及的市场集中力量进行商务信息传播。

4. 心理能动策略

运用心理学的原理来策划广告,诱导消费者心理,使之认识信息的因素及其行为,再修正因素以影响行为,这被称为心理能动策略。

广告活动中所运用的心理学原理是需要、注意、联想、记忆、诉求。

需要,包括消费者实用价值的需要和心理满足的需要,广告应引起需要和刺激需要,应针对需要设计广告;注意,是指加强消费者对广告信息的注意作用。广告的艺术性如形式、色彩等都是容易引起消费者注意的因素;联想,是激发消费者联想力以使广告的空间扩大,时间延长;记忆,是指让消费者购买产品时想起广告,想起广告宣传的产品的优越性;诉求,是告诉消费者哪些是生活里需要的,应该如何去满足需要,敦促其为了满足需要而购买产品。

消费者心理与社会文化密切关联,应了解消费者的社会期待和行为,然后通过广告沟通信息修正消费者的社会期待以影响其消费行为的策略。

5. 广告媒介策略

广告媒介策略是指根据广告的各种定位需要，选择广告媒介和有机搭配组合广告媒介的策略。

(1)广告媒介性质

广告媒介性质是指商务信息传播媒介的影响力及其能产生的心理效益。媒介覆盖的范围大小，纸质媒介发行量的多少，媒介的社会文化影响状况怎样，消费者对媒介的信任程度如何，都直接影响购买动机和购买行为。

广告媒介的收费标准和广告作品设计制作费用也是考虑的问题之一。企业应该根据自己的财力和自己的需要量体裁衣。相对价格与实际平均费用都要很好地测算清楚。

不同媒介如何有机配合，怎样才能在广告目标下使选用的媒介取长补短，交错运用，创造销售气氛，吸引消费者注意，都取决于最佳媒介组合方案的选择。

(2)媒介传播时间

通过传播媒介发放广告的时间有以下几种方式：

集中性时间，是在较短的时间内集中广告优势，使用多媒介组合，造成强大的广告声势，促进销售。

均衡时间，指有计划、有步骤地、反复地、较长时间地进行商务信息传播，以扩大产品的知名度和影响力。

季节性时间，主要针对销售季节性强的产品。在销售旺季来临前进行大势宣传，旺季到来即达宣传顶峰，之后逐渐减弱，季节结束即停止。节假日的商务信息传播也根据这个原则进行广告发放时间的安排。

(六)广告文案与构图

1. 广告文案的制作

制作广告文案应按广告构思制作，根据广告的目标确定广告文案的结构和表现形式。而结构和表达方式的选择,必须为突出广告主题服务。

2. 广告构图的基本要求

符合广告目标规定;运用视觉规律,画面视觉中心突出;处理好构图与各部分之间的协调关系。如构图与主题、材料和表现策略等的关系。

(七)广告组织与广告管理

1. 广告组织的选择

选择一个好的广告公司,或委托广告代理时,应考察其如下几个方面的情况:该公司已有的成绩,信用状况,管理水平,业务水平,职业道德,经营作风,与媒介关系。

2. 广告的宏观管理内容

对广告经营者的管理,应依据国家颁布的《广告法》、《广告管理条例》执行。对广告经营过程的管理应考虑广告内容、广告主、广告产品、广告违法行为的关于经济的、行政的、刑事的处理条例等问题。

3. 广告公司的自我管理内容

广告公司的机构设置应具有科学性,一般按"广告业务承揽—广告策划—广告创意—广告制作—发布广告—广告效果测评"等几个环节进行合理分工。广告公司应加强调查研究,提倡发挥员工的积极性和创造性,发展多种媒介,力争向信息服务型公司转变。

(八)广告的制作原则

1. 真实性

真实性指广告传播的信息是真实的,不弄虚作假。广告内容失真,会堵死产品的销路。广告的真实性关系着企业的信誉和社会道德,是广告的生命。虚假的广告要受到法律的制裁,会直接给企业造成经济损失。

例如最近在电视里经常露脸的“盖中盖”和“朴雪”口服液就遇上了麻烦。这两种由哈药集团制药六厂生产的保健品从2001年6月中旬开始,被禁止在济南市场上出售。原因是该广告内容夸大、虚假。保健品有保健食品和保健药品之分。那两种产品均属“保健食品”。“盖中盖”的批准文号是“黑卫食特准字(1999)258”,属于食品。但在其产品说明书上却说:“可迅速增加血液中的钙浓度,促进钙在骨骼中的沉淀,增加骨密度,提高骨骼韧性,使骨骼得到迅速有效的钙化。”食品宣传药品功效,这就是两种产品被禁的原因。同时企业又以明星满面笑容地推荐“盖中盖”,在媒体上夸大性地宣传疗效,不符合《食品卫生法》的规定。

保健食品要经过卫生部门批准后方可生产,同时,还需要工商管理部门颁发生产许可证,市场上卖的保健食品,在功效宣传方面,不仅要遵守国家《食品卫生法》,而且应当遵守国家《食品广告管理办法》。

由顺德康富来保健品有限公司生产的脑轻松胶囊,如此宣称自己的产品:“脑轻松一个月提高记忆商数30”;由山东蓬莱华泰保健品有限公司出产的双华智力宝胶丸,宣传的口径更直接,“智力宝可迅速补充脑营养,激发脑细胞活力,提高智商和记忆力”。这个企业为求效益不惜撒谎骗人:“卫生部委托哈医大对60名学生两个月测试,服用组比对照组在指向记忆、联想学习、记忆再现上平均值高出20%以上,学生感到精力旺、思维快、记忆好,成绩明显提高。”而卫生部对这一纯属子虚乌有的说法断然否定。

存在类似情况的还有北京天施康医药科技发展有限公司出品的猛牛胶囊。

国家卫生部将这三家企业及其产品在中央及首都媒体毫不留情地曝了光,并提醒消费者,如果买了这样的保健品,付出的费用和得到的效果并不相符。这句话的意思就是说,这些保健品不是完全无效,但效果和人们的期望值相去甚远。

造成保健品夸大、虚假宣传的原因大致有两种:一是企业为尽快赚钱,有意违规操作,误导消费,对产品进行夸大、虚假宣传;二是新进入保健食品行业的企业,不懂或不清楚保健食品的相关法律、法规,在编写宣传材料时参考了不规范的说明书,而出现违规宣传。更多的情况是属于前一种。

"盖中盖"、"脑轻松"一下子从"知名产品"变成了"问题产品",不得不引起人们对中国保健品市场的重新审视。

国家工商行政管理总局近期组织对全国大城市的41家晚报2001年4月11日至20日发布的药品、保健品广告法律执行情况进行了检查,结果显示,绝大多数晚报不同程度存在违法问题。此次共检查药品广告2019条,发现违法或涉嫌违法广告478条,平均违法率为23.68%。

其主要违法表现是:使用医药科研单位、医生、患者的名义作不实证明;出现治愈率、有效率以及其他不科学的断言和保证;出现有奖销售、馈赠等违法促销内容;违法发布治疗肿瘤药品的广告等。

检查保健食品广告690条,发现违法或涉嫌违法广告153条,平均违法率为22.17%。个别产品广告违法严重,违法发布范围较广,特别是灵芝类药品、保健食品广告,宣称对肿瘤的治疗作用,严重违反广告法律规定,提醒广大消费者注意识别。

表示对疗效有十分把握。国家规定,药品广告不能宣传产品疗效,如"疗效最佳"、"药到病除"、"根治"、"安全无副作用"等。因为每个患者的病情不一样,身体状况不同,服药后的反应和治疗效果也不同。但绝大部分违法药品广告千方百计渲染、夸大产品疗效。

2. 思想性

广告内容应健康,符合国家政策法规,符合社会主义精神文明建设的需要。应该抵制反动、黄色、庸俗、封建迷信的内容。同时,也不宜用标语口号代替广告内容。

3. 科学性

科学性指广告所介绍的产品性能要准确、可靠,有科学依据。具体的科学数据最能说明广告产品的品质。

4. 艺术性

广告要引起消费者注意,应在广告设计和实施的各方面都注意其艺术性,以消费者喜闻乐见的形式表现广告内容。有的广告为渲染产品性能,忽视了艺术性。如前几年兰州的除烟渍牙膏,以满口黑牙的形象作特写镜头,占据很大一个电视画面,许多消费者认为不雅,很难看,没有艺术感。

总之,制作和发布广告,必须考虑在企业、社会、消费者这几个方面是否获得最佳效果,应使消费者获取信息,又得到情趣高尚的艺术享受。

# 第九章　跨文化沟通

当代社会需要我们以开放的心态,宽阔的胸襟,怀着对异域文化的极大热情与世界各国友好往来。

跨文化沟通的根本是通过沟通达到相互了解与理解,求同存异。东西方文化的差异,中国与其他各国文化的差异,主要表现在文化背景和价值标准以及沟通的语言表达方式上,这是本章研究的重点问题。

## 第一节　文化背景与价值标准

### 一、文化的界定

(一)"文化"的定义

"文化"的概念,不同的文化领域,不同的文化圈,不同的学者,赋予其不同的界定,仅知名学者的界定目前已有200多种。事实上,每一文化圈都不能涵盖整个文化范畴。

美国学者克鲁伯和克罗孔在《关于文化的概念和定义的检讨》中对"文化"作了十分形象的表述:"在这个世界上,没有任何东西比文化更难以捉摸。因为它没有固定的形状,我们要范围它的意义就像要把空气抓在手里一样;我们要寻找它时,除了不在我们手里以外,它无所不在。"

文化无所不在,这正是古今中外对文化解释的概括。

1. 我国对文化的传统解释

我国《周易 · 贲卦彖辞》曰:“观乎天文,以察时变;观乎人文,以化天下。”西汉刘向在《说苑 · 指武》中说:“凡武之兴,谓不服也;文化不改,然后加诛。”

我国古人的“文化”指“文治教化”,即以礼乐来教化天下之民。礼乐包括先王圣哲所创制的文物典章制度,如伦常、道德、文学、科技、法制、经济、政治、风俗等等。孔子用“道”来概括这一切。因此,我国的“道”就是文化,“道统”就是指“传统文化”。

2. 外国学者对文化的解释

《大英百科全书》对文化的定义是:“人类社会有野蛮至于文明,其努力所得的成就,表现于各个方面,如科学、艺术、宗教、道德、法律、学术、思想、风俗、习惯、器用、制度等,其综合体,称为文化。”

马克斯 · 韦伯在《经济与社会》中对文化赋予人类学观点,他认为:文化是人类生命意义的中心,包括所有的生活领域;文化不是个人的而是多数人的行动事实;文化与社会融合于“各种社会现象”中,支配着生活。

科斯洛夫斯基(P. Koslowski)在《后现代文化 · 技术发展的社会文化后果》中把文化分为两个领域:精神文化,物质文化。文明以物质文化的多种成就为形式。

克鲁克赫尔姆(Kluckholm)则按七个标准界定文化:

同一文化圈成员的自我认识;与自身所处环境的关系;价值结构;与他人的关系(以集体主义优先还是以个体主义优先);个人贡献定义(行为指向或存在指向);时间指向(昨天、今天、明天,保守、现实、未来指向);空间指向(以公共生活重要还是私人生活重要)。

3. 文化的定义

概括古今中外对文化的界定,我们发现,国外的解释实际上和我国解释大同小异。文化涵盖了社会生活的各个领域,又以价值观为精髓。

我们认为,文化是人类群体在社会实践过程中在物质上和精神上所创造的成绩的总和,是人类群体所遵循的价值观和行为模式的总和。

国与国之间,民族与民族之间,人与人之间,虽文化不同,亲疏远近有异,都当以礼相待,都当有共同遵守的秩序准则,即共同遵守的文明行为。这是各国文化交融的基础。

(二)跨文化沟通的文化差异性

文化就个人而言,是一种背景,是一种修养。一种文化的显现和变化,在与其他文化的沟通中清晰可辨。人与人之间,民族与民族之间,一种文化与另一种文化之间,并无优劣之分,只存在着差别。研究文化差别,对其产生的根源及其产生的行为进行分析,可以减少跨文化沟通中的障碍。

跨文化沟通是两种有差别的文化碰撞,潜在的和未知问题在所难免。例如:

1. 对方行为模式范畴

沟通对象那陌生的价值结构、行为规范、行为表现,属于何种范畴?沟通中自己如何改变行为?

2. 自身应有的行为模式

自己的文化背景能否使自己在这时运用应有的行为模式?自己是否有能力在沟通时与对方进行相互间的精神设计。

3. 差异中的协调方式

不同文化背景的人之间,尤其是工作人员之间,怎样才能拥有同样的价值观,同样的行动水准,同样的速度?由文化背景所造成的对相同的问题所持的不同的看法,怎样才能达成共识,协调一致?

这当中很重要的因素是不同的文化决定了不同的价值观和

目标,达成共识,协调一致的前提首先是了解对方的价值观和行为方式,并给予理解,不强加于人,尽可能融合文化意识。

## 二、中国传统文化背景与价值观

### (一)儒家

儒家是我国春秋战国时期以来颇有影响的一大学派,儒家思想是中国古代文化的核心,至今影响着中国传统文化的各个方面。无论思维方式、价值取向、典章制度、文学艺术、社会习俗,儒家思想无处不在,无时不见。

儒家学派的代表和创始人孔子(公元前 551 年 ~ 公元前 479 年),姓孔,名丘,字仲尼,春秋时鲁国人,先世是宋国贵族。"子"是古代对男子的尊称。孔子中年曾任"委吏"(会计)、"乘田"(管畜牧)等官职,但为时均不长。他一生中的大部分时间都在从事教育和文化活动。他居无常地,周游列国,相传有弟子三千人,其中名人贤者就七十二人。他曾经编纂过《诗》、《书》、《春秋》等书,他一生的言论思想收集在《论语》里。

孔子的思想博大精深,历代学者对他有"仰之弥高,钻之弥深"的赞叹。

儒家思想的核心是"仁"。

1. 以"仁"为核心的人性论

孔子关于"仁"的思想含义就是"仁"者爱人,强调仁义。提倡"己欲立而立人,己欲达而达人","己所不欲,勿施于人",人与人之间互相"爱人"、"立人"、"达人"。讲究"推己及人"、"舍身处地"、"将心比心",儒家提倡"兼善天下"、"济世利他"。

孔子把"仁"作为区分善恶的标准,是"性善论"的始祖。孟子则继承和发展了孔子的人性观,成为"性善论"的代表。性善论与"仁"为核心的思想同样是儒家思想的精髓。

2. 重义轻利的价值观

最先提出“君子喻于义，小人喻于利”的命题的就是孔子。儒家重义，强调道德的价值，以道义作为根本的评价原则，将其置于道德评价的最高层次，强调“见利思义”。

孟子继承了孔子的价值观。认为“富贵不能淫，贫贱不能移，威武不能屈，此谓大丈夫也”。儒家轻利，重视精神境界，着力塑造“志士仁人”、“大丈夫”的理想人格，对于陶冶民族性格起了重要作用。

继孔子之后，儒家的代表人物还有孟子和荀子。荀子继承并发展了孔孟的义利思想，主张义利兼有同时主张以义克利，先义后利。这种重义轻利的价值观对几千年中国文化产生着深刻的影响。他们发展了孔子的仁和礼的思想，使儒家成为先秦诸子百家中最大的一个学派。

由于儒家主张施仁政，反对暴政，深受百姓拥戴；又由于主张忠、顺，深受统治者推崇。因此经汉、宋、明几代的不断丰富和发展，儒家学说成为中国两千多年封建社会高度中央集权的主要思想基础。儒家对中国文化的影响是最重要而且最深远的。如今，持这种价值观的人，在商务沟通中随处可见。

（二）道家

道家学派创始人和代表人物老聃（公元前580年—公元前500年），姓李名耳，字伯阳，春秋时楚国人。老子曾做过周朝的守藏室之吏（图书馆馆员），后隐居不仕。其主要思想载于《老子》（汉代以后称为《道德经》），是道家弟子根据老聃的思想言论记述而成。

老子的思想核心是“道”。

1. “天道自然无为”的自然人性论

老子的宇宙观和思想体系的核心是“道”，提出“天道自然无为”，“人法地，地法天，天法道，道法自然”的观点。老子认为

“道”贯穿于自然、社会和各个领域，是宇宙间一切事物的本原和规律，是天、地、人都遵循的法则或规律。道本自然，法道者，也法自然。因此他主张“绝仁弃义”、“绝圣弃智”、“绝巧弃利”，使人性复归到“见素抱朴，少私寡欲”的自然初始状态之中。他既反对仁、义、礼、智等道德观，又反对追求利益和欲望。道家倡导无欲、无为、无争，一切听其自然的人生哲学。

继承并发展老子虚无思想的是庄子。庄子名周，战国时宋国人。庄子甚至认为世界上一切差别都是人为的产物，因此不承认事物的任何差别。

2. 义利俱轻的价值观

道家既鄙视利又轻视义，崇尚自然无为，视无知无欲的状态为人生的理想状态，反对讲仁义，求功利的有为之举。

老子认为人对物质利益的追逐和对功名的关注，是永无止境的，会使人生充满数不尽的灾祸和痛苦。许多人陷入迷茫、丧失理智，许多人倾家荡产，家破人亡，都是因为追名逐利所致。他认为只有知足不争，少私寡欲才可以防止人作恶犯罪，才可以保护自己的朴素本性不受外物损害，才可以活得自然安宁，从而恢复人的善良本性。

自然人性论与“无为而治”、“义利俱轻”的伦理思想是其价值论的特征。

道家思想对后世影响深远，促进了道教的形成，并影响了佛教。中国学者常用老庄的理论来注释佛教的典籍。中医的某些理论也受到道家学说的影响。

（三）墨家

墨家学派代表墨子（公元前468年—公元前376年）名翟，宋国人，是战国初期的思想家。

墨家学派与儒家学派当时并称为“显学”，但其哲学思想与儒家有区别。

1.“兼爱”、“非攻”的哲学思想

墨家学派主张不分亲疏厚薄地“兼爱”，提倡“饥者得食，寒者得衣，劳者得息”；提倡“非攻”，反对侵略；主张“尚贤”，提倡“有能则举，无能则下”，认为“官无常贵，民无终贱；主张“尚同”，反对内讧、分裂；提倡“非命”，认为每个人应以自强来改变自己的处境，无论这个人的面目和行为的表现形式是爱的还是恨的，是善的还是恶的，只要是想挖取别人来武装自己，就是进攻和侵略。人只有自强才值得尊敬，才有出路。

2. 义利合一的价值观

墨家提出“义利合一”，认为没有脱离利害关系的纯粹的道义。倡导“兴天下之利，除天下之害”，“义利合一”的价值观。“兼相爱与交相利”的伦理思想是其价值论的特征。墨子认为“义”，即利国、利民。贵义，即是贵利，没有脱离利害关系的纯粹的道义。讲义，必须与人的实际利益结合起来。

墨家反对损人利己，认为有利于天下人就是“义”，为了自己私利而害天下人就是“不义”。主张“兴天下之利，除天下之害”，强调人与人之间应互相尊重，尤其应尊重他人劳动成果，维护社会成员正当利益，侵犯和掠夺就是不义。

墨家善辩，尤其善于使用逻辑推埋，经常在论证中使用同一律和充足理由律。

（四）法家

法家学派是儒家和墨家的反对派。

先秦集法家大成者是韩非（公元前 280 年 ~ 公元前 233 年），其著作为《韩非子》。韩非的主张为秦始皇所欣赏，但却遭到他的同学李斯的嫉妒诬陷，后入狱自杀。

法家学派分为两大派：其一，是齐国法家，以管仲为代表，主张以利生义，重利但不轻义；其二是秦国法家，以商鞅、韩非为代表，主张崇利贬义，讲究“重法不重义”，“去仁义，不道无用”。

总之,法家学派"性恶论"、"法治"和"重利轻义"为核心的伦理思想是其价值论的特征。

1."好利恶害"的人性论

韩非子认为"好利恶害"、"人之所有",人的本质是自私的。认为"饥而欲食,寒而欲暖,劳而欲息,好利而恶害"是人"生而有之"的。他认为人人都有利欲之心。认为任何人与人之间的关系都是互相利用,互相算计,人人都从谋取利益的角度出发去从事各种事业。

他举出一系列例子证明自己的理论:"故王良爱马,越王勾践爱人,为战与驰。医善吮人之伤,含人之血,非骨肉之亲也,利所加也。故舆人成舆,则欲人之富贵;匠人成棺,则欲人之夭死也。非舆人仁而匠人贼也,人不贵则舆不售,人不死则棺不买。情非憎人也,利在人之死也。"

法家尤其认为管理者和被管理者的关系,是建立在利害对立的基础之上的,是"主卖官爵,臣卖智力"。主张严刑峻法,不讲仁义。韩非子因此继承了商鞅的"明法",孙不害的"用术"和慎到的"任势",认为管理者必备法、术、势为一体。"明法"就是法律严明;"用术"就是使用权力;"任势",指树立威信。

儒家讲究王道,提倡仁政,而法家恰好相反,提倡霸道,认为应以法治和统治术进行管理。中国两千多年的封建统治术之神秘莫测,在世界上堪称罕见,究其原因,法家的哲学思想,也是其重要理论基础之一。

2.重利轻义的价值观

法家是儒家和墨家的反对派,是等级制度的维护者。在义利问题上,反对儒家墨家空谈仁义道德。法家主张重利轻义,认为:"仓禀实则知礼节,衣食足则知荣辱。"主张"富国强兵","贵法不贵义",强调"去无用,不道仁义"。认为仁义不适用于当今,无助于国计民生问题的解决,处理问题不能讲仁义,应依法办事，依利益需要办事。

法家的哲学思想的中心是从人性自私利己的角度出发，倡导依法办事，重利轻义的价值观。

综上所述，儒家、道家、墨家、法家，几种哲学思想以及其他思想体系所构成的中国传统的价值观至今影响着当代中国人，商务沟通活动中，任何一类人的思想，都可以在这些传统文化中找到答案，理解对方的价值观，有利于商务信息沟通。

## 三、东方文化背景与价值观

### （一）印度

印度是个普遍信奉宗教的社会。印度的价值观从属于印度的各种宗教。人们认为人的本质在于其内部的“精神”或“神性”，讲究“梵我同一”，认为“梵”是宇宙的最高本体，是一种超自然的永恒的实体。

他们讲究善有善报，恶有恶报，生死轮回。同时认为人的本性是善的，主张在现实中获得解脱，强调行为的作用，主张在普遍之爱中证悟神性，在道德完善中证悟神性。

### （二）阿拉伯国家

在伊斯兰教创立之前，住在阿拉伯半岛上的阿拉伯人，就已经形成了自己的道德观念，如崇尚荣誉以及勇敢、忠贞和大方的丈夫气概。公元7世纪穆罕默德统一半岛后，阿拉伯人在此基础上系统整理，开始形成明确的价值观。因为伊斯兰教教义与此有着天然联系，所以，新的价值观和伦理行为均以伊斯兰教教义为准。

伊斯兰教神学家认为，行善是宗教的三要素之一。他说：“人有三种优秀品质，即：正直；向一切穆斯林道安问好；即使穷困仍然慷慨大方。”

## 四、现代西方文化背景与价值观

（一）西方文化背景下的伦理流派

西方社会以自由、民主、平等、博爱为社会准则。但在这个大背景下，又呈现出多元化文化与价值观。

西方文化背景下所倡导的各种价值观，在各大伦理流派中得以展现，如元伦理学、存在主义、功利主义、弗洛伊德主义和基督教伦理等。

20 世纪的现代西方，生产力和科学技术的发展，使社会生活、经济和政治以及其他方面发生了巨大变化。20 世纪上半叶出现的自然主义伦理价值论有：以詹姆斯、杜威为代表的实用主义；弗洛伊德的道德论，埃德尔等的人道主义自然主义等。

20 世纪 60 年代以后，至今影响较大的是现代功利主义。在商务沟通活动中，为着功利性的沟通目的，商务信息的传播者与受传者也都主要是功利主义者。

（二）功利主义

功利主义思想最早见于 17 世纪霍布斯和洛克的著述，流行于 18 世纪中叶至 19 世纪中叶，建立功利主义完整体系的是边沁和密尔。

功利主义以“最大多数人的最大幸福”来规定善的行为。事实上，是用公共福利来定义善的性质，模糊了“是”与“应当”的界限。在现代功利主义中，影响最大的是准则功利主义和行动功利主义。他们的分歧主要有以下几方面：

1. 关于行动与准则的问题

准则功利主义者认为，由于准则能一般地，最大效果地增进功利，因此，每个人必须遵守准则；行动功利主义者认为，要最大限度地增进总体幸福，必须抛弃准则，以行动相关的功利来决定行动,应选择最佳行动。

2. 关于可选择的行动

准则功利主义者认为道德准则本身是可以选择的,可以根据功利需要来选择最佳准则;行动功利主义者认为,那两种选择并非是惟一的可选择行动,并非能最大限度地增进总体幸福,其中还有另外的选择。

3. 关于行动效果

功利主义者都是效果论者。准则功利主义者认为确定或评价功利,必须考虑效果,并且要保证行动不会产生坏的示范作用;行动功利主义者则认为,效果是最重要的,为了效果,并非所要选择的一切行动都具有示范作用。

4. 关于公正与正义

准则功利主义者认为正义就是能够增进公共福利,不公正会减少幸福,认为任何行动都应服从正义准则,履行正义义务;行动功利主义者则否定道德义务,主张行动"只关心幸福的增进,而不关心幸福的分配",不以正义来指导行动。

## 五、人类21世纪的价值观

近年,不少学者提出,21世纪的理想价值观将是一种辩证综合个体与整体的价值取向。

当代科学技术的发展要求人既有个性化又能自我约束。因此21世纪的理想价值观是扬弃现在的个体主义与整体主义,形成辩证的统一的,既注重个体利益又兼顾整体利益的,综合个体与整体的价值取向。主要有如下原因:

(一)科技发展形成人的个性化

21世纪将是知识经济社会。知识经济特殊的生产模式使生产价值链上的每个环节都具有独创性。这将使脑力劳动在社会中的地位变得越来越重要，而知识的生产、传播和运用，很大程度上是个体劳动，并且要求劳动者是具有独立个性的人。由于知识经济的发展，尤其是在生产组织中将改变的不只是现有的生产格局，更是人的价值取向，因此人的个性化更强。

（二）科技发展要求人为整体而约束自我

科技发展对人的自我约束提出了更加严格的要求。原因有两方面：

1. 是生态环境平衡的需要

人类为自身生存而对大自然进行索取的欲望是永无止境的，而自然资源是有限的，不顾自然规律进行毁灭性、掠夺性的开采，资源耗尽，生态失去平衡，人类将无法生存。这就需要地球村里的每个国家，每个民族，每个人都要具有为人类可持续发展而约束自己的精神力量和道德规范，因为这是人类生存的生态环境平衡的需要。

2. 是人应付科技发展新威胁的需要

科技带给人类有利但也不可能无弊，事实上，科技给人以幸福，也给人以灾难。例如核能，虽可用于生活，但更可以用于战争，造成核毁灭。又如克隆技术，既可以用于医学造福于人类，又可能使人类伦理陷入危机。因此，世界各国人民，尤其是科技界的学者们担心灾难，提请社会对此类研究和运用进行法律限制和道德约束。许多国家因此制定出了有关法律法规对人类的行为进行约束。这些都要求个体既具有独立的个性、努力发展自己的个性，又要为整体而进行自我约束；既有自我的利益，又考虑到他人的整体的利益。

传统社会经济基础是自然经济，是整体主义下的产物，社会关系是人与人之间的相互依赖关系，是个体对整体的绝对依从。我国的儒家思想强调仁义，但也强调等级，主张个体融入整体，是中国社会数千年把自然血缘关系融于统治服从关系之中的宗法等级制国家特有的整体主义，正因为这样，儒家哲学思想才成为统治社会的主流文化。个体消解于整体之中的整体主义是中国传统的价值观。

而个体主义则是西方现代的价值观。它的产生源于资本主义商品经济占支配地位时期，是反封建、争取独立人格，争取个性解放的产物。但随经济的发展，在经济利益的驱动下，个体主义开始变为极端利己的，有时甚至走上极端，是只顾自己利益。损人利己的个人主义。

（三）文化价值观的变化与建设

1. 价值观变化的渊源 .

近百年，中国和西方都经历了文化价值观的种种变化。

（1）中国价值观变化的渊源

中国文化近百年的变化很大。从先秦到两汉，主要是儒家和道家思想与社会结构之间的互应关系。经过中古时期的转变和修正，原始内容的文化体系中的某些内容有所丧失。近古时期，宋代以后，经过数次外敌入侵，及其所导致的社会重组，经济虽也有过长时间的繁荣局面，文化也得以发展，但文化的发展动力不足。到了19世纪，中国传统文化要发展，又要应付西方文化的冲击，人们在文化领域，尤其是价值观等诸多问题上，难免有许多困惑。

由于过去几千年封建统治，加上改革开放前的计划经济体制，使我国文化转型尚未跟上经济体制转轨的步伐，传统文化和过去的计划经济所形成的过强的社会控制，过分集中的社会权利，倾向于压抑个性的活动机制，造成了当前转型时期企业管理面临的困难，尤其造成了转型期管理者与被管理者的种种思想困惑。管理伦理原则的研究，尚未真正起步。

企业转型时期面临艰巨的任务，不仅仅是要在经济发展上赶速度，还必须在对自然环境和人文环境，尤其是要在对人自身和华夏传统文化的理解上，加强对现代价值的清醒思考，让每个个体的道德追求显示出他的特殊的精神生活的同时，构成现代企业的伦理精神，以建立现代价值观，实现文化转型，从根本上实现经济体制转轨。

目前，在中国企业转型期管理者和被管理者面对传统文化因素有着种种精神困惑。在民族文化与现代管理的重组中，在民族文化与企业文化的复合与重组中，人们在思考现代人应有的价值取向、理欲规范等。我们相信，文化的转型，将从根本上促进经济体制的彻底转轨。

(2)西方社会价值观变化的渊源

西方社会许多年以来是以宗教尤其是以基督教思想为基础的文化，但是，在资本主义社会与工业生产结合下的西方文明，发生了多方面的急剧的变化，人们处理一切问题的价值取向均是以功利为目的。近几十年以来，由于工业化的生产结构已逐步向后工业化时代和信息社会时代转型，由于科技的迅猛发展，最初随工业化而带来的城市化已逐步走到尽头，许多人只要有一台计算机就能独立工作，原有社群正在解体重组，个人的空间更大、更自由。致使自由的个体由于没有群体的庇护，而更加看重个人的利益，功利性、世俗性愈加严重，功利主义因此受到许多人的推崇，但功利主义的急剧膨胀所导致的邪恶之举也在给社会造成一个又一个的灾难。

2. 价值观的建设

世界经济一体化对新的价值观产生着深远的影响。

世界经济一体化的逐渐形成，使各国之间产生了千丝万缕的经济关系。虽然全球社会制度、思想观念根本无法统一，但是经济关系使主权国家的权威在这个过程中逐渐蜕变。这使许多国家和民族传承多年的价值观正在逐渐改变和融合。

人类理性的思维正在思考理想的精神境界，寻找有利于人类发展的文化意念和价值取向。世界各国正在多元化文化并存中不断发展。新的价值观正在逐渐产生和确立。

文化的根本问题,是价值观,而无论东方还是西方,无论社会主义制度还是资本主义制度,个体主义和整体主义这两种价值观长期以来都在进行着对抗和较量。

但现在无论是东方还是西方,无论是哪种社会制度的国家,都在逐步确立新的价值标准,形成新的价值观,都已经逐渐意识到一个道理,那就是:无论是视个体高于一切,还是视整体高于一切,无论是视个人高于一切,还是视他人高于一切,都会给人类社会造成弊端,因为它们都是在把社会生活中相辅相成的、进行互补的、互为条件的两个因素割裂开来,使之对立起来了。实际上,并不是以一方的满足和另一方的牺牲为代价的,并不都是满足个体需要就一定会损害整体利益,满足个人需要就会损害他人利益,个体和集体是完全可以兼顾起来的。

## 第二节　跨文化沟通语言运用

### 一、跨文化沟通中非语言的表情达意

非语言符号是对语言符号的补充,有时甚至是对语言符号的强化和修订。本国、本民族的非语言符号运用在沟通中能够产生相互间的默契,而异国、异族之间的非语言沟通,需要主动了解和真诚理解。例如不同的衣着颜色、式样,礼仪尺度,以及各种禁忌等。

(一)*衣着色彩*

衣着的式样和色彩,能够反映心理和文化理念。各国、各民族的生活习俗和服装式样都有其独特的风采,这不难辨别。但其服装色彩的细微之处,仍然是有区别的,这同样显示出对方的

性格特色和文化背景。

人们常用颜色来分析人的性格特点。颜色是长期文化积淀形成的处世方法和价值心态对外部景物的投射。我们从衣着的颜色中可以体味人的竞争意识、成就动机、攻击心态、合作目的、变迁观念等。这是一种无言的价值观的展示。

红色是暖色,象征热情、活力、生命,令人情绪激昂。喜欢红色的人一般富有进取精神和攻击性,意志坚强。

黄色是中性色,象征光明、辉煌、权利。喜欢黄色的人,比较开朗,憧憬光明美好的前程。

蓝色是冷色,象征宁静、清新、平和。喜欢蓝色的人一般喜欢宽阔的大海和晴朗的天空,喜欢平静、悠闲的友好交往。

红黄蓝是三原色。由这几种颜色调配而成的其他几种颜色被称为基色或复合色。与原色相比复合色显示的性格特色相对要复杂一些。

绿色是蓝和黄调配而成,象征自然、生命。喜欢绿色的人一般都热爱大自然,喜欢保持事物的原样,意志果敢、坚决,希望自己取得成功。

紫色是红和蓝调配而成,是宁静的蓝和攻击性的红对抗后的一种妥协。喜欢紫色的人一般让人琢磨不透,富于浪漫色彩,比较善良,办事容易商量。

棕色由黄与红调配而成,象征华贵、尊严,喜欢棕色的人一般是自尊心强且安于现状的人。

黑色,象征暗淡、沉重。喜欢黑色的人沉寂,不想张扬,怀有对现实的反叛与对抗的不愉悦心境。

灰色是介于黑与白之间的中间色,象征迷茫、消极、颓废,喜欢灰色的人一般心情黯淡、困倦,时有前途渺茫之感。

不同人,不同民族,不同国度对颜色有不同好恶。

（二）礼仪尺度

鞠躬与握手之间显出礼仪。美国人见面微笑、朝前迈一小步，伸手，握手；日本人见面慢慢弯腰至90度，再直腰，抬头，急忙接住对方伸过来的手；印度人见面行双手合十礼，致以祈祷祝福的语言。各种礼仪方式，源于各种文化习俗，是高贵抑或卑贱，只是旁观者的主观评价。

西方的礼仪与东方区别较大。酒会、宴会席间，路上、公共场所，社交场合中，双方往往热情大方，常常彬彬有礼，力求表现绅士风度。我们应该尊重他们的礼仪方式。例如：

拥抱礼，是热情、圣洁的交往礼节，用于家人、熟识的朋友、亲戚之间。

亲吻礼，是仅限于亲人和爱人之间的礼仪，父母、长辈吻晚辈的额头或面颊，爱人之间才吻嘴唇。

碰杯礼，是用于酒会、宴会上的礼仪。表示欢乐、敬意、祝贺，以及亲密和坦诚的友谊。

脱帽礼，是主要用于户外，在与熟识的人相遇时，右手持礼帽的前方的正中部位彬彬有礼地脱下，以示礼貌，并致以亲切问候，待走过几步后再戴上。若在正式的社交场合，脱帽时还需行鞠躬礼。

尊重对方的文化习俗，“入乡随俗，入国问禁”，这个原则在跨文化沟通中十分重要。对别国的风土人情、利益规范、沟通方式，“不知者不为怪”，但要是不知、不问、不尊重对方文化习俗，容易酿成祸患。

（三）社交禁忌差异

社交禁忌因不同国家、不同民族和不同地域的文化差异，而有很大差别。任何一种沟通形式中，如果不尊重对方的一些禁忌，不只是会导致沟通的失败，有时还会引起民族争端或国际争端。社交禁忌例如：

1. 肢体禁忌

英国人讲究绅士风度，禁忌站立时把手插入衣袋或放在背后；坐着面谈时禁忌把腿叉开或翘着二郎腿。泰国人禁忌摸头，认为人最尊贵的地方是头；也禁忌以脚指人、指物等。印度、缅甸等国视左手为不洁与卑下的地方，忌讳使用左手接送、传递物件给对方。巴基斯坦人忌讳拍打别人的后背，认为这是警察对犯人的行为。

讲话时用手指指人是不礼貌的行为，会被误认为不赞成对方意见而批评对方。

美国人和加拿大人等喜欢把大拇指和食指弯曲成圈，同时伸直其余三个指头，表示"OK"、"是"、"好"、"赞成"、"同意"、"接受"之意。而这一手势在法国南部是"零"或者"一钱不值"；在突尼斯是表示一种侮辱；在意大利、希腊等地中海国家，这是一种粗俗、下流之举。

翘起大拇指，在中国和美国表示夸奖，"真行"、"干的好"、"真了不起"、"不错"之类，而在澳大利亚等国，这手势则表示恶毒的骂人、侮辱人的语言，在他们眼里如同中国的" × 你妈"之类下流语言。

在中国手心向下，挥动手指，表示招呼或召唤别人前来。但这一手势在美国、英国和加拿大等英语国家恰好相反，是表示告别、辞行的语义。

在中国，人们走路喜欢勾肩搭背，表示亲密。而在西方国家，这样走路会被视为恋人，或者是在人格上缺乏独立性的人。若这两人是同性，易被认为是同性恋者。

2. 食物禁忌

伊斯兰教徒忌吃猪肉，连同与猪相关的食品和工具都在忌讳之列。不少国家或民族都有的忌讳吃某种动物的风俗，例如忌讳吃牛或羊等。巴基斯坦、沙特阿拉伯等国忌讳酒。美国、加拿大人忌讳吃动物内脏。

3. 颜色禁忌

泰国人以红色写死人的名字,忌红色。西方人以黑色为丧色,黑色用于丧礼,不用于卧室。巴西、埃及、埃塞俄比亚等国花束、服饰均不用黄色,以黄色为凶色。日本以绿色为不祥之色。比利时以蓝色为不幸之色。

4. 数字禁忌

基督教国家以13忌,房间号码,楼层号码以及人数,都不用这个数,平时也不愿意说出这个数。欧美人忌周五,有"黑色星期五"之说。日本人送礼忌9这个数,而中国人则以9为吉祥之数,九九归一,9是大一统国家长治久安的象征。

5. 赠送花卉禁忌

中国人认为荷花出淤泥而不染,是高洁的花,而日本人恰好相反,视荷花为不洁,忌讳荷花。法国人忌讳赠送黄花,视为不忠诚的象征。墨西哥人视菊花为妖花。

各国都忌讳赠送纸花、塑料花,有的将这种送礼行为视为轻视与侮辱,因为虚假的东西人人都不喜欢。

了解各种人的禁忌,沟通时不违禁,便是知礼。知礼者尊重别人也受人尊重。

(四)各国礼仪的主要特点

无论迎来送往,宴会舞会,也无论社交场所,私人相聚,沟通的礼仪虽然因不同国家、不同民族和不同地域而异,但是也有一般共同遵守的准则。

1. 以人为本

人本思想在世界范围内的沟通中十分重要。尊重个人的权利、自由,自己的观念不强加于人。尊重沟通对象的个性和选择,即使是最要好的朋友,也不勉强合作。一般情况下,沟通双方直接交流信息,不借助亲朋权力施加影响。

尊重他人隐私权,面谈时不打听对方私人生活情况,不争论宗教信仰等问题。无预约不随意登门拜访。工作单位的人与人之间,因竞争所导致的安全等多方面社会因素,而使相处关系保持人际距离,不过分亲密来往或深入交流思想。

2. 尊重妇女儿童

虽讲究男女平等,但由于尊重妇女,人们在沟通中往往赋予妇女更多的特权,如女士优先,上楼女士走在前面。

儿童虽小,但作为独立的人,有与成人相同的人格和尊严。尊重儿童的独立个性,尊重儿童的兴趣自由和选择自由,无论是介绍的方式还是交谈的态度,对待儿童就和对待成人一样。

3. 适度交谈

沟通双方的语言与非语言表达均应该坦率真诚,直截了当,亲切自然,风趣幽默。双方都应该让对方在沟通中能毫不费力地明确你的意见和理由。若面谈时"王顾左右而言他",躲躲闪闪,会令人讨厌。

但又要因不同的沟通对象而定,语言使用要适度。因为各国沟通特点毕竟有差异,各国人毕竟都有自己的性格特征。例如美国人性格开朗、无拘无束,英国人沉默,法国人幽默,德国人严谨,意大利人浪漫,西班牙人狂放……以礼相待,投桃报李,就是沟通规范。

4. 遵守时间

赴会、赴约、赴宴,迎送,一切都应按照双方约定的时间进行。不能迟到,让人久等;也不应太早到达,让人来不及准备迎接,会打乱人家的时间安排,影响人家的正常作息。

5. 经济清楚

金钱和财产是个人成就的象征,是个人存在价值的延伸。除了夫妻和其他直系亲属之外,旁人无权享用。不能打听别人的收入,不宜向人借钱。共同进餐应该分别结账,自己为自己买单。对为自己服务的招待员等,应主动付给小费。

6. 象征性礼物

中国人讲究受人滴水之恩当涌泉相报。知恩必报,及时回报,是应该的,但回报应适当,需要口头致谢的就不必用书面形式致谢。共同进餐只是沟通的机会和场所,不必过分铺张。送礼也不必过分破费,赠送鲜花、文具或其他有纪念意义的物品就行了,赠送礼品应该以双方沟通的关系和沟通所处的场合,以及送礼的缘由而定。

## 二、跨文化沟通中语言的表情达意

每个国家的文化特色在很大程度上都反映在语言的表达上。跨文化沟通的语言运用技巧,不是去摹仿别人的表达方式,或者放弃自己本国的母语去说别人的语言,而是应该操着自己的母语,并最大限度地运用自己的表达技巧,去争取沟通的成功。自己本国的母语是自己自信心的源泉,是自己尊严的保证。自尊、自重、自强是我们民族的本色。

我国在漫长的历史进程中,有丰厚的文化积淀,我国语言丰富的表达力,若加上精湛的表达技巧,可以使人不战而屈。春秋战国时期那凭借三寸不烂之舌,以"一言兴帮"、"一言衰帮"的本事而游说于列国的说客们的沟通技巧,是我们商务沟通中应该继承并发扬光大的楷模。我国春秋战国时期的纵横家的语言表达技巧,我们就应该借鉴。

作为古代纵横家的代表人物苏秦、张仪,穿梭游说于列国之间,沟通中运用说服言辩技巧,合纵连横,斗志斗勇,操纵对方的意志,说服对方改变态度,至今传为佳话。

面对陌生的 WTO,面对纷繁复杂的跨文化沟通,我们不能忘记先人积累下来的游说本领与言辩智慧。我们运用我国语言表达的优势和我们先人孔子、孟子、苏秦、张仪、苏代、烛之武等等的言辩应答本领,无论对方是属于哪个国家,遵从哪种文化,都可以通过沟通中语言的表情达意,而说服对方放弃条件,与自己达成共识,与本组织签订经济合约。

我国传统的语言沟通技巧多种多样,例如情感诱导、利害相关、设喻释理、因势利导、设势变通、循循善诱、双管齐下、请君入瓮等。

(一)情感诱导

人的精神世界是十分复杂的,情感上能打动对方,使对方与自己心灵相通,动之以情,情感共鸣,沟通就能成功。

对沟通对象情况进行了解,把握住对方性格行为特征,针对不同沟通对象,采用不同游说策略。例如真诚的而不是虚伪的赞美,坦诚的以心换心,必要时进行正面激励或者反面激将。不厌其烦的反复解释,投其所好,寻求同感理解,使其解除戒备,消除恐惧和不安情绪。亲切地站在对方立场,虚心接受对方意见建议,然后再陈述清楚自己的主张,启发对方自悟,让对方最终采纳自己的意见。

(二)设喻释理

动之以情后,应该晓之以理,阐释道理,让对方心服口服,是最重要的沟通方法。抓住理由,层层论证,论证中运用逻辑推理的方法,使自己的理由不可辩驳,使自己的意见在情理之中说得过去,对方才能接受条件。说理要与设喻相结合,以具体、生动、浅显、易懂的事例、事物作比,明喻、暗喻、借喻,通俗易懂,层层进逼,对方会从盲目保护既得利益中思考你的意见、建议。

(三)利害相关

沟通双方都不愿意自己利益受损,争执不休时,应该客观分析利害关系,具体阐明自己能够满足对方的哪些利益,满足的程度,满足的途径和要求的条件。提供有关长远利益和美好前景方面的论据,以远利诱惑其放弃近利。找出双方的共同利益,把寻求共同利益的过程与说服对方放弃要求的过程相结合。指出双方共同的困难,共同的竞争对手,共同受到的攻击,使对方明白大家利益的相通性、统一性,为避免一损俱损,共同协商双赢办法,使对方最终为了趋利避害而作出让步。

（四）因势利导

古人说:"善战者,因其势而利导之。"因势利导即是善于顺着事物发展的趋势,采用不同的方法,很好地加以引导。这也是善于抓住机遇的意思。由于某种契机或某种因素,使情况有所变化,应该不失时机地巧于运作,以达到最有效的沟通效果。"他山之石,可以攻玉",任何一件人事或事物,都可以用来影响沟通对象。

（五）双管齐下

双管齐下的方式可以是多种多样的,例如软硬兼施,刚柔并用,曲直相生,大智若愚等等,是比较好的沟通方法。

古人讲究相生相克。"柔有所设,刚有所施,弱有所用,强有所加,兼此四者,而制其宜"。刚柔并用,软硬兼施,要比一味单方面地以弱制强或者强力压人、先声夺人之类的沟通效果好。如果以压倒对方的气势,大张声威,威胁对方,或者言语上、行动上处处掌握主动权,企图牵制对方,要对方照自己的计划行事,而沟通结果常常适得其反。对方做法不合适时,能批评对方,说服对方,而又不引起对方拒绝、抱怨甚至怨恨的技巧在沟通中是很难掌握的。

除了上述列举的技巧之外,沟通说服的方法很多,无法一一列举,但有两个最基本的条件必须重视:

其一,必须准确把握沟通对象的要求、愿望、不满和愤怒。

其二,必须找到有效的说服策略和表达技巧。

说服的技术,就是操纵的技术,与其说是在摆事实,讲道理,争利益，谈条件，不如说是在为自己和开出的条件及理由寻找对方认可的借口，让对方感到合理化，合法化，让对方愿意接受。

从追星族的疯狂，我们看到了明星效应，而明星效应显示的正是大众沟通中宣传说服的效果。广告公司的操作力度令人震惊。持续的信息传播，造成人们思想的僵化、刻板、愚钝，使人对某种行为感到正当美好，使人形成顽固的观念，而这种观念其实与个体自身的主体性、独立性并不是一致的。只是由于这种信息的不断传播，对个体的影响不断强化，使得个人放弃独立思考，放弃自我观念和自我意识，个人的存在价值因此消解，最终失去自我，成为群体观念的追逐者和奴隶。

总之，人的意念、行为的改变，是沟通中语言符号传播和操纵的结果。

# 第十章　商务沟通效果

信息沟通效果理论研究始于第一次世界大战。信息沟通效果研究的实质是信息传播者在对信息传播媒介和沟通策略与沟通方式、沟通技巧的选择上,使信息受传者可能产生的某种结果的假设性的研究。

商务沟通效果研究的重点是考察信息沟通功能和信息沟通实际状况如何改变和影响受传者,如何达到信息传播者预期的沟通目的。

## 第一节　影响沟通效果的因素

### 一、沟通效果概述

沟通效果指信息传播者对受传者在思想观念和行为方式等方面的影响及其反应程度,主要包括经济效果、心理效果、社会效果等。

经济效果主要表现为通过各种形式的沟通所带给企业的经济效益;心理效果指通过沟通给沟通双方引起的心理作用,如印象、注意、吸引、诉求、行为等效果;社会效果指通过沟通产生的公众对企业的认识程度,对企业产品销售所带来的积极或消极的影响。

## 二、影响沟通的因素

(一)影响沟通效果的内在因素

1. 信息传播者和信息内容对沟通效果的影响

沟通过程中,信息传播者和信息内容对沟通效果以直接影响。例如提供信息的传播者的威望、权力、地位,会直接影响信息受传者对其信息的可信度的理解与评价。公司经理传播的信息比普通员工传播的信息影响力更强,沟通效果更好。

2. 传播媒介选择

传播媒介选择不当会直接影响沟通效果。例如影视媒介、声响媒介印象效果强,比印刷媒介传递的信息更容易记忆,沟通效果更好,但信息的保存效果差。一般讲,人际沟通效果强,因为没有媒介障碍。

3. 信息的加工与改造

信息沟通前,传播出去的信息材料需要加工、改造和整理,信息传播的主体与题材;开头与结尾,段落与层次;过渡与照应,详讲与略讲都需精当整理。论点、论据,论证方法等都需要仔细推敲。沟通者对信息处理得当,沟通效果就好。

4. 信息沟通方式的选择

信息沟通方式和技巧的选择,也是影响沟通效果的重要因素。例如人际沟通的说服方式,大众沟通的语言、画面、色彩和比方信息的时间、空间等的选择,都直接影响沟通效果。

(二)影响沟通效果的外在因素

1. 信息受传者态度对沟通效果的影响

信息受传者原有的赞成、反对、无所谓的态度不同,在商务沟通中对企业、对商务信息的评价也就不同,其对企业产品的购买行为也就不同。

2. 受传者个人特性对沟通效果的影响

受传者个人的品质特性，能力水平，文化素养，智力能力，气质类型等均影响受传者对信息的接收和处理。在其品质特征中，价值观是很重要的因素，因为这代表受传者对是非、善恶、美丑等的评价标准。

3. 信息传播者与受传者关系对沟通效果的影响

信息受传者对企业的产品的主观判断，心理距离，预先的感情倾向，均影响沟通效果。

4. 外界影响

信息受传者的自身影响，所处组织或群体规范，社会的文化习俗环境等也是对沟通效果的重要的影响因素。

## 第二节　沟通效果理论研究

### 一、沟通效果研究轨迹

美国传播学家卡茨于 1977 年对过去 40 多年沟通效果研究作了总结，认为学术界对沟通效果研究的过程可以分为三个阶段：枪弹论占主导地位阶段；沟通效果有限论时期；沟通效果强大论时期。

1981 年，赛弗林与坦卡特在他们的《传播学的起源、研究与应用》一书中，吸收了卡茨关于沟通效果理论分析中的研究成果，提出了沟通效果研究的不断循环和不断前进的过程。因此，他们对研究轨迹归纳出了四种理论，即有名的枪弹论、有限效果论、适度效果论、强大效果论。

## 二、沟通效果理论

（一）枪弹论

枪弹论，盛行于20世纪20～40年代。后来的学者对此评价颇多，如1950年伯罗提出的“皮下注射论”，1970年德弗勒提出的“刺激—反应论”，1971年施拉姆指出“子弹论”。

持枪弹论的学者们认为沟通过程中，信息受传者软弱得像射击场上的靶子，无法抗拒信息传播者像子弹一样的信息传播，沟通过程中，传播媒介具有不可抗拒的力量。

（二）有限效果论

有限效果论产生于20世纪40年代，有人说最先提出这个理论的是拉扎菲尔德，但也有人说是由纽约大学教授霍普·克拉伯（约瑟夫·克拉伯之妻）首先提出的。有限效果论是对枪弹论的否定。这个理论认为，媒介只是沟通活动中信息传播的中介，不是影响信息受传者的直接的惟一的因素，沟通效果是有限的，是在多种格局下发生作用的。

有限效果论包含了个体差异论、社会分类论、社会关系论、多级传播论（预期效果：正面效果、负面效果、无效果；非预期效果：多信息冲击、传播媒介影响、环境影响、潜在公害），中介因素论、舆论领袖论等许多理论。

（三）适度效果论

20世纪60～70年代，赛弗林与坦卡特认为除了探求沟通对于态度和意见的影响，以及信息受传者对于信息传播的要求之外，还应注意研究沟通的长期效果与短期效果并重，这样就可能有显著的效果。

适度效果论还包括了信息寻求理论、创新扩散论、使用与满足论、确定议程论、文化规范论等。适度效果论注重沟通效果的实务有效性。

（四）强大效果论

20 世纪 80 年代以来，传播学界注重信息沟通的强大效果论。以西德传播学者伊丽沙自·埃诺尔·纽曼的观点为主要代表。强大效果论主张的原则是：

1. 重复

认为在一段时间的沟通内，由于反复传播信息而沟通效果好。重复的信息比单一的信息沟通效果强。

2. 目标

沟通时，认定并瞄准某些信息受传者作为沟通的目标，达到沟通的“以点带面”效果。沟通目的明确，所传播的信息围绕着这一目标制定，沟通效果好。

3. 主题

沟通时发布的信息主题明确，信息内容与沟通手段都要形成主题，在主题指导下确定一切。

4. 准确

沟通时信息传播的对象目标准确，瞄准特定受传者，将传播的综合功能结合起来，能取得强大的信息沟通效果。

进入 21 世纪以来，沟通效果研究，将趋向于从信息传播媒介和其他中介因素，文化模式、传播环境、社会制度的整合效应出发，研究信息传播的强力效果。

## 第三节　沟通效果评价

沟通效果评价是指对信息受传者所受到的影响的范围程度进行分析和衡量。信息沟通效果分析和评价在商务沟通中是一个重要的步骤。但是，因信息沟通的因素包括各个方面，其沟通效果也就很难测评。这里简单介绍几种目前已经提出的，人们已经比较熟悉的测评方法。这几种测评方法是否适用,还有哪些测评方法更好?我们认为尚有待进一步研究。

## 一、分析心理效果和社会效果

### (一)心理效果评定的内容

近年来,学者们十分注重心理效果的评定。例如对沟通对象的知名与了解,对信息内容,以及其人、其事、其企业的回忆状况,或者对其喜欢与厌恶的态度、偏好等的测定。

### (二)心理效果评定的过程

对沟通的心理效果的测评,一般有三个阶段,首先在信息传播前测定,其次,在信息传播过程中测定,然后经过信息传播后再进行综合检测。

### (三)社会效果评定

社会效果测定的内容主要包括沟通对个人、企业、社会在政治、经济、文化方面所产生的影响。

## 二、语义信息和语法信息评价

### (一)分析语义信息

分析语义信息从定性的角度来看待沟通效果。

1. 新颖性

新颖性是指从提供的信息的新闻性来看沟通效果。沟通中提供的信息具有新颖性,新闻性,沟通效果强,因为信源发出的随机性和不确定性的概率较小。反之,沟通效果弱。

2. 准确性

沟通中双方提供给对方的信息真实、准确,则信息差小,沟通效果强;反之,信息差大,沟通效果弱。

3. 冗余度

信息在传播过程中存在多余符号，去掉这些符号仍不影响信息传播，它们不会对沟通过程产生实质性的障碍，但是占据了沟通的时间和空间。沟通中双方提供的信息冗余大，则发出的信息少，沟通效果差；反之，双方提供的信息冗余小，则发出的信息大，沟通效果就强。

4. 适度性

信息沟通的双方所提供给对方的信息具有可理解性与可用性相结合，沟通效果就强；反之，各方提供的信息都是晦涩难懂的无意义的信息，等于双方混在一起说废话，当然沟通效果差。总之，适当的技巧达到语言表达的最大信息量。

（二）度量语法信息分析传播效果

要定量地分析传播效果，首先要对信息进行度量。1948年，申农排除信息的语义因素，把信息加以形式化，用概率论的方法从数量上加以描述，提出了信息熵的公式，用以度量信源发出的信息量。概率，又称几率，是度量随机事件发生的一个数。

社会信息、自然信息和思维信息纷繁复杂，千差万别。有些事件在一定条件下，必然发生或必然不发生，这是确定性信息。有些事件在相同条件下，可能发生，也可能不发生，可能出现这样的结果，也可能出现那样的结果，这是随机性信息。有随机性就有不确定性。申农认为客观世界的事物作为信源，随机事件使信源所发出的信息带有随机性，是不确定的。信息熵是表征信源的平均不确定性的量。由于传播过程的各种因素，各种干扰都带有随机性，使信息受传者收到的信息不能完全排除不确定度，因此，信息熵和信息量就未必相等，沟通效果也就未必相同。

信息使用价值测评：

1. 申农信息量公式

在已有的评价信息的公式里，以申农信息量公式最为著名，其公式为：

$$P = -(1/m)log(P_m + 1)$$

$P$：信息量　　$m$：状态数　　$P_m$：某状态出现的概率

此公式是信息数理逻辑量的计算公式，显示出信息固定的结构特性，而信息价值量，是信息灵活的功能特性，需要进一步研究。

2. 投入产出法测评

用投入产出观点来看待信息使用价值：

假设 $Q_L$ 为单位时间投入的劳动价值量，$Q_v$ 为产出的使用价值量，则价值率 $R = Q_v/Q_L$，而设 $R'$ 为输入信息后的价值率，则信息的使用价值为

$$\begin{aligned} f_x &= (R' - R) \cdot Q_L \cdot T \\ &= (Q_v{}'/Q_L - Q_v/Q_L) \cdot Q_L \cdot T \\ &= \triangle Q_v \cdot Q_L \cdot T \end{aligned}$$

$T$ 为时间，$\Delta Q_v$ 为使用信息前后产出的使用价值量之差。

3. 综合影响因素法测评

若考虑影响信息的各种因素，则信息的使用价值为

$$f_x = f(M, \Delta S, \Delta T, H, Z, P)$$

$M$ 为信息内涵特性

$\Delta S$ 为信息空间转移带来的成本节约

$\Delta T$ 为时间成本节约带来的价值

$H$ 为信息所受到的环境的影响

$Z$ 为信息沟通双方，即传播者、受传者的主体特性，如生理、心理、精神状态等。

$P$ 为随机特性，即信息带来的风险性，若我们用 $P_a$、$P_b$、$P_c$ 表示沟通双方、媒介特性发生了变化的概率，$Q_o$ 为最初状态，则风险性

$$P = P_a \times P_b \times P_c \times Q_o = [1 - (f_a + f_b + f_c) \times T] \times Q_0$$

$f$ 为各特性在单位时间内丧失作用的失效率

$T$ 为作用时间

确定了信息的价值，初步确定商务信息沟通的价值或沟通效果。

4. 沟通总效绩公式

沟通过程中的主要因素是信息传播者、信息、媒介、受传者，每一因素均受到其他各类因素的影响，每一因素都可以在影响它的各类其他制约中获得均衡，并取得最大效绩。因此，沟通的总效绩，就是这四个主因素最佳效绩的乘积。这可以用下面的公式表示：

$$F_w = f_s \cdot f_x \cdot f_w \cdot f_r$$

$F_w$：沟通总效绩

$f_s$：传播者效绩函数，是有关信息传播者的性格、形象、沟通目的、信息达到率等影响因素的函数

$f_x$：信息使用价值函数

$f_w$：媒介使用率函数

$f_r$：接收效率函数，是以影响受传者的各类因素为自变量的多元函数

因为沟通是双方的信息互动，各因素之间是互动的，所以每一个因素都受其他三个因素的影响，所用指标都有可能交叉，因为各种影响因素的指标不同，沟通效果也就有差异。

# 参　考　文　献

1　[美]德弗勒等著,杜力平译. 大众传播学诸论. 新华出版社,1990
2　[英]斯坦顿著,王秀村等译. 商务交流,1998-8
3　[法]罗兰·巴尔特著,孙乃修译. 符号帝国. 商务印书馆,1994-2
4　[美]弗里德曼等著,高地等译. 社会心理学. 黑龙江人民出版社,1984-8
5　[美]凯瑟琳·米勒著,袁军等译. 组织传播学. 华夏出版社,2000-1
6　吴增基等. 现代社会学. 上海人民出版社,1997-4
7　周鸿铎等. 传媒经济. 北京广播学院出版社,1997-4
8　栾玉广. 自然科学研究方法. 中国科学技术大学出版社,1986-9
9　吕　斌. 人际信息交流原理与技能. 南京大学出版社,1994-4
10　郭　治. 科技传播学引论. 天津科技翻译出版公司,1996-12
11　林瑞基. 组织传播学. 湖南文艺出版社,1990-4
12　张冬梅. 现代广告学. 青岛海洋大学出版社,1995-1
13　任继昉. 汉语语源学. 重庆出版社,1996-6
14　宋林飞. 社会传播学. 上海人民出版社,1994-12
15　胡继武. 信息科学与信息产业. 中山大学出版社,1995-3
16　刘兹恒. 信息媒体及其采集. 北京大学出版社,1998-8
17　胡志毅. 现代传播艺术. 浙江大学出版社,1997-7
18　段京肃等. 基础传播学. 兰州大学出版社,1996-4
19　黄　劼. 拉动内需不可忽视信息消费. 经济日报,2001-1-25
20　刘仁庆. 中国古代造纸史话. 轻工业出版社,1978-7
21　荆林波. 网络营销挑战传统. 中国科技信息,1999(23-24):26
22　喻国明. 关于我国未来五年媒介产业发展态势的若干预测. 科学

新闻,1999(3):27

23 司有和,黄竹英. 论信息管理与常规管理并存一体的原则. 第七届海峡两岸咨询发展战略研讨会论文集,中南大学学报社科版,2001 专辑

24 司有和,黄竹英. 加入世界贸易组织后中国科技期刊的形式与对策. 编辑学报,2000-11

25 黄竹英. 商务信息传播. 重庆大学教务处印发,2000-2

26 黄竹英. 中国古代管理·市场篇. 湖南文艺出版社。1987-12

# 后　记

那些维系人们生活与生产的信息，那些信息中有价值的经过传播到达用户手中的情报，无论其收集、整理、传播，还是交换与运用，都离不开沟通。人们在沟通中改善人际关系，达成共识，进行合作，得到双赢。人们借助沟通获得有价值的信息，提高办事效力，加强企业间的经济联系，奠定商务合作的基础。有效的信息沟通不仅能够改善人际关系，还能促进组织和谐，推动生产发展和人类进步。

家庭、企业，乃至国家，都是人类的组织形态，没有信息沟通就不可能形成组织和人类社会。任何一个组织形态的维系，组织文化的创造，组织效益、效率的提升，组织的不断发展壮大，全都是借助各种信息沟通形式得以实现的。尤其工商管理中的商务沟通活动，更是直接影响着企业的组织运作，以及企业的社会效益和经济效益。因此，研究和运用商务沟通的理论与实践，有着十分重要的意义。

由信息传播而达到沟通的现象，随人类的产生而产生，发展而发展。人类文明的发展史就是人类文明的进步史，也是信息沟通的发展史。人类为了相互交流信息而进行沟通时，所运用的符号、方式、过程，沟通模式和技巧，以及这些流动的信息对人类社会的强大影响，已经不只是关系到我们的生活，而是与人类未来的命运密切相关。随着我国改革开放的进一步深化，个人与组织越来越注重沟通的作用。

我在原工作单位担任管理专业和情报专业相关课程的教学工作时，曾兼任该校的校办企业总经理。每次在聘用新员工进行面试时，我都发现，有不少本科毕业生和研究生虽然在校各科学习成绩很好，各方面表现也不错，却因为缺乏沟通能力而落选。他们当中，有的人在应聘时不厌其烦地讲述自己原雇主的情况，以及现在想谋求的职位，而忽略了讲述自己所拥有的技能、优势和曾经的绩效，更不注重传递这些信息时的沟通方式与沟通技巧；他们谈论营销时的策略，往往忽略消费者作为商业终端的心理归属感，对产品企业文化的认同感，他们不知道与这些消费者沟通时的提问技巧与答复技巧。总之，他们仅仅关注本专业知识的积累，或跨专业知识的涉猎，而忽略了沟通能力的自我提升。因此，我从这些学生的应聘状态中意识到，沟通能力的培养，应该是高等学校的必修课。

怎样才能创建出具有系统性、理论性、实践性和可操作性的，又适合中国企业实际情况的，具有中国特色的商务沟通理论体系，是一个严峻的研究课题。经过对企业的调查和多方考证，我决定从工商管理实际出发，从大学本科和研究生教育实际出发，将信息沟通理论与管理理论和管理实践相结合，再融入心理学、语言学和社会学等多学科理论，来研究工商管理沟通的理论与实践。

因此，我撰写了《商务沟通》，希望在重庆出版社公开出版发行，责任编辑把我的这本书纳入了《信息管理丛书》出版。这本书经多次印刷，至今仍颇受读者欢迎。我博士毕业调到重庆大学任教以来，逐步发现学生对这本书的兴趣一直很浓，而我与出版社和丛书编委的签约也已经到期，经其授权，现在由我单独负责此书的再版工作。

此书的出版和再版，还得到重庆大学教务处，重庆大学经济与工商管理学院，重庆大学图书馆，重庆大学网络学院等相关部门的领导和同事们的鼎力相助，谨在此一并致以由衷的谢意！而且，还在此向为本书提供过参考和借鉴的作者们致以由衷的谢意！

由于下学期开学在即，作为教材，出版社要赶紧印刷，因此来不及进行更多的修改，其间的错误与疏漏，只好等下次印刷时再做修改。在此期间，恳请读者不吝指出。

黄　劼

2013/1/27 于重庆大学

# 信息管理学丛书

| | |
|---|---|
| 信息管理学 | 司有和 |
| 商务沟通 | 黄　劼 |
| 传播媒介管理 | 黄竹英 |
| 信息产业学 | 司有和 |
| 网络空间的信息传播及管理 | 孙传耀 |
| 企业竞争性情报 | 糜仲春 |